HELMUT WERNER

TYRANNINNEN
GRAUSAME FRAUEN DER WELTGESCHICHTE

Brandenburgisches Verlagshaus

Impressum

Brandenburgisches Verlagshaus
Edition Lempertz
Hauptstr. 354
53639 Königswinter
Tel.: 02223 / 90 00 36
Fax: 02223 / 90 00 38
info@edition-lempertz.de
www.edition-lempertz.de

Autor: Helmut Werner
Umschlaggestaltung: Ralph Handmann, unter Verwendung folgender Motive: Hintergrund: ©Phase4Photography, fotolia.de Symbolornamente: ©Joonarkan, fotolia.de, ©theogott, fotolia.de, ©NLshop, fotolia.de

Printed in Germany

ISBN: 978-3-941557-36-9

INHALTSVERZEICHNIS

KAPITEL 1

Am Anfang regierte die Frau – Mythos oder Realität?

Politik ist heute unbestritten eine Männerdomäne. Den Frauen ist in vielen Teilen der Welt der Zugang zur Politik verwehrt, und dass Frauen gemäß ihrem Anteil an der Bevölkerung die Geschicke eines Landes bestimmen, bleibt eher die Ausnahme. Es gibt eine Reihe gewählter weiblicher Regierungschefs, allerdings meist in der Dritten Welt, wie Indira Gandhi in Indien, Sirimawo Bandaranaike in Sri Lanka, Golda Meir in Israel, Benazir Bhutto in Pakistan, Corazon Aquino auf den Philippinen und Tansu Ciler in der Türkei. Diese Tatsache ist umso erstaunlicher, wenn man die wenigen Beispiele aus der Ersten und Zweiten Welt daneben stellt. Die wenigen Frauen aus westeuropäischen Ländern, die in ihrem Land eine Führungsrolle einnahmen, überragt die englische Premierministerin Margaret Thatcher, die als „Eiserne Lady" eine wichtige Rolle in der Weltpolitik spielte.

Dass die „große Politik" reine Männersache ist, zeigen auch die ehemaligen sozialistischen Länder. Trotz der propagierten Ideologie von der Gleichstellung von Mann und Frau haben Frauen nur aus dem Hintergrund heraus stark in die Politik dieser Länder eingegriffen. Bekannte Beispiele von „starken

Frauen" in den ehemals sozialistischen Staaten sind die vierte Ehefrau Maos, Tschiang Tsching, und auch Elena Ceauşescu, einst die mächtigste Frau Rumäniens.

Der Rückstand der fortschrittlichen Industrienationen hinter den Ländern der Dritten Welt erklärt sich daraus, dass die Gesellschaften der Drittweltländer weniger demokratisiert sind und der Einfluss der alten herrschenden Familien ungebrochen ist. Wenn in diesen Familien ein geeigneter männlicher Kandidat für das höchste Staatsamt fehlt, müssen die Töchter die Funktion der Regierungschefin übernehmen. Die vergleichsweise hohe Zahl von weiblichen Regierungschefs in der Dritten Welt ist letztlich nur ein Beweis dafür, dass diese Gesellschaften zwar eine demokratische Verfassung haben, aber nach wie vor von mächtigen Familien beherrscht werden.

Dieses für die Frauen negative Bild verändert sich schlagartig, wenn wir einen Blick in die Frühzeit der Menschheit werfen. In vielen Kulturen war der Einfluss der Frauen so dominant, dass sie nicht nur dem Mann in der Ehe eine untergeordnete Rolle zuwiesen, sondern das gesamte politische Geschehen eines Landes bestimmten. Die Kinder waren nur mit der Mutter verwandt, die ihnen auch den Namen gab. Es war selbstverständlich, dass der Mann nach der Heirat zur Frau ziehen musste. Frauen kämpften neben ihren Männern gegen feindliche Heere oder zogen, wie die berühmten Amazonen, ohne männliche Unterstützung ins Feld. In diesen Kulturen war die hohe Politik eine ausschließliche Frauendomäne.

Hinweise auf diese einstige Frauenmacht finden sich in den schriftlichen Zeugnissen vieler Kulturen auf allen Kontinenten, insbesondere aber in den Berichten europäischer Forschungsreisender. Besonders ergiebig sind die Zeugnisse aus der griechisch-römischen Antike. Die griechische Mythologie hat sich dieser Rollenverteilung zwischen Mann und Frau angenommen und in der Erzählung von Omphale und Herakles die einstige Vorherrschaft der Frauen so eindrucksvoll beschrieben, dass es die Künstler vieler Jahrhunderte zu Nachgestaltungen anregte. Nach der Überlieferung musste der Held Herakles, nachdem er in einem Anfall von Raserei einen Königssohn von einer Mauer gestoßen hatte, auf Befehl des delphischen Orakels drei Jahre lang bei Omphale dienen, der Königin von Lydien, einem Gebiet in der heutigen Türkei. Diese Königin war eine sehr strenge und launische Herrin, die des Öfteren dem Heros ihre Pantoffeln ins Gesicht schlug. Trotzdem verliebte sich Herakles in diese Königin und ging sogar so weit, dass er einwilligte, seine männliche Kleidung gegen Frauenkleider zu tauschen und weibliche Arbeiten wie Weben zu verrichten. Omphale nahm ihrerseits die Symbole dieses bekannten griechischen Helden, sein Bärenfell und seine Keule, an sich und vollbrachte überall Heldentaten wie Herakles. Da man den historischen Hintergrund dieser Erzählung in der Antike vergessen hatte, wurde diese Erzählung in der praktischen Tagespolitik zur Verunglimpfung politischer Gegner benutzt. Die griechische Lebedame Aspasia, die Geliebte des berühmten Perikles, oder Kleopatra, die Lebensgefährtin von Antonius, dem Gegner des späteren Kaisers Augustus, erhielten den Beinamen „neue" oder „zweite Omphale".

Es vergingen fast zweitausend Jahre, bis ein Gelehrter aus der Schweiz die zahlreichen Zeugnisse von der einstigen dominierenden Rolle der Frau umfassend untersuchte und historisch einzuordnen versuchte. Der Jurist Johann Jakob Bachofen (1815–1887) veröffentlichte 1861 ein Aufsehen erregendes Buch mit dem Titel „Das Mutterrecht", der durch den Untertitel „Eine Untersuchung über die Gynäkokratie der alten Welt und ihrer religiösen und rechtlichen Natur" näher erläutert wird. In diesem heute schwer verständlichen Werk versucht Bachofen den Nachweis zu erbringen, dass der heutigen Vorherrschaft des Mannes, dem Patriarchat, eine in allen Kulturen verbreitete Frauenherrschaft, die er als das „Mutterrecht" oder mit dem griechischen Namen Gynäkokratie bezeichnet, voranging. In den sich anschließenden Fachdiskussionen wurde für eine solche von den Frauen dominierte Gesellschaft die Bezeichnung „Matriarchat" üblich. Bei den Fachkollegen Bachofens fand diese Arbeit wenig Beifall, da sie von den üblichen Methoden der Geschichtswissenschaft abwich. Bachofen nämlich entwickelt seine Theorie weniger aus den spärlichen Mitteilungen der griechischen Historiker, sondern zieht die griechischen Mythen heran, denen er den Rang von historischen Quellen einräumt. Für ihn steht fest, dass die Mythen eine Erinnerung an reale geschichtliche Vorgänge enthalten. Diese Erinnerung ist ein getreuer Ausdruck der Lebensgesetze der damaligen Zeit. Die zeitgenössische Wissenschaft nahm diese Einschätzung der Mythen mit Kopfschütteln zur Kenntnis und bezeichnete den Autor des „Mutterrechts" als einen „romantischen Schwärmer".

Ausgangspunkt der Untersuchungen Bachofens ist eine Textstelle bei dem griechischen Historiker Herodot (480–426 v. Chr.), der nach ausgedehnten Reisen und einer umfangreichen Sammeltätigkeit ein in neun Bücher eingeteiltes Geschichtswerk veröffentlichte. Darin bemerkt Herodot über die Sitten der Lykier, einem kleinasiatischen Volksstamm:

„Ihre Bräuche sind teils kretischer, teils karischer [Karier: kleinasiatischer Volksstamm] Herkunft. Doch haben sie folgenden Sonderbrauch, in welchem sie mit keinen anderen

Menschen übereinstimmen. Sie nennen sich nämlich nach ihren Müttern und nicht nach ihren Vätern. Wenn einer den anderen fragt, wer er sei, wird er das Geschlecht seiner Mutter angeben und deren Mütter aufzählen."

Diese Mitteilung Herodots ergänzt Bachofen durch andere Quellen. So berichtet ein Historiker namens Herakleides Pontikos hundert Jahre nach Herodot über die Lykier:

„Die Lykier leben vom Beute machen. Gesetze haben sie nicht, sondern nur Bräuche, und seit alten Zeiten werden sie von Frauen beherrscht."

Dieser Herakleides benutzte zuerst das Wort „Gynäkokratie", das von dem Philosophen Aristoteles mit der Beschreibung „Frauen, die außer Kontrolle geraten" erläutert wird. Nach Meinung von Aristoteles geschieht dies insbesondere dann, wenn sich eine Demokratie in eine Tyrannis verwandelt. Dann sei es auch möglich, dass Frauen die Herrschaft im Staat übernehmen.

Zwei Jahrhunderte später beschreibt Nikolaus von Damaskus die Sitten der Lykier so:

„Die Lykier erweisen den Frauen mehr Ehre als den Männern. Sie nennen sich nach der Mutter und vererben ihre Hinterlassenschaft auf die Töchter und nicht auf die Söhne."

Diese Textstellen bei den antiken Historikern, die Bachofen als Ausgangspunkt für seine Theorie von einem ursprünglichen Mutterrecht heranzieht, beweisen zunächst nur, dass bei diesem kleinasiatischen Volk die Frauen bei der Namensgebung und dem Erbrecht bestimmend sind. Im Gegensatz zu den fortgeschrittenen indoeuropäischen Völkern wie den Griechen und den Römern würden Völkerschaften wie die Lykier einen älteren Zustand der Zivilisation repräsentieren. Diese Abstammung in der weiblichen Linie, die von der Fachwissenschaft als Matrilinearität bezeichnet wird, unterscheidet sich aber von der Frauenherrschaft, der Gynäkokratie, in der eine Frau die politische Macht besitzt. Fraglich ist, ob die kurze Mitteilung des Herakleides Pontikos ausreicht, bei den Lykiern eine von alters her übliche Frauenherrschaft zu vermuten. Für den Philosophen Aristoteles bedeutet Frauenherrschaft nur einen momentanen Zustand der Regierung während des Zerfallsprozesses einer Demokratie. Die moderne Völkerkunde kennt neben der Frauenherrschaft und dem weiblichen Namens- und Erbrecht noch andere Formen, die eine Machtposition der Frauen in Staat und Gesellschaft beschreiben. Die griechischen Quellen lassen unerwähnt, ob die Männer, wie dies bei einer von Frauen geprägten Gesellschaft üblich ist, ihre Heimat bzw. ihr Elternhaus verlassen und zu ihren Ehegattinnen ziehen müssen. Diese als Matrilokalität bezeichnete Sitte und die schon erwähnte Matrilinearität können so weit durch zusätzliche Vorrechte der Frauen gesteigert werden, dass der Eindruck entsteht, die gesamte Gesellschaft ist auf die Frauen ausgerichtet. Da die Struktur auf die Frauen ausgerichtet ist und sie somit im Mittelpunkt der Gesellschaft stehen, spricht man auch von einer Matrifokalität. In einer solchen Gesellschaft ist es auch durchaus möglich, dass eine Frau als Königin die Trägerin der politischen Macht ist, sich aber von den Regierungsfunktionen zurückzieht. Sie hat eine Schar vertrauter Männer um sich, die an ihrer Stelle regieren.

Neben den genaueren Unterscheidungen der möglichen Formen weiblicher Vormacht in Staat und Gesellschaft versuchte man Bachofens Deutung der Gesellschaft der Lykier durch die Ergebnisse der Altertumswissenschaft zu widerlegen. Anhand der Inschriften, die in Lykien gefunden wurden, konnte der Nachweis erbracht werden, dass in diesem Gebiet das weibliche Namensrecht und die Matrilokalität stark ausgeprägt waren. Diese weibliche Dominanz findet sich nicht nur bei den Lykiern, sondern auch bei ihren unmittelbaren Nachbarn an der kleinasiatischen Küste, den Lydern. Im Gegensatz zu den lykischen Inschriften, die alle in einer hethitischen Sprache abgefasst sind, finden sich bei den Lydern zahlreiche Zeugnisse aus der römischen Zeit. Sie bestätigen, dass zwar weniger Frauen als Männer politische Ämter innehatten, aber dennoch eine Reihe von Frauen in auffälliger Weise eine wichtige Rolle in Staat und Gesellschaft spielten. Diese Rolle der Frauen in Lydien wurde lange Zeit verkannt, weil man irrtümlich glaubte, sie hätten nur unwichtige religiöse Ämter bekleidet. Tatsächlich hatten sie in nicht unerheblicher Zahl hohe Staatsämter inne, die man als die höchsten Würden in den kleinasiatischen Städten bezeichnen könnte.

Da Bachofens Gegner diese Erscheinung nicht als Überrest der einstigen herausragenden Stellung der Frau in diesen Gebieten deuten wollten, verwiesen sie darauf, dass offenbar die adligen Familien wegen des Mangels an geeigneten männlichen Kandidaten auf ihre Töchter zurückgreifen mussten. Diese Zwangslage der Führungsschicht in Lydien ließe sich mit ähnlichen Problemen der alten herrschenden Familien in den Ländern der Dritten Welt vergleichen, deren Töchter notgedrungen das Regierungsamt übernehmen mussten, damit ihre Familie nicht die politische Macht verliert.

Bachofen, dem seine Gegner vorwarfen, er habe durch die Annahme eines ursprünglichen Mutterrechts oder der Gynäkokratie die Geschichte durch eine „romantische Weiberzentrierung erotisiert", unterscheidet in diesem Kulturzustand verschiedenen Stufen und Perioden. Nach Bachofen haben sich zunächst die physisch unterlegenen Frauen im wirtschaftlichen Bereich gegen die Männer durchgesetzt. Mit ihrem jeweiligen Geschlechtspartner gingen die Frauen keine Ehe ein, sondern mehrere Frauen lebten mit mehreren Männern zusammen. Für diesen Urzustand des Mutterrechts benutzt Bachofen die Bezeichnung Hetärismus. Da wegen des regellosen Zusammenlebens die Abstammung nicht eindeutig zu bestimmen war, erhielten die Kinder den Namen ihrer Mutter. Diese freie Geschlechtergemeinschaft war auch mit gemeinsamem Besitz verbunden. Nach Bachofens Ansicht war diese Gruppenehe eine versteckte Form des Missbrauchs der Frauen durch die Männer. Dagegen setzten sich die Frauen zur Wehr und führten regelrechte Kriege gegen die Männer. Diese kriegerischen und wehrhaften Frauen, in deren Reihen die Männer keinen Platz hatten, sind die berühmten Amazonen. Wenn diese Amazonen ein Gebiet erobert hatten, ließen sie sich nieder und gründeten Städte. Dieser dritte und letzte Zustand des Mutterrechts vor dem Wechsel zur Herrschaft der Männer ist die geordnete Gynäkokratie oder das eigentliche Mutterrecht, das in den historischen Quellen beschrieben wird. Kennzeichnend für diesen Zustand ist die monogame Ehe, in der eine Frau mit einem Mann zusammenlebt. Aber Bachofen glaubt, dass wie bei den Lykiern in dieser Phase die Frauen herrschten. Diese letzte Form des Mutterrechts wurde allmählich durch die Herrschaft der Männer abgelöst. Ausdruck dieses Sieges des Patriarchats über das Mutterrecht war die Machtposition des römischen Mannes, der in der Familie die absolute Gewalt hatte, einschließlich über Leben und Tod seiner Familienmitglieder. Beweise für dieses dreistufige Mutterrecht glaubt Bachofen außer bei den Lykiern in der Kultur der Griechen, Kreter, Ägypter, Libyer, afrikanischen Völker und Inder zu finden.

Bei den alten Ägyptern fand Bachofen in einer Mitteilung des schon erwähnten griechischen Historikers Herodot einen Hinweis auf diese uralte Frauenmacht. In seiner Beschreibung der Sitten der alten Ägypter hebt Herodot folgenden Brauch hervor:

„Bei ihnen sitzen die Frauen auf dem Markt und machen Geschäfte, während die Männer zu Hause sind und weben. Die Söhne haben keine Unterhaltsverpflichtungen gegen ihre Eltern, wohl aber die Töchter."

Der Geschichtsschreiber Diodor (Diodorus Siculus), in dessen Mitte des ersten vorchristlichen Jahrhunderts erschienenem Werk viele Notizen über die Stellung der Frauen enthalten sind, ergänzt den Bericht Herodots durch die Mitteilung über merkwürdige Gesetze, nach denen angeordnet wurde, dass die Königin eine größere Macht und Ehre als der König haben sollte. Bei Privatpersonen sollten die Gattinnen Autorität über ihre Ehemänner ausüben. Von diesen sollte durch einen Vertrag ausdrücklich gebilligt werden, dass sie den Frauen gehorchen müssen.

Die Frau hat im alten Ägypten seit der Frühzeit eine herausragende Rolle gespielt. Bis in die römische Zeit waren Frauen gegenüber den Männern in Eigentums- und Erbschaftsangelegenheiten bevorzugt. Die große Freiheit der Frauen zeigte sich auch beim Abschluss der Ehe. Bis weit in die römische Zeit hinein war es den ägyptischen Frauen erlaubt, sich den Mann selbst zu wählen und sich von ihm nach Zahlung einer Entschädigung wieder zu trennen.

Die Untersuchung der Abstammungslinien der königlichen Familien in Ägypten ergab, dass das Königtum mütterlicherseits vererbt wurde. Die Erben des ägyptischen Thrones waren nicht die Söhne, sondern die Töchter. Vermutlich war dieser Brauch dafür verantwortlich, dass in den königlichen Familien die Geschwisterehe üblich war, weil auf diese Weise der Sohn Anteil an der politischen Macht erhalten konnte. Bachofen versucht diesen Brauch mit Hilfe der Mythologie zu erklären. Er sieht nämlich in der Geschwisterehe den historischen Beleg für den Mythos von Isis und Osiris, nach dem sich Isis mit ihrem Bruder Osiris vereinigt. Symbolisch wird dieses Geschehen dargestellt durch die weibliche Erde, die von dem männlichen Nil befruchtet wird.

In Ägypten, das die älteste der von Bachofen angeführten Kulturen ist, haben sich Überreste einer starken Vormachtstellung der Frauen erhalten, die weit über die Namensgebung und das Erbrecht der lykischen Frauen hinauszugehen scheinen.

Ähnliche Verhältnisse entdeckte Bachofen in dem mit dem alten Ägypten und Lykien historisch verbundenen Kreta. Dort lassen sich ägyptische Einflüsse nachweisen, und ein Teil der kretischen Bevölkerung flüchtete nach der Eroberung von Knossos nach Lykien. Neben einigen Hinweisen aus der Mythologie stützt sich Bachofen bei dem Nachweis des Mutterrechts im alten Kreta auf eine Information der beiden berühmten Griechen Plato und Plutarch. Beide berichten, dass die Kreter ihre Insel nicht „Vaterland" sondern „Mutterland" nennen. Plutarch hebt noch hervor, dass die kretischen Mädchen und Frauen auch bei den Kampfspielen zuschauen durften. Fresken zeigten, wie sie am öffentlichen Leben teilnähmen und sich sogar am Stierspringen beteiligten. Bei diesem Spiel packte man einen Stier bei den Hörnern und sprang mit einem Salto über seinen Rücken hinweg, um dann hinter dem Tier wieder stehend zu landen.

Einen wichtigen Beweis für die starke Stellung der Frauen lieferte die kretische Religion. Weibliche Gottheiten waren dort nämlich erheblich zahlreicher als männliche. Priesterinnen, als Statuen mit entblößten Brüsten dargestellt, wachten über die religiösen Handlungen. Die Teilnahme der Männer an den religiösen Riten war offensichtlich erst eine spätere Erscheinung. Das Überwiegen der weiblichen Gottheiten und die herausragende Stellung der Priesterinnen erklärt sich dadurch, dass das Geschlecht der Gottheiten durch das Geschlecht derer bestimmt worden war, in deren Händen die Macht war.

Diese drei Länder repräsentieren einen Kulturzustand, der von Völkern geformt wurde, die zu den alten Mittelmeervölkern gehörten und diesen Raum schon vor den Indogermanen und Semiten bewohnten. In dieser Kulturzone herrschte das weibliche Namensrecht vor, das sich bis zu einer Vormachtstellung der Frauen in der Gesellschaft ausdehnen konnte. Eine politische Frauenherrschaft oder Gynäkokratie ist unter diesen Voraussetzungen denkbar.

Zu dieser alten Kulturzone des Mittelmeerraumes gehörten auch die Libyer. Von diesem Volk schreibt der schon erwähnte Diodorus Siculus:

„Alle Autorität lag bei der Frau, in deren Hand alle Arten der öffentlichen Verantwortungen lagen. Die Männer dagegen kümmerten sich um die häuslichen Angelegenheiten, wie die Frauen es bei uns tun. Sie müssen sich nach den Anweisungen der Ehefrauen richten. Ihnen ist es grundsätzlich verboten, Kriegsdienste zu leisten, staatliche Funktionen auszuüben oder ein öffentliches Amt zu bekleiden, das ihnen vielleicht den Mut verliehen hätte, sich gegen ihre Frauen zu erheben. Sofort nach der Geburt werden die Kinder den Männern übergeben, die sie dann mit Milch und anderen für ihr Alter passenden Speisen aufziehen."

Derselbe Autor berichtet auch, dass es in Libyen Stämme gebe, deren Frauen Armeen bilden und in den Krieg ziehen. Als wichtigste Gottheit verehrten sie die auch bei den Ägyptern bekannte Kriegsgöttin Neith. Da das westliche Delta des Nils vornehmlich von Libyern bewohnt wurde, verbreitete sich ihr Kult auch nach Unterägypten. So durften dort nur die vornehmsten Ägypterinnen als Priesterinnen die Opferhandlungen vollziehen.

Dieser mutterrechtlich orientierte Kulturkreis reichte bis nach Spanien. In der „Erdkunde" des griechischen Schriftstellers Strabo (66 v. Chr.–24 n. Chr.) findet sich die Notiz, dass bei dem spanischen Stamm der Kantabrer eine Art Matriarchat herrsche. Die Männer nämlich müssten der Frau eine Mitgift bringen. Von den Kindern seien nur die Töchter erbberechtigt, und diese verheirateten sogar ihre Brüder. Reste dieser weiblichen Vormachtstellung haben sich bis in die Neuzeit erhalten. Schon vor der Veröffentlichung des „Mutterrechts" von Bachofen entdeckte man, dass die Basken in Nordspanien seit dem 12. Jahrhundert das Erstgeburtsrecht kennen, weil der Familienbesitz und der damit verbundene Name erhalten bleiben soll. Wenn das älteste Kind ein Mädchen war, dann musste ihr Ehemann seinen Familiennamen aufgeben und ihren Namen annehmen. Diesem erstgeborenen Kind stand auch das Recht zu, die jüngeren Geschwister zu verheiraten, die in der baskischen Sprache mit einem Wort bezeichnet wurden, das „Sklave" bedeutet.

Der afrikanische Kontinent gehört zu den Gebieten, wo die Formen weiblicher Vormachtstellung vom weiblichen Namensrecht bis zur politischen Frauenherrschaft reichen. An-

18

fänglich bereitete es den europäischen Völkerkundlern große Schwierigkeiten, diese von den Frauen bestimmte politische Ordnung zu durchschauen, weil sie durch die männlichen Amtstitel dem Irrtum unterlagen, dass die Inhaber dieser Ämter Männer sein müssten. Die englischen Forschungsreisenden Livingstone und Stanley trafen bei ihren Expeditionen im Sambesi-Gebiet, die sie Mitte des 19. Jahrhunderts unternahmen, fast ausschließlich auf Königinnen. Einflussreiche Stellungen wurden nach Livingstones Berichten über das westliche Afrika fast ausschließlich von Frauen bekleidet. Er berichtet, dass es selbstverständlich sei, dass Frauen im Stammesrat säßen. Die jungen Männer müssten nach ihrer Heirat in das Dorf ihrer Ehefrauen ziehen. Das gesamte Eheleben würde von der Frau bestimmt, weil sie ihren Mann aus der Ehe entlassen könne und die alleinige Macht über die Kinder ausübe. Selbst Geschäfte dürfe der Mann nur tätigen, wenn die Frau ihm dazu ihre Genehmigung erteilt hätte. Als Gegenleistung für diese Rechte müsse die Frau den Mann mit Nahrung versorgen. Selbst dort, wo ein Mann herrsche, bleibe seine Mutter, die den Titel „Königin-Mutter" trägt, die eigentliche Regentin.

In Uganda, berichtet Livingstone weiter, würde dem König eine seiner Schwestern als Mitregentin zur Seite gestellt, und sie regierten das Land gemeinsam mit ihrer Mutter. Wenn die Schwester schwanger würde, müsse sie die Schwangerschaft abbrechen, damit sie ihre magischen Fähigkeiten nicht verlöre. Für den notwendigen Nachwuchs der königlichen Sippe sorgten die anderen Prinzessinnen ihres Stammes.

Bei den Aschanti an der Goldküste, schreibt Livingstone, stehe das Land unter der Führung einer „Königin-Mutter", welche die Sippenälteste sei. Sie setze den König ein, der aus den Söhnen der Prinzessinnen ausgewählt würde. Eine der ersten Pflichten der Königin-Mutter sei es, nachdem der neue König von ihr bestimmt worden sei, seine Brüder als mögliche Widersacher umbringen zu lassen. Während ihrer Amtszeit habe sie eine eigene Residenz, verfüge über einen Hofstaat und regiere über einzelne Dörfer, die ihr tributpflichtig seien. Diese Königin-Mutter und ihre Töchter besäßen jede nur denkbare sexuelle Freiheit. Die Mutter habe einen ganzen Harem von Männern, von denen sie Dutzende hinrichten ließe. Die Väter wären so unwichtig, dass es den Prinzessinnen frei stünde, jeden Mann zu heiraten. Wenn eine Prinzessin vor ihrem Ehemann stürbe, müsse er an ihrem Grab Selbstmord begehen. Denselben Schritt müsse er vollziehen, wenn eines seiner neugeborenen Kinder starb, vor denen er einen Kniefall machen und dabei Treue und Gehorsam schwören müsse.

Selbst wenn afrikanischen Königinnen ein Regent beigegeben war, so demonstrierte der bei vielen Stämmen praktizierte „rituelle Königsmord", wie gering seine tatsächliche Macht war. Den Schwestern dieses machtlosen Königs war es gestattet, nach einer bestimmten, von ihnen als heilig betrachteten Zahl von Regierungsjahren ihren Bruder mit eigener Hand zu erwürgen. Bei einigen Stämmen vollzog diesen Mord der Bruder seiner Mutter.

Wenngleich es für einen Außenstehenden, der in einer europäischen Gesellschaft aufgewachsen ist, schwierig ist, diese weiblichen Machtstrukturen zu verstehen, so darf man nicht den Fehler begehen und den Frauen nur aufgrund ihres Geschlechts diese außerordentliche Stellung zuschreiben. Die Frauen waren Herrscherinnen bzw. konnten einem Mann die Königswürde verleihen, weil sie aus einem herrschenden Stamm oder einer herrschenden Sippe stammten.

Beweise für die starke bis herausragende Stellung der Frauen in früheren Kulturen werden auch durch die Ergebnisse der Vorgeschichtsforschung bestätigt, die Bachofen noch unbekannt waren. An zahlreichen Orten Europas und des Vorderen Orients wurden Tausende von Darstellungen von Frauen in Höhlenmalereien, auf Keramikgefäßen oder als figürliche Plastiken gefunden, die aus der jüngeren Altsteinzeit (30 000 v. Chr.) über die Jungsteinzeit (4 000 v. Chr.) bis weit in die historische, d.h. durch Berichte dokumentierte Zeit hinein datieren. Diese Frauendarstellungen legen den Schluss nahe, dass in der vorgeschichtlichen Zeit Muttergottheiten verehrt wurden, die vielleicht Varianten eines ursprünglich gemeinsamen Kultes der „Großen Erdmutter" waren. Überreste dieser Religion sind im Mittelmeerraum die Verehrung der „Magna Mater" (Große Mutter), die in anderen Gebieten mit unterschiedlichen Namen, wie „Erdmutter" oder „Kornmutter", bezeichnet wird. Auch in den Religionen der Hochkulturen nimmt die Frau noch eine wichtige Stellung ein, wie beispielsweise die Göttin Isis in der Religion der alten Ägypter und Maria, die „Gottesmutter", im Christentum.

Weshalb wurde die Frau zu einer Göttin? Tausende von Darstellungen von ausgesprochen üppigen oder abstrahierten Frauenkörpern scheinen die These des „romantischen Schwärmers" Bachofen zu bestätigen, dass in der Urzeit der Menschheit der Stoff, symbolisiert durch die Frau, das das Leben der Menschen bestimmende Prinzip war. Die Frau wird mit der Erde gleichgestellt. Die Mutter ist die Nachfolgerin und Stellvertreterin der Urmutter Erde. Die Menschen der Vorzeit, die in einer engen Verbindung mit der Natur lebten und deren Leben vom Ertrag ihrer Äcker bestimmt wurde, sahen im Gedeihen der Vegetation unsichtbare Kräfte am Werk, der sie eine körperliche Gestalt zuordneten. Es lag nahe, diesem geheimnisvollen Wesen eine weibliche Gestalt zu geben, weil die Frau das werdende Leben und die Fruchtbarkeit verkörpert.

Die Darstellungen der Muttergottheiten unterscheiden sich in Haltung und Form. Gemeinsam aber ist der Mehrzahl dieser Frauenfiguren die Nacktheit, die es ermöglicht, die Geschlechtsmerkmale stark zu betonen. Auffällig sind der fruchttragende Leib und die Betonung der Brüste, wodurch die Künstler offenbar die Frau als Schöpferin des Lebens darzustellen versuchten. Da in der Vorzeit vermutlich die Tierhaltung und die Jagd von den Männern betrieben wurde, während der Anbau der Pflanzen, die Ernte und ihre Weiterverarbeitung der Frau oblag, stand die Frau im Mittelpunkt des Weltbildes und des Kultus des vorgeschichtlichen Menschen.

Wenn die Frauen in der Kunst so auffallend hervorgehoben wurden, so stellt sich die Frage, ob sie auch in der Gesellschaft eine Vormachtstellung hatten. Nicht nur Bachofen, sondern auch spätere Gelehrte vertraten die Meinung, dass die Frauen in den prähistorischen Gesellschaften aufgrund der zentralen Rolle der Mutterreligion eine beherrschende Rolle spielten. Wenn man nämlich zum Vergleich die historischen Staaten und Gesellschaften heranzieht, die hauptsächlich männliche Gottheiten verehrten, so bestimmten die Männer die Politik, und die gesellschaftlichen und rechtlichen Verhältnisse räumten den Männern eine vorrangige Stellung ein. Wer an der Macht ist, bestimmt auch das Geschlecht der Gottheiten.

Die Mehrheit der heutigen Forscher vertritt die Ansicht, dass die zahlreichen ausgegrabenen Mutterfiguren darauf hinweisen, dass eine solche Gesellschaft, der sie entstammen, mutterrechtlich organisiert sein *konnte*, aber nicht zwangsläufig sein *musste*. Wenn eine mutterrechtliche Struktur angenommen wird, dann bedeutet dies aber, dass auch alle denkbaren Formen vom weiblichen Namens- und Erbrecht, der Wohnortbestimmung durch die Frau über die gesellschaftlich dominierende Rolle bis hin zur Frauenherrschaft möglich sind.

Sicherlich ist die Annahme einer weiblichen Vormachtstellung, wie dies Bachofen in seinem umfangreichen Werk darstellt, in ihrer Allgemeinheit nicht zu halten. Sein großes Verdienst ist es, den Blick der Wissenschaftler auf Gesellschaften gelenkt zu haben, in der die Rollen der Geschlechter anders als in den historischen und neuzeitlichen Gesellschaften verteilt waren. Viele seiner Kritiker fühlten sich vielleicht dadurch irritiert, dass ihnen vor Augen geführt wurde, dass es auch einmal Gesellschaften gab, die von der Vorherrschaft der Frauen geprägt waren. Entschiedene Gegner der aufkommenden Frauenbewegung beriefen sich darauf, dass die Männerherrschaft eine höhere Stufe in der Entwicklung der Menschheit sei. Die Frauenmacht gehört der Vorzeit an.

KAPITEL 2

Das Weltreich der Amazonen

Feministisch orientierte Archäologinnen, die unbestritten wichtige Beiträge zur Erforschung des Matriarchats geleistet haben, charakterisieren diesen Zustand der Kultur und der gesellschaftlichen Organisation als eine blühende, friedliche Zivilisation. In dieses Bild passen schlecht die kriegerischen Frauen, die nach Aussagen der antiken Quellen ihre männlichen Säuglinge verstümmelten, damit diese ihnen später als hilflose Sklaven dienen konnten.

Nach der griechischen Sage waren die Amazonen eine Art „Mannweiber", deren Heimat nicht Griechenland war, sondern das Gebiet um das Schwarze Meer und am Fluss Thermodon bzw. Libyen in Nordostafrika. Die antiken Historiker deuteten ihren Namen als die „Brustlosen", weil nach der Überlieferung den Mädchen in der Kindheit die rechte Brust ausgebrannt wurde, damit sie später die Bogensehne besser spannen konnten. Offensichtlich war diese Bezeichnung schon in der Antike unverständlich, so dass man den Sinn durch Umschreibungen wiedergab. Die Beinamen, die ihnen die griechischen Dichter und Historiker geben, reichen von „den Männern gewachsen" über „die Männer hassend" bis zu

„die Männer tötend". Den Griechen sind die Amazonen zu allen Zeiten fremd geblieben, und wie allem Fremden haftete den Amazonen der Ruch des Barbarischen an. Moderne Deutungen führen den Namen auf ein armenisches Wort zurück und übersetzen es mit „Mondfrauen". Andere Deutungen fassen die Bestandteile „Am" und „Azon" als phönizische Wörter auf, die den Wortsinn „Mutterherrin" ergeben.

Wenn man annimmt, dass Berichte und Mythen über die Amazonen einen historischen Kern haben, so stellt sich auch die Frage der zeitlichen Einordnung. Der Dichter Homer, von dem man annimmt, das er um 750 v. Chr. lebte, erwähnt in der „Ilias" die Amazonen als ein Volk von Kriegerinnen, mit denen es die Generation der Väter zu tun gehabt hätte. Der trojanische König Priamos kämpfte in seiner Jugend am Fluss Sangarios als Bundesgenosse der Phrygier, die in Zentralanatolien wohnten, gegen die Amazonen. An einer anderen Stelle der „Ilias" wird von Bellerephon, dem Sohn des korinthischen Königs Glaukus, berichtet, dass er nach der Tötung des Ungeheuers Chimäre diese kriegerischen Frauen auf ihrem Zug nach Lykien besiegt habe.

Nach dem Bericht des griechischen Historikers Diodor wohnte am Fluss Thermodon in der Nähe des Schwarzen Meeres ein Volk, welches von Frauen beherrscht wurde. Diese Frauen beteiligten sich an den Dingen des Krieges ebenso wie die Männer. Eine dieser Frauen, welche die königliche Gewalt besaß, soll durch Mut und Stärke alle anderen übertroffen und ein Heer von Frauen um sich versammelt haben, welches sie an den Waffen ausbildete und gegen verschiedene Nachbarvölker kämpfen ließ. Sie unternahm hierauf immer weitere Kriegszüge. Weil das Kriegsglück ihr treu war, bezeichnete sie sich als eine Tochter des Kriegsgottes. Die Männer mussten

Wolle spinnen und andere häusliche Arbeiten verrichten, die sonst von den Frauen ausgeführt wurden. Sie wurden zu tiefster Knechtschaft erniedrigt. Den neugeborenen Knaben wurden die Hände und Füße verstümmelt, um sie für den Kriegsdienst untauglich zu machen. Das Führen von Waffen war ausschließlich ein Vorrecht der Frauen, denen in zarter Jugend die rechte Brust abgenommen wurde, damit sie ihnen beim Spannen des Bogens und beim Schwingen des Schwertes nicht hinderlich würde. Die Königin der Amazonen achtete in ihren Feldzügen sorgfältig auf gute Ordnung. Sie gründete die Stadt Thermyskyra an der Mündung des Thermodon und fand später den Tod auf dem Schlachtfeld. Ihr folgte als Königin ihre Tochter nach, welche die Eigenschaften ihrer Mutter in noch höherem Maße besaß. Von frühester Jugend an wurden die Mädchen abgehärtet, damit sie die Entbehrungen des Krieges ertragen konnten. Für den Kriegsgott Ares und die Göttin Artemis, die sie Tauropolis nannten, stiftete die neue Königin glänzende Feste und Opfer und gab ihrem Volk gute Gesetze. Sie zog gegen alle Völker jenseits des Don zu Feld und eroberte alle Länder bis nach Thrakien. Nach ihrer Rückkehr von diesen Feldzügen kümmerte sie sich um die „Künste des Friedens", ließ den genannten Gottheiten prunkvolle Tempel bauen und erwarb sich durch ihre hervorragende Regierung die Liebe ihres Volkes. Aber es dauerte nicht lange, da führte sie auf der südlichen Seite ihres Reiches einen neuen Eroberungskrieg. Sie unterwarf ganz Kleinasien und Syrien. Von einer weiblichen Verwandten dieser Herrscherin zur nächsten ging die Krone und der Ruhm der Amazonen erhöhte sich immer mehr.

Der Redner Lysias berichtet im 5. Jahrhundert von den Amazonen:

„Die Amazonen waren im Altertum Töchter des Kriegsgottes Ares, welche an dem Fluss Thermodon wohnten. Sie allein besaßen von allen benachbarten Völkern Waffen aus Eisen. Sie stiegen zuerst auf Pferde, auf denen sie wegen der Unerfahrenheit ihrer Gegner die Fliehenden einholten und die Verfolger hinter sich ließen."

Der ausführlichste Bericht stammt von Herodot:

„Als die Griechen mit den Amazonen Krieg führten, sind die Griechen nach ihrem Sieg aus der Stadt der Amazonen, Thermodon, davongesegelt. Auf drei Schiffen nahmen sie alle Amazonen mit, die sie hatten lebend fangen können. Diese hatten aber die Männer auf dem Meer angegriffen und aus den Schiffen geworfen. Da sie nicht wussten, wie man Schiffe lenkt, fuhren sie mit den getöteten Männern dorthin, wo sie der Wind hintrieb. So kamen sie in das Land der Skythen. Die Amazonen stiegen von den Schiffen und wanderten in das bewohnte Land. Sobald sie auf die ersten Pferdeherden stießen, raubten sie diese und zogen plündernd durch das Land der Skythen. Die Skythen glaubten fest, Männer vor sich zu haben. Als sie sich mit ihnen in Schlachten einließen, bemächtigten sie sich der gefallenen Amazonen und erkannten, dass sie Frauen waren. Sie hielten es für angebracht, die überlebenden Amazonen nicht zu töten, sondern sie sandten eine Reihe junger Männer aus ihrer Mitte zu diesen Frauen, damit sie sich in ihrer Nähe aufhalten und ihr Verhalten und ihre Taten nachahmten. Wenn sie von den Amazonen angegriffen würden, sollten sie nicht kämpfen, sondern fliehen. Die Skythen wollten nämlich von ihnen Kinder bekommen. Die skythischen jungen Männer erfüllten den Auftrag und lebten friedlich in der Nähe der Amazonen, die sie nicht beachteten. Zwischen den jungen Männern der Skythen und den Amazonen entwickelte sich ein vertrauliches Verhältnis. Schließlich nahm sich jeder Skythe diejenige Amazone zur Frau, mit der er intim gewesen war. Doch die Amazonen weigerten sich, mit ihren Männern in deren Dörfer zurückzukehren, weil sie ganz andere Sitten als die skythischen Frauen hätten. Sie sagten zu ihnen: „Mit eueren Frauen können wir nicht zusammenleben, denn wir haben nicht dieselben Sitten wie jene. Wir schießen mit Bogen und Wurfspieß und reiten zu Pferd. Weibliche Arbeiten haben wir nicht gelernt. Eure Frauen machen nichts von dem, was wir aufzählten, sondern verrichten nur weibliche Arbeiten und bleiben auf ihren Wagen, ohne auf die Jagd und anderswohin zu gehen. Wir können uns deshalb nicht mit ihnen vertragen. Wenn ihr uns aber wirklich zu Frauen haben und gerecht zu uns sein wollt, geht zu den Eltern und lasst euch durchs Los euren Anteil von den Besitztümern geben. Dann wollen wir zusammen losziehen und für uns alleine wohnen." Die Skythen erfüllten den Wunsch der Amazonen. Bei ihrer Rückkehr forderten sie die Amazonen auf, dieses Land zu verlassen, weil sie unmöglich mit ihren Vätern friedlich zusammenleben könnten, weil sie ihnen bei ihren Beutezügen Schaden zugefügt hätten. „Wir brechen zusammen von diesem Land auf und überschreiten den Don und wohnen dort!" Sie überquerten den Don, legten einen Weg von drei Tagen in Richtung Osten zurück und vom Schwarzen Meer einen Weg von drei Tagen in Richtung Norden. Nachdem sie an dieser Stelle angekommen waren, wo sie jetzt sesshaft sind, besiedelten sie diese. Seitdem haben die Frauen der Sauromaten diese alte Lebensweise. Sie ziehen mit ihren oder ohne ihre Männer auf ihren Pferden zur Jagd aus. Sie ziehen in den Krieg und tragen dieselbe Kleidung wie die Männer. Die Sprache der Skythen beherrschen die Sauromaten nur unvollkommen. Mit ihrer Hochzeit ist folgender Brauch verbunden: Eine Jungfrau heiratet nicht eher, als bis sie einen Mann der Feinde getötet hat. Manche von ihnen sterben sogar ihres Alters, ehe sie geheiratet haben, weil sie diese Bedingung nicht erfüllen können."

Dieser Bericht Herodots kann noch durch Sagen ergänzt werden, die von den Taten der Amazonen in Griechenland erzählen:

Als Hypolyte Königin der Amazonen war, erhielt der griechische Held Herakles von dem König Eurysteus den Auftrag, für seine Tochter den goldenen Gürtel dieser Königin zu holen. Herakles schlug in der Nähe von Thermiskyra ein Lager auf, wo sich die Burg der Amazonenkönigin befand, und forderte sie auf, ihm ihren Gürtel freiwillig zu geben. Dieses Ansinnen lehnte Hypolyte ab. Es kam zum Kampf, in dem sich die besten Amazonen Herakles entgegenstellten. Die Amazonen Aella, Phillipis, die schon im ersten Angriff tödlich verwundet wurde, Proloe, die siebenmal im Zweikampf siegte, Euryboe, die nie im Kampf Unterstützung bedurfte, unterlagen dem griechischen Helden. Celäno, Euybia und Phöbe, die vortreffliche Speerwerferinnen waren, verfehlten dieses Mal ihr Ziel. Obwohl sie sich gegenseitig mit ihren Schilden zu decken versuchten, wurden sie von Herakles getötet. Schließlich erlitten alle anderen Amazonen dieses Schicksal, bis auf ihre Anführerin Melanippe, die von Herakles gefangen genommen wurde. Gegen den goldenen Gürtel der Königin wurde sie ausgetauscht. Seit diesem Sieg war die Macht der Amazonen gebrochen und sie wurden von ihren Nachbarn nicht mehr geachtet.

Eine andere Amazone, Penthesilea, kämpfte auf Seiten der Trojaner gegen die Griechen. Penthesilea hatte ihr Vaterland verlassen müssen, weil sie einen Mord begangen hatte. Beim

Kampf der Trojaner gegen die Griechen stellte sie sich dem griechischen Helden Achilleus entgegen. In diesem Zweikampf setzte sie sich tapfer zu Wehr, aber sie wurde schließlich von Achilleus aufgespießt. Als Achilleus ihr den Helm abnahm und ihr wunderschönes Gesicht sah, verliebte er sich in die Tote.

Über den Skythenstamm der Sauromaten fügt der berühmte Arzt Hippokrates (460–365 v. Chr.) noch einige Details hinzu:

„In Europa gibt es um den Mäotischen See herum einen Stamm der Skythen, der sich von den übrigen unterscheidet. Sie heißen Sauromaten. Die Frauen aus diesem Stamm reiten, schießen mit dem Bogen, schleudern den Wurfspeer vom Pferd herab und kämpfen, solange sie Jungfrauen sind, gegen die Feinde. Bevor sie nicht drei Feinde erlegt haben, bleiben sie Jungfrauen und können keine Ehe eingehen. Hierfür müssen sie die gesetzlichen Opfer vollbringen. Wer einen Mann gefunden hat, gibt das Reiten auf, wenn nicht die Notwendigkeit besteht, in den Krieg zu ziehen. Ihnen fehlt die rechte Brust. Wenn sie noch kleine Mädchen sind, legen ihnen die Mütter ein glühendes Instrument aus Eisen an die Brust, damit diese versengt wird. Aber alle Kraft geht dann in den rechten Arm und Schulter."

Eine kritische Haltung gegenüber der Überlieferung nahm der schon erwähnte Geschichtsschreiber Strabo in seiner „Erdkunde" ein:

„Die Geschichte der Amazonen zeigt viel Eigentümliches; in allen anderen Fällen kann man das Wahre von dem Falschen ziemlich leicht unterscheiden. Dennoch wird von den Amazonen noch dasselbe berichtet wie vor alten Zeiten, obgleich diese Erzählungen so abenteuerlich sind und sich so sehr von dem Anschein der Wahrheit entfernen, als es überhaupt nur möglich ist. Wer sollte wohl glauben, dass ein Heer, eine Stadt oder ein ganzes Volk von Frauen ohne Männer bestehen kann und sogar über seine Nachbarn geherrscht und durch Kriege seine Macht bis nach Kleinasien und nach Attika ausgedehnt habe? Die kleinasiatischen Städte Ephesus, Smyrna, Kumä, Myrina, Paphos und viele andere Städte mehr sollen von ihnen erbaut und benannt worden sein. Was Themiskyra und die am Thermodon liegende Gegend betrifft, so wird dies überall das „Land der Amazonen" genannt."

Alle Schriftsteller stimmen darin überein, dass die Amazonen aus dieser Gegend vertrieben worden sind. Doch nur wenige Schriftsteller sagen uns etwas von ihrem späteren Aufenthalt.

Aus dem 4. Jahrhundert vor Christus werden von Strabo drei Begegnungen Alexanders des Großen mit den Amazonen erwähnt, die darauf schließen lassen, dass die Amazonen zu der Zeit noch existierten. Der Königs Pharasmenes, König der Chorasmier in der Nähe des kaspischen Meeres, fand sich mit 15 000 Reitern bei Alexander dem Großen ein. Er verlangte als Gegenleistung für seine Unterstützung, dass sich Alexander gegen die Kolchier und Amazonen am Schwarzen Meer wendet. Der griechische König lehnte dies aber ab und bricht in Richtung Indien auf.

Strabo berichtet weiter, dass der persische Statthalter Atropates mit hundert berittenen Kriegerinnen Alexander begegnete. Der Perser gab sie als Amazonen aus. Sie waren wie Reiter gerüstet, außer dass sie Äxte statt Lanzen trugen und statt der großen Schilde kleine. Sie sollen eine kleine Brust gehabt haben, die sie in den Schlachten entblößten.

Die letzte dieser drei Begegnungen ist bei den antiken Autoren ausführlich erörtert worden. Bei Alexander fand sich die Amazonenkönigin Thalestris mit 300 Begleiterinnen ein und äußerte den Wunsch, von ihm geschwängert zu werden. Glaubwürdige Historiker wie Arrian (2. Jhd. n. Chr.) stellen dieses Ereignis nachdrücklich in Abrede, weil es von den Zeitzeugen nicht erwähnt würde und die Amazonen zu dieser Zeit nicht mehr existiert hätten.

Strabo geht in seiner kritischen Einstellung zu den antiken Berichten aber zu weit, wenn er die Existenz der Amazonen insgesamt anzweifelt. Die moderne Archäologie hat durch umfangreiche Ausgrabungen im Schwarzmeergebiet und in der eurasischen Steppe den historischen Kern dieser Berichte über eine herausragende Stellung und besondere Rolle der Frauen bei den Skythen bestätigt. Den griechischen Männern sollte offenbar mit dem Schreckensgemälde der Amazonen vor Augen geführt werden, was ihnen bevorsteht, wenn sie einmal die Macht in der Gesellschaft verlieren würden. Ihre Frauen waren völlig in das Haus verbannt. Es galt als würdelos, wenn sich eine Frau auf der Straße zeigte. Von jeglicher Teilnahme am politischen Leben waren sie ausgeschlossen. Zu den Zusammenkünften der Männer, bei denen getrunken und gesungen, aber auch geistreiche Gespräche geführt wurden und die Anwesenden sich von Hetären, einer Art Freudenmädchen, unterhalten ließen, war ihnen der Zutritt verwehrt. Der griechische Mann konnte zu diesen geselligen Zusammenkünften seine Geliebte, aber niemals seine Ehefrau mitbringen. Dagegen galt der Ehebruch bei einer Frau als schlimmes Verbrechen. Die gesamte Ehe war ausschließlich Sache der Männer. Und auch wenn eine Frau juristische Probleme hatte, musste sie sich von ihrem Mann vor Gericht vertreten lassen.

Zusammenfassend lässt sich das, was nach modernem Wissensstand über die Amazonen bekannt ist, folgendermaßen beschreiben: Die Skythen, ein Nomadenvolk aus der eurasischen Steppe, das seit dem 8. Jahrhundert die Gebiete um das Schwarze Meer besiedelte, gehörten zu den Viehzüchternomaden, die seit dem 2. Jahrtausend die eurasische Steppe bis nach China hin besiedelten. Diese Nomadenstämme werden auch als Indoeuropäer bezeichnet. Die nomadische oder halbnomadische Lebensweise prägte auch die Stellung der Frau. Wenn es nämlich erforderlich war, mussten auch die Frauen in der Lage sein, ihre Männer beim Kampf zu unterstützen oder, wenn sich die Männer im Krieg befanden, ihre Niederlassungen gegen feindliche Angriffe zu verteidigen. Bei einer solchen Lebensweise unterschied sich die Kleidung der Frauen kaum von der der Männer. Wie zahlreiche Darstellungen in der Kunst zeigen, trugen die Skythinnen Hosen wie ihre Männer. Gelegentlich wurden skythische Frauen auch mit langen Gewändern abgebildet. Beim Reiten, was sie ebenso wie die Männer beherrschen mussten, trugen sie eine kurze Oberbekleidung und einen über die Schulter geworfenen Kaftan.

Ihre Teilnahme am Krieg beweisen die zahlreichen Gräber weiblicher Krieger. Das älteste Grab einer solchen skythischen Amazone, das im heutigen Georgien gefunden wurde, stammt aus dem 2. Jahrtausend vor Christus. Es barg eine Frau, die in sitzender Haltung beerdigt wurde und auf dem Knie ein Schwert hatte. Sie wies auf der linken Seite des Schädels eine Verletzung auf, die ihr offenbar durch eine Speerspitze zugefügt worden war. Das Alter dieser Kriegerin wird auf zwanzig bis dreißig Jahre geschätzt.

In den 80er Jahren des vorigen Jahrhunderts wurden am unteren Lauf des Dnjepr bei der Untersuchung von 53 skythischen Kriegergräbern sechs Gräber mit weiblichen Skeletten entdeckt. Die Untersuchung ergab, dass diese Frauen Kinder geboren haben mussten und wahrscheinlich als Ehefrauen mit Männern zusammengelebt hatten. Zwei Finger der jeweils rechten Hand zeigten starke Verschleißerscheinungen, die möglicherweise durch das Spannen von Bogensehnen hervorgerufen worden sind. Zur Ausrüstung einer skythischen Kriegerin gehörten offenbar Pfeil und Bogen, wie auch andere Grabfunde beweisen. Man fand in den Gräbern eiserne Lanzenspitzen und Überreste von ledernen Köchern mit 47 Pfeilen. Ihren Körper schützten die Frauen mit einem „Kampfgürtel", der mit eisernen Lamellen besetzt war, und mit einem Panzerhemd. Da keine Waffen gefunden wurden, die ausschließlich zur Verteidigung dienen, kann es als sicher gelten, dass diese Frauen an der Seite ihrer Männer an den Kriegszügen teilnahmen. Neben dem blutigen Kriegshandwerk mussten sich diese Frauen auch um den Nachwuchs kümmern. In einigen Gräbern fand man Kriegerinnen mit Säuglingen beerdigt, die offenbar bei der Geburt gestorben waren.

25 Prozent aller Waffengräber, die im Schwarzmeergebiet gefunden wurden, müssen weiblichen Toten zugeordnet werden. Eine Aufschlüsselung nach dem Alter ergibt, dass das kriegerische Leben für die Frauen schon mit 16 Jahren begann und dass ein großer Teil der Kriegerinnen etwa um das dreißigste Lebensjahr gestorben war.

Es wurde auch die Vermutung geäußert, dass es sich bei den Amazonen vielleicht um Männer handelte, die durch hormonelle Veränderungen ein weibliches Aussehen hatten. Die Analyse der Skelette der skythischen Kriegerinnen ergibt, dass sie eine schlanke und starke Figur wie moderne Athletinnen gehabt haben müssen. Handelte es sich vielleicht um Mischwesen, denen ein eindeutiges Geschlecht nicht zugeordnet werden konnte? Wurde vielleicht durch Kastration oder Drogen der Knochenbau der Männer so verändert, dass der Eindruck entstehen konnte, es handele sich um Frauen?

Einen Hinweis für diese Vermutung findet sich bei Herodot, der eine Männerkaste bei den Skythen erwähnt. Diese als „Anarieis" bezeichneten Männer waren Zwitterwesen und sollen von der Göttin Aphrodite die Gabe der Weissagung bekommen haben. Dieser Bericht wird von dem Arzt Hippokrates bestätigt:

„Die meisten Männer im Skythenland werden Eunuchen. Sie gehen weiblichen Berufen nach und werden „Anarieis" genannt. Wenn sie ein Verhältnis mit Frauen haben und es sich dann herausstellt, dass sie impotent sind, so wiederholen sie diesen Versuch. Wenn sie wiederum erfolglos sind, glauben sie, gesündigt zu haben und ziehen Frauenkleider an, wodurch sie ihre Entmannung eingestehen. In der Folgezeit leben sie dann wie Frauen. Sie gleichen sehr den Eunuchen."

Eine mögliche Erklärung für diese Kastrationen fand man darin, dass bei einem Reiter, der die meiste Zeit seines Lebens auf dem Pferd verbringt, die Hoden durch die ständige Reibung und Wärme Schaden erleiden. Es konnte deshalb für einen Fremden der Eindruck entstehen, die skythischen Krieger seien Eunuchen. Auch bei anderen Völkern Zentralasiens finden sich solche Zwitterwesen, die wahrscheinlich durch das ständige Reiten zeugungsunfähig geworden waren und ein weibliches Aussehen hatten. Bei den Nogaiern, einem Turkvolk im Kaukasus, wurden solche „Mannweiber" noch im 19. Jahrhundert gesehen. Diese Männer hatten nur wenige Haare am Körper und völlig das Aussehen von Frauen. Sie hatten nichts Männliches mehr an sich und kleideten sich auch wie Frauen. Bei den Pueblo-Indianern in Neu-Mexiko werden aus kultischen Gründen Männer verweiblicht, indem man sie durch ununterbrochenes Reiten die Funktion ihrer Genitalorgane vernichten lässt.

Eine andere Deutung sieht in den Amazonen so genannte Hermaphroditen, also Zwitter, die in heutiger Zeit auf 1000 Geburten nur ein oder zweimal auftreten. Zahlreiche Sagen in allen Kulturkreisen berichten von solchen Mischwesen. Gab es vielleicht in der Entwicklung der Menschheit ein drittes Geschlecht, von dem die Amazonen als späte Nachfahren abstammen?

Aber keine dieser Vermutungen ist bislang durch Beweise erhärtet. Deshalb bietet sich vorerst folgende Erklärung als historischer Kern der antiken Berichte über die Amazonen an: Die Frauen der skythischen Nomaden hatten aufgrund der Lebensweise eine viel freiere Stellung als die antiken Griechinnen. Sie begleiteten ihre Männer bei den Kriegszügen, und da sie sich aus praktischen Gründen wie ihre Männer kleiden mussten, sahen sie diesen zum Verwechseln ähnlich. Als Kriegerinnen mussten sie zudem große Willensstärke zeigen, was einen Fremden vielleicht zu der Deutung veranlassen konnte, sie hätten eine Vormachtstellung in ihrer Gesellschaft. Für den griechischen Mann war es unvorstellbar, dass Frauen ein solches Leben führen konnten. Vielleicht haben die kollektiven Ängste, einmal die männliche Vormachtstellung zu verlieren, die Historiker und Schriftsteller veranlasst, eine Schreckensszenario von Amazonenheeren zu erfinden, die in der fernen Vergangenheit einmal Griechenland heimgesucht hatten und nur durch berühmte Helden wie Herakles vernichtet werden konnten.

Die Existenz eines weiteren Reiches von Amazonen in Libyen im nordwestlichen Afrika wurde von modernen Historikern als reine Erfindung zurückgewiesen, da der Gewährsmann, der schon mehrfach erwähnte Diodor, wenig Glaubwürdigkeit verdiene. Geografie, Mythologie und Fantasie gingen bei ihm ein unentwirrbares Geflecht ein. Er berichtet über die Sitten und Lebensgewohnheiten dieses zweiten Stammes der Amazonen Folgendes:

„Nach der gewöhnlichen Meinung hat es außer den Amazonen am Fluss Thermodon keine anderen gegeben. Doch dies ist unrichtig. Die libyschen Amazonen, die einer viel früheren Zeit angehören, haben sogar noch viel außergewöhnlichere Taten vollführt. Im westlichen Teil Libyens gab es nämlich ein Volk, das unter der Herrschaft der Frauen stand. Sie mussten eine gewisse Zeit die Dienste der Krieger versehen und Jungfrauen bleiben. Wenn die Jahre dieser Dienstpflicht vorüber waren, verbanden sie sich zwar mit Männern, um ihr Geschlecht fortzupflanzen, aber die öffentlichen Ämter und die Regierung behielten sie für sich alleine inne. Die Männer aber lebten dort wie bei uns die Frauen, in häuslicher Zurückgezogenheit, hatten mit Krieg und Staatsverwaltung nichts zu tun und durften überhaupt nicht öffentlich auftreten. Gleich nach der Geburt werden die Kinder den Männern übergeben, welche diese mit Milch und anderen Nahrungsmitteln aufziehen müssen. Wenn ein Mädchen geboren wurde, brannte man ihm die Brüste aus, damit sie zur Zeit der Geschlechtsreife nicht wachsen können. Die sich entwickelnden Brüste sah man als ein bedeutendes Hindernis für das Waffenhandwerk an.“

Von ihrem Land und ihren Taten erzählt er:

„Sie sollen eine Insel im Tritonsee bewohnt haben, die Hespera genannt wurde, weil sie weit im Westen in der Nähe des die Welt umfließenden Okeanus liegt. Der See hat seinen Namen von dem Fluss Triton, der in ihn hineinfließt. Der kriegerische Mut trieb die Amazonen zuerst an, die Städte der Insel zu erobern. Nur die Insel Meine, die als heilig galt und von den äthiopischen Ichthyophagen bewohnt war, wurde ausgenommen. Nachdem die Amazonen die Insel vollständig in ihren Besitz gebracht hatten, befiel sie das Verlangen, den größten Teil der Welt zu durchwandern. Zuerst fielen sie in das Land der Atlantiden ein, besiegten die Bewohner von Cerne und eroberten deren Stadt, indem sie mit den Fliehenden zugleich in die Stadt eindrangen. Um Angst und Schrecken zu verbreiten, verhielten sie sich sehr grausam, töteten die Soldaten und führten die Gefangenen fort. Dies rief bei den Atlantiden eine solche Angst hervor, dass sie den Amazonen die Städte übergaben. Sie versprachen, alle ihre Befehle auszuführen. Die Königin der Atlantiden, Myrina, behandelten sie mit Milde, schlossen danach ein Freundschaftsbündnis mit den Atlantiden und bauten an Stelle der zerstörten Stadt eine neue auf, die den Namen der Königin erhielt. Dorthin durften die Gefangenen zurückkehren. Das Volk der Atlantiden bedankte sich für diesen glücklichen Ausgang des Krieges bei seiner Königin mit Ehrenbezeugungen und Geschenken. Die Einwohner dieser Stadt wurden häufig von einem benachbarten Frauenvolk, den Gorgonen, bedroht, mit denen sie im Kriegszustand lebten. Auf Bitten der Atlantiden fiel daher Myrina in das Gorgonengebiet ein und lieferte sich mit ihnen eine erbitterte Schlacht, in welcher die Amazonen die Oberhand behielten. Die Gorgonen wurden alle getötet. Den gefallenen Amazonen, die auf drei Scheiterhaufen verbrannt wurden, wurden Grabmäler auf drei Hügeln errichtet, die auch heute noch Amazonenhügel heißen."

Den Abschluss der Erzählung des Diodor bilden die Schilderung der Kriegszüge der Amazonen, nunmehr unter der Führung der Königin Myrina, die sie über Ägypten, Syrien, Kleinasien bis nach Thrakien führten. In den eroberten Gebieten suchten sie überall nach geeigneten Plätzen für die Gründung von Städten. Der Einfall des Amazonenheeres in Ägypten leitete den Untergang dieses Reiches ein. Ägypten, das damals von dem Himmelgott Horus regiert wurde, schloss mit den Amazonen ein Freundschaftsbündnis. Danach führte Myrina ihr Heer nach Arabien, wo sie viele Menschen tötete und unterwarf ganz Syrien. Das vorrückende Amazonenheer verbreitete einen solchen Schrecken, dass die kleinasiatischen Kilikier schon an der syrischen Grenze mit Geschenken warteten, um die Amazonen friedlich zu stimmen und ihre Kapitulation zu zeigen. Von dort marschierte Myrina mit ihren Kriegerinnen an die kleinasiatische Küste, eroberte Lykien, Karien und Lydien. Da die Bewohner dieser Küstengebiete friedlich waren, kam es zu keinen kriegerischen Auseinandersetzungen. Den Fluss Kaikos, der gegenüber der Insel Lesbos ins Ägäische Meer fließt, bestimmte Myrina zur Grenze ihres Reiches. Die meisten kleinasiatischen Städte führen deshalb ihre Gründung auf eine der Amazonen aus dem Heer der Myrina zurück. Da die Amazonenkönigin aber glaubte, es ginge von den der Küste vorgelagerten Inseln, die noch immer in fremder Hand waren, eine Gefahr für ihr Reich aus, bestiegen die Amazonen die Schiffe und unterwarfen sich Lesbos, Lemnos und Samothroke, wo sie ein Götterheiligtum errichteten. Zwar gelang es Myrina, noch weitere Inseln in der Ägäis zu erobern, aber der Versuch, ihr Reich weiter nach Norden bis an die thrakische Grenze auszudehnen, weckte bei dem König der Thraker, Lykurgus, große Ängste und Besorgnis. Aufständische Thraker unter Führung des Fürsten Mopsos, die sich mit dem Skythenkönig Siphylos verbündeten, besiegten die Amazonen. Wie die meisten ihrer Kriegerinnen wurde auch Myrina getötet. Der Rest der Amazonen flüchtete nach Libyen. Dort wurden sie, wie die Gorgonen, die wieder mächtig geworden waren, von dem griechischen Helden Herakles vernichtet.

Es wäre falsch, diesen Bericht des Historiker Diodor als bloße Erfindung beiseite zu schieben, weil er nur die Absicht verfolge, seine Leser durch interessante Spekulationen zu unterhalten. Eine Erfindung Diodors ist sicher der Kriegszug der Amazonen nach Kleinasien, weil die den Amazonen zugeschriebenen Städtegründungen, wie zum Beispiel Ephesos, nach anderen Quellen von den am Schwarzen Meer beheimateten Amazonen erfolgte. Hierbei verfolgte Diodor offenbar die Absicht, die Überlieferung von den beiden Amazonenstaaten miteinander zu verbinden. Sicherlich enthält sein Bericht viele mythische Elemente, wie zum Beispiel der Kampf der Amazonen gegen das Reich der Atlantier und die Atlantissage, die eine Jahrtausende alte Tradition hat und auf ägyptische Quellen zurückgeht.

Trotz der unverständlichen und widersprüchlichen Angaben über die Lage des Reiches der Amazonen in Libyen und der Insel Hespera müssen den antiken Autoren, die Diodor als Quelle dienten, Berichte über eine andere gesellschaftliche Stellung der Frauen und vielleicht auch über Frauenreiche in Nordafrika und den angrenzenden Gebieten bekannt geworden sein. Herodot berichtet von einem Volk, das wie die Amazonen am Tritonsee lebt, Folgendes:

„Am jährlichen Fest der Athena kämpfen ihre Jungfrauen, in zwei Gruppen getrennt, mit Steinen und Hölzern gegeneinander. Auf diese Weise wollen sie der einheimischen Göttin, welche die Griechen Athena nennen, die ihr gebührende

Ehre erweisen. Diejenigen Jungfrauen, die an ihren Wunden sterben, nennen sie „falsche Jungfrauen". Sobald der Kampf zu Ende ist, gibt es bei diesem Volk noch folgenden Brauch: Sie schmücken die schönste Jungfrau mit einem Helm und Waffen und fahren sie um den See herum."

Als 1862 der deutsche Orientalist David Mordtmann die Amazonensage kritisch untersuchte, kam er zu dem Ergebnis, dass die gesuchte Insel Hespera mit der kanarischen Insel Teneriffa identisch sei. Hespera bedeutet an sich nichts anderes als „ Westland", wozu für die antiken Geografen auch Sizilien, Italien und besonders Spanien gehörten. Mordtmann fand alle bei Diodor genannten Einzelheiten dieser Insel Hespera auf Teneriffa vor. Lange Zeit hat man über diese Vermutung nur gelächelt und sie wie Diodors Berichte in das Reich der Spekulation verwiesen. Es gibt aber historisch zuverlässige Berichte, dass zur Zeit der Eroberung der kanarischen Inseln durch die Spanier einheimische Frauenheere gegen sie kämpften. Der spanische Chronist Bory de St. Vincent berichtet:

„Bei einem spanischen Einfall auf die Insel La Palma kämpften schöne Frauen von riesenhafter Größe mit viel Tapferkeit und Entschlossenheit."

Als weiteren Beweis, dass den Berichten Diodors ein historischer Kern zugrunde liegt, könnte man auf die Überreste des Mutterrechts in Sitten und Brauchtum der Bewohner der kanarischen Inseln verweisen, das ursprünglich auf dieser Inselgruppe vorherrschend war, und besonders auf die mutterrechtlich organisierten Tuareg, die als Nomaden in den nordafrikanischen Ländern und besonders in den Saharagebieten leben.

Auf keinem anderen Kontinent der Welt lassen sich bis in die Neuzeit die Spuren der Amazonen verfolgen. Man könnte fast glauben, dass sich die geschlagenen libyschen Amazonen weiter in den Süden des afrikanischen Kontinentes zurückgezogen hätten.

Der portugiesische Missionar Duarte Lopez beschreibt im 15. Jahrhundert das Reich Monomotapa im südlichen Rhodesien, dem heutigen Zimbabwe. Der König dieses Reiches, dessen Größe 600 Kilometer in der Länge und 450 Kilometer in der Breite betragen haben soll, führte den Titel Mwana Mutapa, was in der Bantusprache „Herr der Bergwerke" bedeutet. Die Bergwerke nämlich, deren Schätze von den portugiesischen Kaufleuten eingetauscht wurden, waren für die Könige dieses afrikanischen Reiches eine wichtige Einnahmequelle. Die Könige hatten als Schutztruppe eine Armee von 12 000 weiblichen Kriegern, die 200 Hunde mit sich führten. Ihnen war im Grenzgebiet sogar eine eigene Provinz zugeteilt, und sie wählten den König.

In dem alten Königreich von Dahomey, dem heutigen Benin, gab es ebenfalls Amazonenheere. 1860 soll der König Gelele über eine Armee von 500 Frauen verfügt haben, deren Angehörige zur Keuschheit und Ehelosigkeit verpflichtet waren. Gegen Ende des 19. Jahrhunderts kämpften diese afrikanischen Amazonen gegen die französische Kolonialmacht. Wollte man eine dieser Kriegerinnen als Feigling beschimpfen, sagte man zu ihr: „Du bist ein Mann!" Der englische Diplomat Burton schreibt um 1900 über diese Frauenarmee:

„Alle Angehörigen dieser Armee gelten als königliche Ehefrauen. Jeder, der eine Amazone, wenn auch nur aus Versehen, berührt, wird als Hochverräter bestraft. Die Männer haben vor diesen Frauen Angst und ziehen es vor, ihnen nicht zu begegnen. Sie sind es gewohnt, bis zum bitteren Ende zu kämpfen, weil ihr einziges Ziel das Töten ist. Sie lieben das Blut."

Aus den zwanziger und fünfziger Jahren des letzten Jahrhunderts gibt es zahlreiche Berichte über Fraueneinheiten, die sich an den Aufständen gegen die Kolonialmächte in Nigeria und Kamerun beteiligten.

Berichte über Amazonen finden sich auch auf anderen Kontinenten. Da die griechischen Berichte über die Amazonen dem südamerikanischen Fluss Amazonas zu seinem Namen verholfen hatten, glaubten viele Forschungsreisende und Missionare, solche kriegerische Frauenstämme in den riesigen Regenwäldern dieses Stromes aufgespürt zu haben. Als Francisco de Orellana 1541 zwei Jahre lang den Strom befuhr, warnt man ihn vor Kriegerinnen, die lange Haare und Kleider wie Männer trügen. In England tauchte das Gerücht auf, dass die antiken Amazonen, die der Vernichtung durch Herakles entgangen wären, sich nach Südamerika gerettet hätten.

Der Jesuit Cristobal de Acuna, der das Amazonasgebiet bereist hatte, schmückte alle bekannten Berichte über diese sagenhaften Stämme mit viel Fantasie und wilden Spekulationen noch aus. Nach de Acuna lebten diese Frauen in völliger Abgeschiedenheit und wurden nur einmal im Jahr von den Männern eines benachbarten Stammes besucht, um sie zu schwängern. Die Mädchen, die aus diesen Verbindungen geboren wurden, zogen die Frauen auf. Ihre Söhne händigten sie im folgenden Jahr den Männern aus, wenn diese zu ihrem nächsten Besuch kamen. Doch gab es auch Gerüchte, dass sie ihre Söhne töteten, indem sie sie aussetzten.

Chinesische Chroniken aus dem ersten nachchristlichen Jahrtausend beschreiben Frauenreiche in den Grenzgebieten Chinas zu Indien. Eines dieser Reiche, Su-fa-la-na-chü-lo, was „das Land der schönen Königin" bedeutet, erstreckte sich im ersten Jahrhundert n. Chr. über ganz Nordtibet. Es umfasste 80

Städte, wurde von über 40 000 Familien bewohnt und verfügte über eine Armee von 10 000 Soldaten. Die Männer wurden gering geachtet und hatten als Diener nur eine untergeordnete Funktion. Sie mussten die Felder bewirtschaften und unter dem Kommando der Frauen den Kriegsdienst verrichten. Die Königin, die ständig von einer Schar von über hundert Frauen umgeben war, wurde aus der herrschenden Familie ausgewählt. Sie hatte immer eine Stellvertreterin, so dass im Falle ihres Todes nie die führende Stellung ihrer Familie in Frage gestellt war.

Chinesische Quellen berichten noch von einem weiteren Amazonenreich in der Nähe des Kaspischen Meeres. Es soll ausschließlich von Frauen bewohnt worden sein.

Die Existenz solcher Amazonenreiche wird auch durch Reisebeschreibungen aus dem 15. Jahrhundert bestätigt. So erwähnt Ruy Gonzales de Clavijo, dass er bei einer Gesandtschaftsreise nach Samarkand einen ausschließlich von Frauen bewohnten und regierten Staat kennen lernte. Da dieser Staat völlig männerlos war, besuchten die jungen Frauen einmal im Jahr das benachbarte Gebiet, um sich dort schwängern zu lassen. Von den neugeborenen Kindern behielten sie nur die Töchter, während sie die Söhne zu ihren Vätern zurückschickten. Diese Frauen behaupteten, sie stammten von den einst am Schwarzen Meer lebenden Amazonen ab und wären vertrieben worden, als ihre Vorfahren zusammen mit den Trojanern gegen die Griechen kämpften.

KAPITEL 3

Zwei orientalische Despotinnen:
Hatschepsut und Semiramis

I n der Frühzeit der altorientalischen Reiche war der
gesellschaftliche Status der Frauen bei weitem höher als
in den späteren Epochen, wo ihr Einfluss in Staat und
Gesellschaft allmählich geringer wurde. In der Frühzeit
waren es auch hier weibliche Gottheiten, die die Religion
bestimmten. Wie die Mythen zeigen, verschwanden aber die
weiblichen Gottheiten nach und nach aus dem religiösen
Bewusstsein der Menschen, wenn sie nicht die Gattin eines
Gottes wurden. Lange Zeit noch war ausschließlich die
Unterwelt, das Reich der Toten, das Herrschaftsgebiet einer
Göttin.

Die Sumerer, die etwa seit 3000 v. Chr. im Südirak herrschten, kannten vermutlich die Vielmännerei. In einem sumerischen Rechtstext aus dem 2. Jahrtausend v. Chr. heißt es:

„Die Frauen der früheren Tage nahmen sich gewöhnlich
zwei Ehemänner, aber die heutigen würden gesteinigt werden,
wenn sie dies täten. Wenn ein Mann eine Frau zurückweist,
die ein Kind geboren hat, so soll er aus dem Haus getrieben
werden."

In dem südlich des Herrschaftsgebiets gelegenen Reich von Elam gab es zur gleichen Zeit eine deutlich ausgeprägte mutterrechtliche Gesellschaftsstruktur. So waren beispielsweise die Frauen die alleinigen Erben. In dem nachfolgenden Reich der Babylonier (ab 1600 v. Chr.) verloren die Frauen ihre herausragende Stellung in Staat und Gesellschaft. Doch im Vergleich zu den antiken Gesellschaften Griechenlands und Roms waren ihre Rechte noch beträchtlich. Sie konnten Eigentum erwerben, wie zum Beispiel einen eigenen Landbesitz, den sie nach ihrem Gutdünken verwalten konnten. Des Weiteren war ihnen gestattet, Klage vor Gericht zu erheben und Verträge abzuschließen. Jede Verfehlung gegen eine Frau wurde mit der Verbannung aus der Gemeinschaft bestraft, was ein sicherer Beweis alter mutterrechtlicher Vorstellungen ist. Frauen übten nicht nur das Amt von Priesterinnen aus, sondern sie waren auch als Beamtinnen und Richterinnen tätig. Etwa ab 1000 v. Chr. verloren die Frauen diese Vorrechte, wie Gesetzestexten dieser Zeit zu entnehmen ist, die den Frauen ausdrücklich jede geschäftliche Tätigkeit verboten.

Eine überzeugende Theorie, weshalb die gesellschaftliche und politische Macht der Frauen im Nahen Osten und auch in den europäischen mutterrechtlich organisierten Gesellschaften schwand, entwickelte die amerikanische Archäologin Marijas Gimbutas. Sie führt diese Veränderungen auf das Vordringen der Indoeuropäer zurück, die aus dem Gebiet des mittleren und unteren Wolgabeckens und den Steppen nördlich des Kaukasus in drei Wellen zwischen 4500 v. Chr. und 2800 v. Chr. in Europa und in den Nahen Osten eindrangen. Auslöser für die Kriegszüge gegen die mutterrechtlich organisierten Kulturen waren klimatische Veränderungen in der Heimat der Indoeuropäer. Diese nomadischen Stämme, in denen der Mann die gesellschaftlich führende Rolle spielte, wurden von einer Kriegerkaste regiert. Die indoeuropäischen Krieger waren, als Reiter und Halbnomaden, ausgesprochen mobil. Die von ihnen überfallenen mutterrechtlichen Kulturen hingegen lebten von Acker- und Gartenbau und hatten eine blühende Zivilisation errichtet.

Die Meinung, dass sich die von Männern dominierten Gesellschaften, die für die historischen Staaten der Antike, Griechenland und Rom, und des Nahen Ostens kennzeichnend sind, aus den mutterrechtlich organisierten Kulturen heraus entwickelt haben, wird heute nur noch von eine Minderheit der Gelehrten vertreten. Auch in anderen Teilen der Welt wurden die Frauenkulturen von kriegerischen Stämmen zerstört, die unter der Herrschaft von Männern standen.

Beim ersten Vordringen in die Gebiete dieser Hochkulturen haben sich die kriegerischen Stämme zunächst in die mutterrechtlichen Gesellschaftsstrukturen eingefügt und zum Teil der Lebensweise angepasst. Ab dem 3. Jahrtausend aber entstanden im Nahen Osten Gesellschaften, die eindeutig von Männern dominiert waren. Sie werden als die „orientalischen Despotien" bezeichnet und waren neben einem enormen Verlust an Kultur durch eine ungeheure Grausamkeit und Gewalttätigkeit geprägt.

Obwohl die Frauen in der historischen Zeit im Alten Orient eine untergeordnete Stellung innehatten, gab es eine Reihe von Königinnen, die sich zu herausragenden Persönlichkeiten entwickeln und das politische Geschehen beeinflussen und sogar bestimmen konnten.

Unter den Königsgräbern der sumerischen Stadt Ur in der Nähe des Persischen Golfes entdeckte man zwischen den Königsgräbern das Grab der Königin Schub-ad, deren Namen ein kleines Rollsiegel aus Lapislazuli verriet. Als sie um 2500 v. Chr. starb, war sie vierzig Jahre alt und hatte eine Körpergröße von 1,5 m. Mehr wissen wir von ihr nicht. Die Bedeutung ihrer Person deutet jedoch der Umstand an, dass bei ihrer Beerdigung nicht nur ihre beiden Leibdienerinnen, sondern eine große Zahl von Höflingen, Leibwächtern und Musikanten ihr Leben lassen mussten, wie die Giftbecher in den Händen der Toten verraten. Man nimmt an, dass sie, nachdem sie der Königin noch ein letztes Mal gehuldigt hatten, aus einem Becken ein schnell wirkendes Gift trinken mussten und starben.

Tausend Jahre später, im 14. Jahrhundert v. Chr., gelang es der Pharaonin Teje, der Gattin von Amenophis III., die uralte Frauenherrschaft der Ägypter zu neuem Leben zu erwecken. Obgleich sie wahrscheinlich nicht aus der königlichen Sippe, sondern, wie ihre negroiden Züge verraten, aus Nubien stammte, übte sie unter der Regierung ihres Mannes und ihres Sohnes Amenophis IV. einen großen Einfluss aus. Auf allen offiziellen Dokumenten erschien ihr Name neben dem des Pharaos. Im nubischen Sedeinga wurde ihr zu Ehren ein Tempel geweiht, und ihr Sohn trat in der Öffentlichkeit nur in Begleitung seiner Mutter auf.

Als Teje starb und bei ihrem Gemahl im „Tal der Könige" beerdigt worden war, nahm ihr Sohn zusammen mit seiner Gattin Nofretete die höchste Stellung im Staate ein. Obwohl der Fortbestand des ägyptischen Reiches von der Lösung dringender Probleme abhing, wie die Reform der Verwaltung und die Sicherung der asiatischen Grenzgebiete, führte der König zunächst eine Religionsreform durch und ließ alle Götter außer der Sonnenscheibe (Aton) auslöschen. Fortan durfte nur die am Himmel erscheinende Sonne unter dem Namen

„Vater Aton" verehrt werden. Der König selbst nannte sich Echnaton, was soviel bedeutet wie „Er gefällt dem Aton". Da die Priesterschaft diese Neuerung ablehnte, verließ er mit seiner Gemahlin die Königsstadt Theben und baute nilabwärts bei Amarna eine neue Hauptstadt. Doch die Priesterschaft von Theben, die über eine Dienerschaft von hunderttausend Personen verfügte, wiegelte die Bevölkerung im ganzen Lande auf, um ihre alte Macht zu sichern. Es kam zu einer Revolution, und Echnaton starb eines plötzlichen Todes.

Echnaton hatte sich auch als Dichter betätigt, und in einem Hymnus auf den Sonnengott erwähnte er auch seine Frau:

„Leuchte für mich, deinen Diener, o große Sonne, und strahle für meine geliebte Gemahlin, die Herrin beider Reiche, Nofretete, die lebe und jung sei, immer und ewig."

Nach Echnatons Tod versuchte Nofretete, ihre Macht zu erhalten und beabsichtigte deshalb, einen Hethiterprinzen zu heiraten. Diese Absicht geht aus einem Brief an den hethitischen König hervor, in dem die Verfasserin, die sich als Königin von Ägypten bezeichnet, den König bittet, einen seiner Söhne zum Zwecke der Heirat zu ihr zu schicken. Umstritten ist aber, ob die Verfasserin des Briefes Nofretete selbst oder ihre Tochter Anches-En-Amun war. Von da an schweigen die Quellen, und über Nofretetes weiteres Schicksal ist nichts bekannt.

Auch im Reich der Assyrer gab es eine Frau, die eine herausragende Rolle spielte. Naqi'a, die Gemahlin des Königs Sanherib (704–681 v. Chr.) übte einen nachhaltigen Einfluss auf die Politik aus. Obwohl sie ursprünglich nur eine Nebenfrau des Königs war, arbeitete sie sich zur „First Lady" empor und verteidigte diese Stellung mit viel Geschick. Zwar musste sie in der Öffentlichkeit hinter ihrem Gemahl zurücktreten, aber umso eifriger machte sie ihren Einfluss im Hintergrund geltend, und es gelang ihr sogar, nach dem Tod des Königs den Thronfolger zu bestimmen.

Auch in der von Männern beherrschten Gesellschaft der Hethiter gab es für Frauen in gewissem Grad die Möglichkeit, politische Macht auszuüben. Die Hethiter, ein indoeuropäischer Stamm, zogen gegen Ende des 3. Jahrtausends von Südrussland bis in den Südosten des heutigen Anatoliens und unterwarfen das mutterrechtlich organisierte Reich der Hattier. Von 1900 bis 1200 v. Chr. beherrschten sie ein Großreich, das ganz Kleinasien umfasste und erst unter dem Ansturm von Völkern aus dem Westen, den so genannten Seevölkern, zerfiel.

Die Hethiter scheinen ihr traditionelles, von Männern beherrschtes Gesellschaftssystem und ihre Religion mit der mutterrechtlich strukturierten Kultur der Hattier verschmolzen zu haben. In der Religion der Hethiter nahm der männliche Gott Teschub, ein Wettergott, den höchsten Rang ein. Die hattische Göttin Arinna, die alle Merkmale einer Muttergottheit besitzt, wurde in der religiösen Vorstellungswelt der Hethiter mit ihrem Wettergott Teschub verheiratet. Realer Hintergrund dieser mythischen Hochzeit dürften wohl die Heiraten zwischen hethitischen Eroberern und hattischen Prinzessinnen sein. Diese einheimischen Prinzessinnen behielten offenbar, wie es bei ihnen ursprünglich Brauch war, die Thronrechte. Nur so kann die Stellung der hethitischen Königinnen erklärt werden, deren Vorrechte in das vaterrechtliche Gesellschaftssystem der Indoeuropäer nicht hineinpassen. Wenn nämlich ihr Ehemann starb, führte sie die Regierung fort. Und erst nach ihrem Tod war es der Ehefrau des neuen Königs erlaubt, seinen Titel zu führen. Diese

Sonderrechte sprechen dafür, dass sie in den ältesten Zeiten zumindest die Königsmacherin war, wenn sie nicht selbst als Königin regierte. Der hethitische König und die Königin führten den Titel „Tabarnas", was soviel wie „Ehemann der Königin" bedeutete und die hohe Stellung der Königin verrät. Offensichtlich war der König der Hethiter in den ältesten Zeiten nur König kraft seiner Verbindung mit seiner königlichen Ehefrau.

Lebhaft vorstellbar wird aufgrund zahlreicher Quellen die hethitische Königin Puduhepas. Sie war mit dem König Hattuschili III. verheiratet (1280–1250 v. Chr.). In den erhaltenen Briefen und anderen historischen Dokumenten erscheint sie als eine selbstbewusste Frau, die mit den benachbarten Herrschern wie dem ägyptischen Pharao Ramses II. in Briefkontakt stand. Offenbar war es selbstverständlich, dass sie Erlasse zusammen mit ihrem Ehemann unterzeichnete. Nach dem Tod ihres Mannes regierte sie gemeinsam mit ihrem Sohn. Es zeugt von ihrer erstaunlichen Bildung und ihrem großen literarischen Interesse, dass sie die Texte, die auf Tontafeln überliefert sind, abschreiben ließ.

In Deir-el-Bahari westlich von Theben in der Nähe des berühmten Tals der Könige befindet sich einer der berühmtesten Totentempel des alten Ägypten. Eine Inschrift in Hieroglyphen verkündet, dass der ägyptische Gott Amun-Re die Gemahlin des Pharaos Thutmosis I. (1510–1491 v. Chr.), Ahmose, besucht und mit ihr ein Kind gezeugt habe. Dieses Kind erhielt die Namen Hatschepsut, „die das Antlitz der Edlen ist", und Makare, „die Wahrheit ist das zweite Ich des Sonnengottes". Der höchste Gott, Amun-Re, so berichtet die Inschrift weiter, „stellte dieses Mädchen den Göttern mit den

Worten vor: „Seht meine Tochter Hatschepsut! Sie soll leben! Ich liebe sie, ich bin mit ihr zufrieden!"

Diese Frau, deren Abstammung auf einen Gott zurückgeführt wird, gehört neben Kleopatra zu den bekanntesten Herrscherinnen des alten Ägypten. Aber das Urteil der Historiker über diese Pharaonin fällt unterschiedlich aus. Es reicht von der Beschreibung als Thronräuberin, die sich nicht damit begnügte, nur Königin zu sein, sondern beabsichtigte, der König selbst zu sein, über die Darstellung als Marionette der Priester, deren persönliche Rolle nur gering war, bis hin zur Beurteilung als große Reformerin und Baumeisterin des alten Ägypten.

Ihre Geburt fiel in eine der unruhigsten Zeiten Ägyptens. Zwei Jahrhunderte lang hatten die Hyksos, ein Nomadenvolk aus Vorderasien, Ägypten beherrscht. Um 1550 v. Chr. waren diese fremden Eroberer endgültig aus Ägypten vertrieben worden, aber die Spuren der Verwüstung, die dieser Befreiungskampf hinterlassen hatte, waren noch nicht beseitigt worden. Als 1520 v. Chr. der Pharao Thutmosis I. starb, hinterließ er aus seiner Ehe mit Ahmose nur seine Tochter Hatschepsut, da seine Söhne und die jüngere Tochter früh verstorben waren. Da es die Tradition erforderte, dass der Pharao ein Mann war, der die Erbprinzessin heiratete, ehelichte Hatschepsut 1520 v. Chr. einen unehelichen Sohn ihres Vaters, der aus der Verbindung mit seiner Nebenfrau Mutnofret hervorgegangen war. Mit diesem Ehemann, Pharao Thutmosis II. hatte Hatschepsut die beiden Töchter Nofrure und Meritre-Hatschepsut. Wie bei ihrem Vater gab es aber einen Sohn von einer Nebenfrau. Damit die Macht in Hatschepsuts Händen blieb, musste die älteste Tochter Nofrure bereits im Kindesalter ihren Neffen und Hatschepsuts Stiefsohn, den späteren Thutmosis III., heiraten.

Wenn diese ehrgeizige, stolze und herrschsüchtige Frau den Thron Ägyptens als regierende Pharaonin einnehmen und an der Macht bleiben wollte, musste sie sich zunächst gegen zwei Rivalen aus ihrer Verwandtschaft durchsetzen und sie in den Schatten stellen. Dieses gewaltlose Bild der Erbfolge und der Regierungsübernahme wird von einigen Forschern in Frage gestellt. Sie verweisen darauf, dass die machtbesessene Hatschepsut lange um die Herrschaft hatte kämpfen müssen. Eine Inschrift von Thutmosis II. enthält vielleicht einen Hinweis auf die internen familiären Machtkämpfe, bei denen die rebellische Hatschepsut eine Schlüsselrolle spielte. Darin wird berichtet, dass der Fürst im nördlichen Nubien nach einem furchtbaren Gemetzel „die ins Gefängnis gehörende Pharaonin anerkennt". Dieser Kampf um den ägyptischen Thron könnte so abgelaufen sein, dass zunächst Thutmosis I. von Hatschepsut im Bunde mit ihrem Schwiegersohn Thutmosis III. entmachtet wurde und danach dessen Schwiegermutter Alleinherrscherin wurde. Dem vertriebenen Thutmosis I. gelang es, mit seinem unehelichen Sohn Thutmosis II. für eine kurze Zeit den Thron zurückzuerobern, bis Hatschepsut den Machtkampf endgültig mit ihrem Schwiegersohn zu ihren Gunsten entschied. Sieger dieses königlichen Machtkampfes ist am Ende Thutmosis III., weil es ihm gelang, Hatschepsut zu entmachten. Wie auch immer die Wirren um die Thronfolge abliefen, Tatsache bleibt, dass Hatschepsut 20 Jahre lang entscheidend die Geschicke des ägyptischen Reiches bestimmte.

In ihre Jugendzeit fiel ein Ereignis, das die Geschichte nachhaltig beeinflusst hat. Einer der Ahnherren der Juden, der legendäre Moses, wurde, nach einer modernen Quelle, im Jahr 1531 v. Chr. im Nildelta geboren. Zu dieser Zeit war Hatschepsut fünf bis zehn Jahre alt. Es war nichts ungewöhnliches, dass sich fremde Volksgruppen im fruchtbaren Niltal niederließen und dort als eine untergeordnete Bevölkerungsschicht lebten. Eine dieser eingewanderten Gruppen waren die Hebräer. Um der Unterdrückung in Ägypten zu entkommen, flohen sie und ließen sich nach langer Wanderschaft in Palästina nieder. Über den Anführer des Exodus, Moses, erzählt die Bibel Folgendes: Beim Baden im Nil fand die Tochter des Pharao einen hebräischen Säugling, der in einem Schilfkörbchen ausgesetzt worden war. Sie hatte Mitleid mit dem Kind und ließ es durch eine Amme aufziehen. Dann nahm sie es als ihren eigenen Sohn an und gab ihm den Namen Moses.

Es ist nicht auszuschließen, dass diese junge Prinzessin die spätere Pharaonin Hatschepsut war. Ein Kind aus einer niederen Bevölkerungsschicht zu adoptieren, spräche nur für ihren eigenwilligen Charakter und ihr unkonventionelles Handeln, die durch zahllose Beispiele während ihrer langen Regierungszeit belegt sind. Diese selbstbewusste Frau, die sich „Königstochter", „Königsschwester", „große königliche Gemahlin" und „Gottesgemahlin" nannte, musste sich gegen ihren alten Vater Thutmosis I. und ehrgeizige junge Männer wie ihren Ehemann und Mitregenten Thutmosis II. und ihren Schwiegersohn Thutmosis III. behaupten. Sie drückte diesen Durchsetzungswillen auch äußerlich aus, indem sie einen künstlichen Kinnbart anlegte, um wie ein Mann zu erscheinen. Ihr graziler, knabenhafter Körper und die betont männliche Kleidung verstärkten noch den Eindruck, den sie hervorrufen wollte.

Ihren Aufstieg zur Macht begann sie mit noch nicht fünfzehn Jahren, als ihr Vater Thutmosis I. sie zur Mitregentin machte. Kurze Zeit später heiratete sie den noch nicht vierzehnjährigen Thutmosis II., und ihr Vater stirbt. Dieses junge Mädchen übernahm die Rolle einer Regentin, weil ihr Ehemann, noch jünger als sie selbst, der Aufgabe nicht gewachsen war, einen Aufstand in Nubien unter Kontrolle zu bringen. Zusätzlich drohte eine weitere Gefahr aus Asien, weil die von Thutmosis I. unterworfenen Völker aufständisch wurden und in das Reichsgebiet eindrangen.

Schon während ihrer Ehe mit Thutmosis II. begann ihre rege Bautätigkeit, um die durch die Herrschaft der Hyksos zerstörten Heiligtümer wiederherzustellen. Stolz ließ sie ihre erfolgreiche Wiederaufbauarbeit in einer Inschrift verewigen:

„Ich habe wiederhergestellt, was zerstört, und aufgerichtet, was unvollendet war, seitdem die Asiaten im Nordland lebten und die Barbaren mitten unter ihnen wohnten und indem sie zum Einsturz brachten, was geschaffen war, und herrschten, ohne von Re zu wissen."

Vermutlich im Jahre 1504, im Alter von nur dreißig Jahren, starb ihr Mann Thutmosis II. Hatschepsut sah jetzt die große Chance, für lange Zeit die Alleinherrschaft in Ägypten zu übernehmen, denn der uneheliche Sohn ihres Mannes war noch ein Kind. Aber wie es Sitte war, wurde er sofort mit ihrer Tochter Nofrure verheiratet und von ihr zum Regenten ausgerufen. Die eigentliche Macht aber behielt sie in ihren Händen. Hatschepsut musste, um an der Macht zu bleiben und sich gegen die Intrigen des Hofes erfolgreich zur Wehr setzen zu können, Männer in ihrer Umgebung haben, denen sie absolut vertrauen konnte. Schon zu Lebzeiten ihres Mannes hatte sie einen ihrer Diener namens Senenmut zu ihrem Berater und Vertrauten gemacht. In einer Inschrift rühmt sich dieser Mann, dass er Verwalter des königlichen Hauses war und Richter des ganzen Landes. Dieser Beamte war nicht nur mächtiger Major domus und der Erzieher ihrer Tochter Nofru-re, sondern stieg auch zum führenden Baumeister auf.

Wie eng das Verhältnis zwischen ihnen war, darüber kann man nur Vermutungen anstellen. In dem von Senenmut erbauten Tempel von Deir-el-Bahari, der auch als Totentempel für die Regentin gedacht war, ließ er sich hinter dem Sanctuarium darstellen, der als Wohnraum der Königin mit dem Gott Horus, dem höchsten aller Götter, gedacht war. Er ließ ein zweites Grab für sich unter dem Totentempel seiner Herrin ausheben und die Wände mit ihren Bildern schmücken. In den Augen seiner Zeitgenossen wurde dies als ein kaum verhüllter Ausdruck seiner Liebe zu Hatschepsut gedeutet. Umgekehrt bedankte sich die Pharaonin bei ihrem großen Baumeister durch die Stiftung von Statuen im Tempel von Theben und an anderen Orten. Diese besondere Zuneigung, die dieser hohe Beamte gegenüber seiner Königin empfand, versuchte man als Nachwirkung des alten ägyptischen Mutterrechts zu erklären. Einen Hinweis dafür glaubte man auch im Namen Senenmuts zu entdecken, der die Bedeutung „Bruder der Mutter" hat.

Zu den wichtigsten außenpolitischen Ereignissen der Regierungszeit von Hatschepsut gehört eine Expedition in das sagenhafte Land Punt, dem „Weihrauchland" an der abessinischen Küste. Mit diesem Land bestand seit dem Alten Reich ein schwunghafter Handel mit Drogen, besonders mit Weihrauch, der bei den Ägyptern bei religiösen Zeremonien nicht fehlen durfte. Über diese Expedition, die auf den Bildern ihres Totentempels in Deir-el Bahari dargestellt ist, sind wir sehr genau informiert. Auf Veranlassung des Gottes Amun, des obersten Gottes, schickte sie unter dem Kommando des königlichen Gesandten Nehsi eine Truppe von 110 Männern auf fünf Schiffen in dieses geheimnisvolle Land, das nach heutigen Erkenntnissen an der Küste des heutigen Somalia lag. Die Fahrt ging von Theben aus den Nil abwärts bis zum Wadi Tummilat nördlich vom heutigen Kairo, durch den Timah-See, durch einen Süßwasserkanal, einem Vorläufer des heutigen Suez-Kanals, zu den Bitterseen und von dort ins Rote Meer. Diese Expedition erreichte nach wahrscheinlich acht Monaten das Land Punt. Eine Statue mit dem Gott Amun, auf dem Hatschepsut sitzt, wurde am Ufer aufgestellt. Auf den Bildern am Tempel in Deir-el Bahari werden der Empfang der ägyptischen Truppe durch den König Parhu und seine Gemahlin Iti gezeigt. Für ihre Geschenke erhielten die Ägypter die begehrten Drogen und andere Schätze dieses Landes wie Myrrhenbäume, Elfenbein, Gold und einheimische Sklaven. Nach ihrer Rückkehr nach Theben wurden sie im Hafen von der Königin empfangen, die persönlich die Geschenke in Empfang nahm und überprüfte. Die Königin widerstand nicht der Versuchung, den duftenden Balsam, der für den Gott Amun bestimmt war, in ihre Hände zu nehmen und sich damit einzureiben. Das Volk, das diesen Vorgang beobachtete, vollzog einen Freudentanz, weil es glaubte, die Königin habe mit dieser erfolgreichen Expedition ein Wunder vollbracht. Die kostbaren Weihrauchsträucher wurden im Garten ihres Tempels eingepflanzt.

Eine weitere Expedition wurde auf die Sinai-Halbinsel unternommen, um die dortigen Kupfervorkommen zu erkunden. Da dieses Vorhaben von Nomaden und kriegerischen Stämmen gestört wurde, musste drei Jahre später, wahrscheinlich unter dem Kommando von Thutmosis III., eine zweite Expedition in dieses Gebiet unternommen werden, deren Auftrag darin bestand, die Bergwerke vor den Nomaden zu schützen. Die beim Kupferabbau anfallenden Edelsteine hatten offenbar die Begehrlichkeit dieser Wüstenbewohner geweckt. Die Inschriften, die von diesem Ereignis berichten, teilen auch mit, dass zwischenzeitlich die Tochter Nofrure gestorben und ihr Mann gleichberechtigt neben Hatschepsut an der Regierung beteiligt war.

Thutmosis III., dem nur untergeordnete Aufgaben und militärische Kommandos übertragen wurden, musste zusehen, wie Hatschepsut mit ihrer Tochter das Land regierte. Wenn man seine spätere 20-jährige Alleinherrschaft überblickt, in der er siegreich 17 Feldzüge nach Asien unternahm, so fragt man sich, wie ein so tatkräftiger Mann sich dieser Frauenherrschaft beugen konnte. Bei den vielen Palastrevolutionen der Ägypter scheint es unverständlich zu sein, dass Thutmosis III., den moderne Historiker als den Napoleon der alten Ägypter bezeichnen, dies widerstandslos hinnahm. In einer dem Kriegsgott Month geweihten Stele rühmt er seine Körperkräfte und Heldentaten. Als er im Knabenalter in Karnak ein Priesteramt versah, inszenierte er anlässlich eines Staatsfestes für Thutmosis I. ein Gottesurteil, um seine Ansprüche auf den Pharaonenthron geltend zu machen. Als das Bild des Gottes Amun durch den Tempel getragen wurde, nahm er an der Prozessionsstraße Aufstellung mit den übrigen Priestern. Die Priester trugen das Gottesbild zögernd durch das Spalier der Gläubigen, gleichsam als ob sie jemanden suchten. Plötzlich machten sie vor Thutmosis III. halt, der sich vor dem Bild zu Boden warf. Doch der Gott Amun habe ihn, berichtet die Inschrift der Stele, in diesem Augenblick aufgehoben und an den Platz des Tempels geführt, wo allein der Pharao sich aufhalten durfte.

Sicherlich litt er auch darunter, dass er wegen seiner unehelichen Abstammung einen schweren Stand neben seiner

Schwiegermutter hatte, die auf ihre reine königliche Abstammung stolz war. Möglicherweise gelang es Thutmosis II., den Vertrauten Senenmut aus seiner Position zu verdrängen, denn wenige Jahre vor dem Tod der Pharaonin verliert sich jede Spur von ihm. Hatschepsut fand in Amenhotep einen geeigneten Nachfolger für das Amt des Leiters ihres Palastes, aber sie musste ihrem verhassten Schwiegersohn immer mehr Aufgaben übertragen. Sie versuchte, ihn möglichst außerhalb Ägyptens oder in den Grenzregionen mit militärischen Aufgaben zu beschäftigen. Es waren Tätigkeiten, denen er durch sein militärisches Talent gewachsen war und die er erfolgreich durchführte. Mit einem Sieg beendete er einen Feldzug gegen die Nubier, und kurze Zeit später war er in Palästina aktiv und eroberte die Stadt Gaza. Doch die alternde Pharaonin konnte nicht verhindert, dass ihr langsam die Fäden der Macht im Inneren des Landes aus den Händen glitten und Thutmosis III. auch im zivilen Bereich seinen Aktivitäten entfaltete. Er errichtete sogar einen Tempel über dem Totentempel in Deir-el-Bahari.

Als Hatschepsut im Jahre 1483 v. Chr. mit über fünfzig Jahren starb, endete eine 20-jährige Friedensherrschaft in Ägypten. Ihre Taten verewigte sie auf einem Obelisk des Amuntempel in Karnak:

„Alle Fremdländer sind unter meiner Sohle vereinigt. Meine Südgrenze reicht an die Länder von Punt, meine Ostgrenze an die Sümpfe von Asien. Die Sinaibewohner sind in dem, was ich packe. Meine Westgrenze reicht bis zum Manu (Westberg). Die Libyer beherrsche ich. Die Nordgrenze reicht bis ..." (in der Inschrift nicht lesbar).

Ihr Schwiegersohn ließ sie mit den üblichen Ritualen und Ehren bestatten. Dann war der Tatendrang dieses „Napoleon" nicht mehr zu aufzuhalten. Er brach zu seinem ersten Asien-feldzug auf und begann, das ägyptische Weltreich aufzubauen.

Etwa fünf Jahre später, als sich der erfolgreiche Feldherr wieder in Ägypten aufhielt, übte er furchtbare Rache für die ihm auferlegte 20-jährige Untätigkeit. Er vernichtete alle Statuen und Bildnisse seiner Schwiegermutter und ließ ihren Namen von den Inschriften entfernen, um auf diese Weise ihr Andenken auszulöschen. Nach ägyptischer Auffassung verursachten der Namensverlust und die Zerstörung des Bildnisses eines Toten, beides Träger seiner Seele, dessen zweiten Tod, und sein Leben im Jenseits wurde für immer vernichtet. Zwanzig Jahre später erfolgte eine weitere Zerstörungswelle, die die Erinnerung an Hatschepsut für immer auslöschen sollte.

Siebenhundert Jahre später stand im Nahen Osten im Zweistromland des Tigris und Euphrat an der Spitze des Reiches der Assyrer die Königin Schammuramat, was soviel wie „Herrin des Palastes" bedeutet. Besser bekannt ist sie unter dem Namen Semiramis. Im Gegensatz zu der Pharaonin Hatschepsut wurde ihre Erinnerung nicht beseitigt, sondern sie lebte sogar in den Sagen ihrer einstigen Kriegsgegner weiter. Im fünften Jahrhundert v. Chr. war sie bei den kleinasiatischen Griechen eine bekannte Gestalt, von der der griechische Historiker Diodor Folgendes zu berichten weiß:

Semiramis, die Tochter der Göttin Derketo und eines Syrers, wurde von ihrer Mutter ausgesetzt und auf wundersame Weise von Tauben ernährt, bis sie von Hirten entdeckt wurde, die sie zu ihrem Herrn brachten. Er zog sie wie seine eigene Tochter groß. Als sie herangewachsen war, erblickte sie Onnes, ein hoher königlicher Beamter. Entzückt von ihrer Schönheit und großen Klugheit nahm er sie mit nach Ninive und heiratete sie.

Sie schenkte ihm zwei Söhne. Der König von Ninive unternahm zu jener Zeit einen Feldzug nach Persien. Zwar gelang es ihm, das Land zu erobern, aber alle Versuche, die Hauptstadt der Perser einzunehmen, scheiterten. In seiner Verzweiflung wandte sich der Feldherr Onnes an seine Frau Semiramis und bat sie um Rat, wie man die Stadt einnehmen könnte. Sie kleidete sich wie eine Perserin, drang in die Stadt ein und eroberte durch einen Handstreich die Burg, so dass sich die ganze Stadt ergeben musste. Diese Tat erregte die Bewunderung des König Ninos und er brachte seinen Feldherrn Onnes dazu, ihm Semiramis als Gemahlin zu überlassen. Nachdem sie ihm einen Sohn namens Ninyas geboren hatte, starb Ninos. Seine Gemahlin errichtete ihm ein gewaltiges Grabmal und baute dann Babylon zu einer gewaltigen Stadt aus, indem sie dort einen östlichen und westlichen Palast errichten ließ, die durch einen unterirdischen Gang verbunden waren. In der Stadt Ekbatana ließ sie sich zwei große Parks anlegen, in denen sie sich einem ungezügelten Liebesleben hingab. Aber sie tötete jeden Mann, dem sie ihre Gunst geschenkt hatte. Nachdem sie noch zahlreiche Gebäude und Aquädukte hatte errichten lassen, begab sie sich auf einen Kriegszug nach Ägypten und Äthiopien. Nach ihrer siegreichen Rückkehr plante sie einen Feldzug gegen Indien. Doch dieses Mal erlitt sie eine schwere Niederlage und büßte zwei Drittel ihres Heeres ein. Ihr Sohn Ninyas, den es an die Macht drängte, versuchte sie mit Hilfe von Eunuchen zu beseitigen. Als die Verschwörung aufgedeckt wurde, verzieh ihm Semiramis diese Tat und zog sich freiwillig von der Macht zurück. Eines Tages verschwand sie auf geheimnisvolle Weise. Das Volk glaubte, sie sei lebendig von den Göttern aufgenommen und zu ihnen geholt worden, und es verehrte sie in der Gestalt einer Taube.

Diese sagenhafte Erzählung des antiken Historikers ist weit von den geschichtlichen Tatsachen entfernt. Durch zahlreiche archäologische Funde, die im vorigen Jahrhundert gemacht wurden, ist es möglich, diese mächtige Frau aus dem Zwielicht der Legende zu rücken und ihr deutlichere Konturen zu verleihen.

Semiramis, vermutlich 844 v. Chr. geboren, war eine babylonische Prinzessin, die um 824 v. Chr. den Assyrerkönig Samsiadads V. heiratete. Die Assyrer hatten sich Babylonien einverleibt, so dass es nahe lag, die Herrschaft über dieses Land durch die Heirat mit einer Tochter des babylonischen Königshauses zu festigen. Trotz dieser persönlichen Bindung an Babylonien musste der König häufig militärisch in diesem Landesteil eingreifen, weil man seine Oberherrschaft nicht anerkannte. Um den Widerstand der Babylonier zu brechen, wurden Tausende von ihnen aus der Heimat deportiert.

Nach dem Tod ihres Mannes übernahm Semiramis die Regentschaft für ihren zwölfjährigen Sohn Adadnirari III. bis ¬u seinem sechzehnten Lebensjahr, da erst ab diesem Alter ein Kind in Assyrien volljährig war. Dieser bis 805 v. Chr. dauernden Zwischenregentschaft verdankt sie es, dass in der Stadt Assur auch ihre Säule in der Reihe der Königssäulen aufgestellt ist. Sie trägt diese Inschrift:

„Säule der Königin Schammuramat,
Palastfrau Sammsiadas,
des Königs der Welt, Königs von Assur,
der Mutter von Adadnirari,
des Königs der Welt, Königs von Assur,
der Schwiegertochter des Königs Salmanassars,
des Königs der vier Weltgegenden."

Während dieser Zeit trug sie die alleinige Verantwortung für das mittelassyrische Reich, das einen Zweifrontenkrieg führen musste. Ihre Gegner waren zum einen die Aramäer, die sich im nördlichen Teil Syriens zu einem Staat formierten, und zum anderen im Norden ihres Reiches, in Armenien, das Reich von Urartu. Aus den assyrischen Quellen ergibt sich, dass sie gegen diese Gegner mindestens drei Feldzüge führen musste, vielleicht sogar persönlich geleitet hatte. Nachdem ihr Sohn ab 805 v. Chr. als König das assyrische Reich leitete, zog sie sich nicht ins Privatleben zurück, sondern hat wahrscheinlich bis zur ihrem Lebensende mitregiert. Als babylonische Prinzessin konnte sie ihrem Sohn helfen, Babylonien enger an sein Reich anzubinden und noch bestehende Feindschaften auszumerzen, damit er sich ganz den Feinden an den Reichsgrenzen widmen konnte. Sicherlich auf ihr Anraten hin hat ihr Sohn die von seinem Vater deportierten Babylonier wieder zurück in ihre Heimat geschickt und mit dem dortigen König seine Oberherrschaft über diesen Landesteil erneuert.

Hinweise für die öffentliche Rolle seiner Mutter finden sich bei der Einführung des babylonischen Gottes Nabu in die assyrische Religion. Der Gott Nabu, wörtlich der „Verkünder", ein Sohn des höchsten Gottes Marduk, war bei den Babyloniern der Götterbote, der den Menschen den Willen und die Offenbarungen der Götter überbrachte. Die beiden einst verfeindeten Völker sollten nicht nur staatsrechtlich miteinander vereint werden, sondern auch eine kulturelle Einheit bilden. Hierbei war das weiter entwickelte Land der Babylonier der gebende Teil. Dass dies auch Aufgabe von Semiramis war, wird durch die assyrischen Inschriften auf den Statuen des neuen Gottes Nabu bestätigt, wo sie neben dem Namen des Königs mit dem Titel „Palastfrau" erwähnt wird.

Die als eines der sieben Weltwunder bezeichneten „Hängenden Gärten der Semiramis" waren Terrassengärten mit einem kunstvollen Bewässerungssystem, die aber erst zweihundert Jahre nach ihrem Tod errichtet wurden. Vielleicht hat man irrtümlich ihr diese schattenspendenden Dachgärten zugeschrieben, weil sie viele Großbauten errichtet hatte, besonders Dämme, um ihr Land vor den Überschwemmungen des Euphrat und des Tigris zu schützen.

Durch ihr diplomatisches Talent und ihre kluge Innenpolitik gelang es ihr, das assyrische Reich zu festigen. Sie schuf die Voraussetzungen dafür, dass einige Jahrzehnte nach ihrem Tod ein Mann aus Babylonien, Tiglat-Pilesar III., der in der Bibel als Phul bezeichnet wird, ein Großreich schuf, das die außenpolitischen Gegner, mit denen sie und ihr Sohn zeitlebens zu kämpfen hatten, völlig vernichtete.

KAPITEL 4

Starke Frauen auf dem Drachenthron:
Die Kaiserinnen Ta-ki Wu und Tsü-hsi

Schon in der frühesten Zeit chinesischer Geschichte, von der die Überlieferungen in einer Mischung aus Mythischem und Realem berichten, gibt es eine Königin mit dem Namen Nü-kua, ein weibliches Ungetüm, das die in Unordnung geratene Welt wieder in Ordnung bringt. Die Unruhe unter allen Lebenden erreichte solche Ausmaße, dass sogar der Himmel mit seinen Gestirnen aus den Fugen geriet. Eine alte Prophezeiung verkündete, dass am Ende der langen Reihe der Dynastien, die im „Reich der Mitte" herrschen, eine Frau auf dem Drachenthron, dem Symbol der kaiserlichen Macht, sitzen wird, die das himmlische Reich für immer zugrunde richten wird.

Die Kaiser der historischen Zeit hatten eine nahezu absolute Macht über den Adel und das Volk, wie schon ihr Titel „Heilige Söhne des Himmels", „Herren der ganzen Welt" oder „Alleinige Beherrscher der Erde" zum Ausdruck bringt. Der Wille des Kaisers war das alleinige Gesetz, und gegen seine Befehle gab es keinen Widerspruch, oder man setzte sein Leben aufs Spiel. Zwar mussten die Kaiser sich auch an die

Gesetze halten und gelegentlich einen Staatsrat befragen, da sie aber die einzigen befugten Ausleger der Gesetze waren, hatten sie eine fast unumschränkte Macht über ihre Untertanen. Die Machtposition des Kaisers beruhte nicht auf dem Wohlwollen und der Zustimmung einer mächtigen Adelsschicht und noch weniger auf einer Schicht freier Menschen. Die Mehrheit seiner Untertanen waren nichts als rechtlose Sklaven.

In der langen Geschichte des chinesischen Kaisertums spielten die Frauen an der Seite des Kaisers eine wichtige Rolle. Wenngleich es nur drei Kaiserinnen, nämlich Lü (um 180 v. Chr.), Wu (8. Jhd. n. Chr.) und Tsü-hsi (19. Jhd.) gelang, selbstständig die Regierung auszuüben, bestimmten die Frauen neben dem Kaiser bzw. nach dessen Tod als Regentin anstelle eines minderjährigen Thronfolgers nachhaltig die Politik. Von den ersten 180 Kaisern des chinesischen Reiches benötigten 78 die Unterstützung einer Regentin, die in den meisten Fällen ihre Mutter war. Nachdem die Lehren des Philosophen Konfuzius (6. Jhd. v. Chr.), die verlangten, dass der Sohn der Mutter diene, als allgemeine Normen in der Gesellschaft anerkannt waren, standen viele Kaiser unter der Vormundschaft ihrer Mütter und konnte ohne weibliche Beteiligung nicht herrschen. Im Falle der Kaiserin Lü zog sich der Sohn, der ständigen Bevormundung überdrüssig, ins Privatleben zurück und überließ seiner Mutter die Regierungsgeschäfte.

Es war Brauch in China, dass der Kaiser neben seiner Gattin noch Nebenfrauen oder Konkubinen hatte. Sie waren vollwertige Mitglieder des kaiserlichen Hofes, weil sie dem Kaiser einen Sohn gebären konnten, wenn seine Ehefrau diese Erwartung nicht erfüllen konnte. Eine kaiserliche Konkubine zu werden, bedeutete deshalb keine Erniedrigung, sondern war fast eine so große Ehre wie als Kaiserin selbst ausgewählt zu werden. Die führenden Familien wetteiferten untereinander, welcher ihrer Töchter diese hohe Ehre zuteil würde. Für die Auswahl dieser Konkubinen war weniger ihre sexuelle Attraktivität von Bedeutung, als ihre Fähigkeiten, Gesundheit und Bildung. Es herrschte die Überzeugung, dass es die Potenz des Kaisers stärke, möglichst junge, möglichst viele und möglichst häufig wechselnde Konkubinen zu haben.

Die Aufsicht über die kaiserlichen Konkubinen oblag dem riesigen Heer der Eunuchen, von denen es im 19. Jahrhundert im Pekinger Kaiserpalast über 3000 gab. In der kaiserlichen Hofhaltung lassen sich Eunuchen schon seit 1100 v. Chr. nachweisen. Zu ihren Aufgaben gehörte es auch, die Konkubine für das Rendezvous mit dem Kaiser vorzubereiten. Das Mädchen, das an der Reihe war, wurde nach einer gründlichen Toilette in Decken gewickelt in das Schlafzimmer getragen.

Unter den kaiserlichen Konkubinen gab es eine Rangordnung, an deren Spitze die Lieblingsfrau oder die augenblickliche Favoritin des Kaisers stand. Die Kinder einer Konkubine hatten denselben Rang inne wie die Kinder der Kaiserin. Starb die Kaiserin, dann war es möglich, dass die Lieblingsfrau des Kaisers ihren Platz einnahm. Die Geburt eines Sohnes eröffnete ihr sogar die Aussicht, noch zu Lebzeiten der Kaiserin Gemahlin des Kaisers zu werden. Auch im Alter war für die Nebenfrauen gesorgt. In der Frühzeit mussten sie ihren Lebensabend in einem buddhistischen Kloster verbringen, aber als Peking zur Hauptstadt ausgebaut wurde, erhielten sie kleine Pavillons als Wohnungen.

Um 1818 v. Chr. errichtete der Kaiser Kieh eine besonders grausame Herrschaft über sein Volk. Um seine Baulust und

Habgier zu befriedigen, ersann er immer neue Mittel, um sich das Geld bei seinen Untertanen zu beschaffen. Wer reich war, wurde kurzerhand hingerichtet. Ebenso berüchtigt war seine Gattin Mohi, die ihn wie ein Kind beherrscht haben soll. Um ihr ein Vergnügen zu bereiten, ließ er einen Teich graben und ihn mit Wein anfüllen. Sodann wurden 3 000 Männer und Frauen aufgefordert, an diesem Teich niederzuknien und ihn wie Hunde auszulecken. Als sie betrunken waren, trieb man sie in einen nahen Wald, wo gebratene Tiere an den Bäumen aufgehängt waren, deren Fleisch sie wie Hunde auffressen mussten. Aber nicht immer liefen diese „Vergnügungen" seiner Untertanen, die der Kaiser für seine Gemahlin organisierte, so glimpflich ab. Manchmal trieb man nämlich einfach die Untertanen nicht in den Wald, sondern in den See, damit sich das Kaiserpaar an dem Todeskampf und dem Geschrei der Ertrinkenden ergötzen konnte. Schauplatz der Vergnügungen war meist der Kaiserpalast selbst, in dem man ein großes Bordell eingerichtet hatte, wo Hunderte von jungen Männern und Mädchen vor dem Kaiserpaar schamlose Ausschweifungen begehen mussten. Als sich einer seiner Berater vor die Füße des Kaisers warf und ihn anflehte, diese Grausamkeiten und Orgien zu beenden, damit er nicht das ganze Reich in Gefahr bringe, ließ ihn der Kaiser auf Befehl seiner Gemahlin sofort töten, seinen Körper in Stücke zerhacken und in den Straßenkot werfen. So stark war der Einfluss seiner Gattin.

Eines Tages überreichte eine Abordnung von wichtigen Würdenträgern, die trotz des Terrors den persönlichen Mut nicht verloren hatten, eine Denkschrift, in der alle Schandtaten seiner bisherigen Regierungszeit aufgelistet waren. Nach der Lektüre warf der Kaiser das Schreiben wütend auf den Boden. Auf seinen Wink hin stürzten seine Leibwächter in den Thronsaal, packten die Bittsteller und warfen sie in das Gefängnis. Zusammen mit seiner Gemahlin schrieb er persönlich die Todesurteile, die erst nach einer grausamen Tortur auf einem öffentlichen Platz vollstreckt werden sollten. Man befestigte Hände und Füße an Maschinen, um den Opfern die Gelenke auszurenken und zu zertrümmern. Man unterbrach die Folter nur, damit sie Namen von weiteren Mitschuldigen nennen konnten. Bevor sie getötet wurden, zog man ihnen die Haut in feinen Streifen vom Körper.

Einer der Verhafteten, der sich später T'ang, „der Glorreiche" nannte, wurde von dem empörten Volk aus dem Gefängnis befreit und zum neuen Kaiser ausgerufen, damit er das Land von der Herrschaft des grausamen Kaisers Kieh und seiner herrschsüchtigen Gattin Mohi befreie.

Das Kaiseramt lehnte T'ang ab, er solle aber gegen den Kaiser Kieh gewaltsam vorgehen, um ihn zur Vernunft zu bringen. Kieh, den seine Soldaten in Stich gelassen hatten, geriet so in Bedrängnis, dass er auf Drängen seiner Frau die Tartaren zu Hilfe holen musste. Trotz der verlockenden Angebote, die Kieh den Tartarenführern machte, lehnten sie eine Unterstützung des beim Volk unbeliebten Kaisers ab. So blieb dem Kaiser nichts anderes übrig, als sich mit T'ang zu arrangieren. Er versicherte ihm, dass er seine Ungerechtigkeit und Grausamkeit eingestehe und ihm sein ganzes Vermögen schenken werde, wenn er nur sein Leben schone. T'ang verzieh ihm, führte ihn zum Thron zurück und übergab ihm wieder das Kommando über die Armee.

Kaum hatte sich der Volksliebling und Retter in seine Provinz zurückgezogen, da setzte Kieh sein früheres Leben fort, befahl unzählige Hinrichtungen und beging noch zügellosere Ausschweifungen in seinem Palast als vorher. Seinen Rivalen

T'ang bekriegte er mit einem gewaltigen Heer, um ihn für seinen Aufstand gnadenlos zu bestrafen. Wiederum verließen die eigenen Soldaten den grausamen Kieh und gingen ins gegnerische Lager über, warfen sich T'ang zu Füßen und riefen ihn erneut zum Kaiser aus. Kieh und seine Gattin Mohi mussten fliehen, um ihr Leben vor den erzürnten Untertanen zu retten. Nirgendwo fanden sie einen Unterschlupf, so dass sie das Land verlassen und ein armseliges Leben im Exil führen mussten. So führte die Herrschsucht und Machtgier einer chinesischen Kaiserin das Ende einer fast 400-jährigen Dynastie herbei.

T'ang begründete die neue Dynastie der Schang, die eine Reihe hervorragender Kaiser hervorbrachte, unter deren Herrschaft China ein gewaltige Ausdehnung erreichte. Es erstreckte sich vom Meer im Osten bis nach Szu-chun im Westen und von Korea bis Hunan. Die fremden Völker, die im Westen die Grenzen des Reiches bedrohten, wurden erfolgreich abgewehrt. Während der Regierungszeit des ersten Schang-Kaisers erblühten nicht nur die Landwirtschaft, das Handwerk und der Handel, sondern auch die Kultur. Man erfand eine Art Bilderschrift, die anfänglich mehr ein Schmuckmittel war, als dass sie zur Kommunikation unter den Menschen diente.

Aber auch diese Dynastie entartete allmählich, weil sich die Schang-Kaiser für ihr Genussleben die nötigen Mittel nur durch Unterdrückung und Knechtung ihrer Untertanen beschaffen konnten. Nur spärlich sind die Überlieferungen über die grausamen und entarteten Kaiser dieser Epoche.

Ausführlich berichten die chinesischen Annalen über den letzten Kaiser Tschu-sin, „der wilde Jäger". Dieser Kaiser war ein Riese an Gestalt und konnte mit einem Faustschlag ein Tier töten. Zu seinen Vergnügungen gehörte es, mit Löwen und Leoparden zu kämpfen. Wer es nur wagte, ihm zu widersprechen, wurde von ihm wie ein Tier eigenhändig getötet. Zu seinen Lastern gehörte der reichliche Weingenuss, der diesen von Natur aus schwergewichtigen und gewalttätigen Menschen zu unglaublichen Schandtaten antrieb. Da bei den Trinkorgien kaum jemand mit ihm mithalten konnte, verhöhnte er im Rausch seine Zechgenossen und brachte sie dann gnadenlos um.

Der einzige Mensch, der ihm näher stand, war die sittenlose Konkubine Ta-ki, die ihn durch ihre sadistische Veranlagung noch zu übertreffen schien. Wie ihr Vorbild, die Kaiserin Mohi, wollte sie ihren Liebhaber ihrer Herrschsucht und Machtgier unterordnen. Es gelang ihr, den Kaiser zu überzeugen, nur wenn er seine Untertanen ständig in Todesangst hielte, könne er sich auf dem Thron behaupten. Deshalb wurden tagtäglich Menschen auf raffinierte Weise hingerichtet. Wie viele Massenhinrichtungen auch vollzogen wurden, es genügte der Ta-ki nicht. Besonders einfallsreich war sie im Erfinden neuer Hinrichtungsmethoden wie das neuartige Marterinstrument Paolo. Sie ließ eine Säule von zehn Metern Höhe und vier Metern Durchmesser bauen, die mit Öffnungen versehen war und in deren hohlem Innenraum sich Öfen befanden. Außen an der Säule gab es zahlreiche Haken, an denen die Verurteilten mit gespreizten Armen und Beinen befestigt wurden. Die Öfen im Inneren der Säule wurden angezündet, und die Opfer, die sich unter furchtbaren Qualen wanden, wurden langsam geröstet und zu Asche verbrannt. Der Kaiser und seine Gattin sahen der ersten Hinrichtung dieser Art zu und empfanden das Geschrei der Sterbenden als Musik. Als seine Gemahlin den Duft des verbrannten Menschenfleischs als süß und köstlich bezeichnete, klatschte der Kaiser Beifall und bedankte sich bei ihr mit zärtlichen Worten.

Kein Höfling durfte es wagen, ein tadelndes Wort zu sagen, es sei denn, er wollte riskieren, mit dem Tod bestraft zu werden. Ein Minister, der einen Wunsch der Kaiserin Ta-ki nicht erfüllen konnte, wurde mit der Paolo bestraft. Als ein Adliger sich beim Kaiser beliebt machen wollte, indem er seine bildhübsche Tochter zum Geschenk anbot, versetzte er den Kaiser in große Erregung. Aber seine Tochter, die noch Jungfrau war, wehrte sich mit allen Mitteln, sich der Begierde des Kaisers zu fügen. Anfänglich erregte dieser Widerstand des Mädchens den Kaiser noch mehr, aber als alle Versuche, mit dem Mädchen zu schlafen, fehlschlugen, packte ihn eine große Wut. Er zog sein Schwert und durchbohrte das Mädchen. Dann rief er seinen Koch, der das Mädchen zerstückeln und kochen musste, und zwang ihren Vater, davon zu essen.

Da der Kaiserin Ta-ki diese Torturen nicht genügten, ersann sie neue unmenschliche Gesetze und Verordnungen, um die Untertanen zu quälen. Jeder Adlige, der beim Volk beliebt war, setzte sich dem Verdacht aus, ein Gegner des Kaisers zu sein. Besonders richteten sich diese Maßnahmen der Kaiserin gegen die Verwandten des Kaisers, die ihr vielleicht beim Tod des Kaisers die Thronfolge streitig machen könnten. Der Onkel des Kaisers, Pikan, rettete sein Leben nur, indem er sich wahnsinnig stellte. Als ihn einer seiner Vettern warnte, den Bogen nicht zu überspannen, wurde er auf Befehl des Kaisers erdrosselt, und der Kaiser sah lachend zu, wie man ihm das Herz herausriss. Wer nur die Möglichkeit hatte, verbarg sich im Land.

Nur der Fürst Weng-wang wagte, mit bewaffneter Macht den beiden Ungeheuern auf dem Drachenthron entgegenzutreten. Doch er wurde besiegt, gefangen genommen und in den Kerker geworfen. Das Kaiserpaar zögerte in diesem Fall, ihn an die Säule zu binden und hinzurichten, weil er beim Volk sehr beliebt war und seine Anhänger weiter für ihn kämpfen würden. Schon bei seiner Verhaftung hatte sich eine große Menschenmenge zusammengerottet und war entschlossen, ihm zu helfen. Schließlich schlug jemand vor, man solle dem Kaiser ein schönes Mädchen anbieten, damit er den Fürsten verschone und wieder freiließe. Um seine unersättliche Lüsternheit zu befriedigen, war der Kaiser dazu bereit. Als ihm ein wunderschönes Mädchen gebracht wurde, war er von dessen Anblick so überwältigt und von der Wollust gepackt, dass er mit der Freilassung des Fürsten einverstanden war.

Unter großem Jubel führte man den freigelassenen Fürsten in sein Land zurück. Es dauerte nicht sehr lange, da wählten ihn 14 Fürsten zu ihrem Führer und kommenden Kaiser, damit er das grausame Regime des Kaiserpaares beende. Mitten in den Vorbereitungen für einen Putsch starb er jedoch. Sein Sohn Wu-wang wagte es nicht, die Vorbereitung des Aufstands gegen den Kaiser fortzuführen. Als dem Kaiserpaar die Beendigung aller Feindseligkeiten gemeldet wurde, setzten sie ihr Morden wie früher fort. Die Fürsten des Reiches bestürmten nun Wu-wang und zwangen ihn mit Gewalt, mit einer Armee gegen die Hauptstadt zu ziehen. Der Kaiser bot zur Gegenwehr zwar eine große Zahl von Soldaten auf, aber noch bevor die Schlacht begann, liefen diese zu Wu-wang über. Tschu-sin eilte in seinen Palast zurück, ließ seine Schätze zusammentragen und zündete sich mit ihnen zusammen gleichsam wie auf einem Scheiterhaufen an. Vergeblich hatte er nach Ta-ki suchen lassen, die noch rechtzeitig den Palast verlassen hatte. Obwohl die Truppen Wu-wangs alles versuchten, die unermesslichen Schätze zu retten, konnten sie die Ausbreitung des Feuers nicht verhindern und mussten zusehen, wie der Kaiserpalast abbrannte. Als Wu-wang mit seinen Truppen in die rauchenden Trümmer einmarschierte, trat ihm lächelnd und aufgeputzt Ta-ki entgegen, weil sie hoffte, ihn durch ihre äußeren Reize zu bezaubern und milde zu stimmen. Voller Empörung zog der neue Kaiser, der die Dynastie der Dschu begründete, sein Schwert und tötete Ta-ki.

Die Erinnerung an die grausame Ta-ki lebte bis in die Neuzeit im chinesischen Volk weiter, da sie für eine noch lange Zeit fortdauernde Sitte verantwortlich war. Lange hatte sie ihre verkrüppelten Füße verborgen, bis sie auf den Gedanken kam, diesen körperlichen Fehler zur Mode zu machen. Sie befahl, dass allen Mädchen die Füße umwickelt und in enge Schuhe gezwängt werden sollten, um ihnen auf diese Weise ebenfalls die Füße zu verkrüppeln.

Aber auch die neue Dynastie der Dschu (1122–255 v. Chr.) verfiel im Laufe der Jahrhunderte, und die Herrscher auf dem Drachenthron waren kaum den Aufgaben gewachsen, das „Reich der Mitte" vor den Anstürmen der „Barbarenvölker" aus dem Westen zu schützen. Als Yu-Wang, „der „Düstere", im 8. Jahrhundert v. Chr. den Drachenthron bestieg, gelang es den anstürmenden Hunnen sogar, die Königsstadt Tschung-dschu zu erobern. Dieser sorglose Kaiser, der sich nur seinen Vergnügungen widmete, verstieß seine Gemahlin und machte seine Nebenfrau und Konkubine Pao-se zur Kaiserin. Allmählich gelangt es dieser Konkubine, den Kaiser so unter ihren Einfluss zu bringen, dass der Kaiser ihr nicht nur alle Wünsche erfüllte, sondern ihr auch ein Mitspracherecht bei den Staatsgeschäften einräumte. Da ihr aber jede Erfahrung fehlte, waren ihre Anweisungen und Befehle für die kaiserlichen

Beamten und Soldaten oft undurchführbar. Die Eunuchen, die kaiserlichen Höflinge und die Vizekönige zitterten vor dieser Kaiserin, die sofort in Wut geriet, wenn ihre Wünsche nicht erfüllt wurden, und vom Kaiser eine Bestrafung der Schuldigen verlangte.

Als eines Abends eine Dienerin aus Unachtsamkeit Bambusrollen entzündete, war die Kaiserin vom Licht der Flammen so entzückt, dass sie ihren Mann überredete, die Holzstöße auf den Gebirgshöhen um die Kaiserstadt anzuzünden. Diese Holzstöße erfüllten eine wichtige Funktion für die Sicherheit der Kaiserstadt. Wenn sich nämlich feindliche Heere näherten, sollten die Stöße angezündet werden, um die kaiserlichen Truppen zu alarmieren. Während seine Konkubine eine Pagode bestieg und sich über den Schein der Feuer amüsierte, bereitete es dem Kaiser ein großes Vergnügen zu sehen, wie seine Soldaten kampfbereit herbeieilten und die ganze Stadt mit ihrem Waffenlärm erfüllten. Sobald das ganze waffenstarrende Heer vor dem Kaiserpalast versammelt war und die Soldaten erfuhren, dass sie ihre Mobilmachung nur einer Laune des Kaiser verdankten, der seiner Gemahlin durch den Schein der Feuer ein Vergnügen bereiten wollte, zogen sie verärgert ab und warfen sich gegenseitig ihre Dummheit vor.

Als aber einmal tatsächlich die Tartaren gegen die Kaiserstadt heranrückten und er durch die Feuersignale sein Heer alarmieren ließ, blieben die Soldaten bei ihren Familien und schliefen weiter. Vergeblich wartete der Kaiser auf das Eintreffen seiner Soldaten, aber nirgendwo in den Straßen waren Soldaten zu sehen oder der Lärm von Waffen zu hören. Den kaiserlichen Palast hatten alle Personen, die riesige Schar der Beamten, Höflinge und Eunuchen, verlassen, bis auf den Kaiser, der von den Tartaren ermordet wurde. Seine Konkubine, die sich in der Kaiserstadt versteckt hielt und glaubte, sie könne durch ihren Charme und ihre Reize ihr Leben retten, wurde von den Tartaren als Sklavin verschleppt.

In der chinesischen Geschichte gab es viele Kaiserinnen, darunter zahlreiche ehemalige Konkubinen eines Kaisers, die neben einem schwachen Herrscher die Geschicke des Landes beeinflussten oder als Regentin für den unmündigen Thronfolger die Regierungsgeschäfte führten. Aber nur der Konkubine Wu (625–705 n. Chr.), die Nebenfrau von T'ai-tsung (626–649 n. Chr.), bestieg als allein regierende Kaiserin den Drachenthron und begründete das Herrscherhaus der Zhou, deren einziger Kaiser sie geblieben ist.

Die wenigen biografischen Daten, die von ihr überliefert sind, wurden mit einer Vielzahl von Anekdoten ausgeschmückt. Besonders die chinesischen Historiker haben das Bild dieser Kaiserin verzerrt, weil es mit den überlieferten Grundsätzen des Konfuzianismus unvereinbar ist, dass eine Frau das Reich regiert. Aber selbst die Kritiker der Kaiserin Wu mussten eingestehen, dass unter ihrer Amtsführung das chinesische Reich eine Blütezeit erlebte. Aber dafür bezahlte das ganze Volk einen hohen Preis. Ihre unbestrittenen Erfolge erreichte diese Kaiserin durch ein Schreckensregime, dem Tausende von Menschen, besonders aus dem Adel, zum Opfer fielen. Nachdem sie einmal die Macht an sich gerissen hatte, ließ sie jeden, der ihre autokratische Herrschaft in Frage zu stellen wagte, vergiften, erwürgen, enthaupten oder Selbstmord begehen.

Als 13-Jährige war sie 638 n. Chr. eine der 120 Konkubinen des Kaisers T'ai-tsung, der dem chinesischen Reich den Frieden und die Einheit gebracht hatte. Dieses neu organisierte Reich, dessen Grundlage eine zuverlässige und funktionsfähige Verwaltung war, erfreute sich noch nach dem Tod des Kaisers eines hundert Jahre andauernden Friedens. In der chinesischen Geschichte gibt es nur weniger Kaiser, die mit ihm auf eine Stufe gestellt werden können.

Ihren Aufstieg verdankt die Konkubine Wu einem Zufall. Kurz vor dem Tod des Kaisers soll sie im Kaiserpalast dem Thronfolger Kao-tsung begegnet sein. Ihre Reize faszinierten ihn so sehr, dass er sich von ihr verführen ließ. Doch wie es Brauch war, musste Wu zusammen mit den anderen Konkubinen des Kaisers nach dessen Tod in ein buddhistisches Kloster eintreten.

Es war nur eine Frage der Zeit, bis der neue Kaiser Kao-tsung diese schöne und verführerische Frau im Kloster besuchte. Als der Kaiser aber Wu zu seiner Nebenfrau machte, bezeichneten konservative Staatsmänner diese Entscheidung als einen schweren Verstoß gegen die Sitten und versuchten mit allen Mitteln, den Aufstieg der Lieblingskonkubine des Kaisers zu verhindern.

Um den trägen und gutmütigen Kaiser vollständig in ihren Bann zu ziehen, musste Wu dessen Gemahlin ausschalten. Zu diesem Zweck schreckte Wu auch nicht vor einem Mord an ihrem eigenen Kind zurück. Als sie 654 n. Chr. dem Kaiser eine Tochter gebar, erstickte sie das Kind, weil ein Mädchen für ihre zukünftigen Pläne nicht förderlich war. Gegenüber dem Kaiser aber behauptete sie, seine Gemahlin hätte das Kind getötet, und sie verlangte deren Bestrafung. Gerührt von ihren Tränen war der Kaiser rasend vor Wut und verurteilte seine Ehefrau wegen Mordes zu einer lebenslänglichen Haftstrafe in einem kleinen, lichtlosen Raum im Kaiserpalast. Wu nahm den Platz der ersten Gattin ein. Wenn der Kaiser an dem Gefängnis seiner ehemaligen Gattin vorbeiging, fing sie zu weinen an und klagte über ihre ungerechte Behandlung.

Wu gab deshalb den Wärtern den Befehl, sie zu Tode zu prügeln, der Toten Füße und Beine abzuschneiden und sie in einen Kessel mit siedendem Wasser zu werfen.

Ihr nächstes Ziel war die Alleinherrschaft. Da es für sie zu gefährlich war, den Kaiser zu ermorden, bemühte sie sich, seine Gesundheit durch übermäßigen Sexualverkehr zugrunde zu richten. Die „geheimen Hofgeschichten" aus dieser Zeit beschreiben in der Art der erotischen Romane das ausschweifende Sexualleben des Kaiserpaares. In den mit Spiegel ausstaffierten Räumen vollbrachte das kaiserlichen Paar beim Geschlechtsverkehr geradezu akrobatische Kunststücke, zu deren Verfeinerung oft noch Dritte hinzugezogen wurden. Diese maßlosen und wilden Ausschweifungen sollen den Kaiser nicht nur geschwächt, sondern ihm auch den Verstand geraubt haben.

Trotz dieser wilden Orgien stand die Vaterschaft ihrer vier Söhne und der zweiten Tochter nicht in Frage, da sie alle vom Kaiser als seine Nachkommen anerkannt wurden. Es war nur noch eine Frage der Zeit, wann der kränkliche Kaiser an Auszehrung und Erschöpfung sterben würde. Die ehrgeizige und machtbesessene Kaiserin, die schon seit dem Jahr 660 n. Chr. die Staatsgeschäfte führte, bereitete sich gut auf die unausweichlichen Auseinandersetzungen mit der konservativen Adelsschicht vor. Ihre wichtigste Stütze war die buddhistische Glaubensgemeinschaft in China. Der Buddhismus, der seit dem 6. Jahrhundert eine starke politische und wirtschaftliche Macht geworden war, wurde von Kaiser Kao-tsung unterdrückt. Obwohl die buddhistische Lehre in China von der indischen Form abwich und sich mit dem Aberglauben und den Zauberpraktiken der Chinesen verband, betrachtete man das Klosterwesen als einen Schaden für die Familie und den

Staat, weil es die Zerstörung der Familienstruktur bedeutete. Seit ihrem unfreiwilligen Klosteraufenthalt unterhielt die Kaiserin enge Kontakte zu den Buddhisten und überhäufte sie mit Geschenken und Stiftungen von Klöstern. Ihr geistlicher Berater Hsueh-Huai-i wusste, wie er die abergläubische Bevölkerung auf ihre Seite ziehen konnte. Er ließ verkünden, dass Buddha bei seiner Wiedergeburt die Gestalt einer Frau angenommen habe und die Kaiserin Wu der von den Gläubigen lang ersehnte Retter sei.

Sofort nach dem Tod des Kaisers im Jahre 683 n. Chr. ließ sie alle Adligen, die leitende Ämter innehatten und die kaiserliche Kanzlei kontrollierten, aus ihren Ämtern entfernen und hinrichten. Wenn man die Zahl der ermordeten Mitglieder der kaiserlichen Familie hinzurechnet, fanden einige hundert Adlige den Tod.

Ihr ältester Sohn Chung Tsung, der als Nachfolger seines Vaters den Drachenthron bestiegen hatte, wurde bereits nach wenigen Monaten von Kaiserin Wu entthront, weil seine Gemahlin versucht hatte, die Kaiserin zu verdrängen und ihren Platz einzunehmen. Als Nachfolger ernannte sie ihren zweiten Sohn, der sie aber ebenfalls enttäuschte, so dass sie sich im Jahre 690 n. Chr. selbst zur regierenden Kaiserin ernannte und die Dynastie der Zhou begründete. Um dem Adel jegliche Einflussnahme auf ihre Regierungsgeschäfte zu entziehen, verlegte sie den Sitz ihres Hofes von Chang'an nach Luoyang. Durch ein ausgeklügeltes Prüfungs- und Beförderungssystem schuf sie sich eine neue Schicht von Beamten, die ihr jederzeit treu ergeben waren und ihre Befehle auch in den entferntesten Provinzen ausführten.

Die Chronisten berichten, dass die Kaiserin Wu in der Zeit ihrer Alleinherrschaft bis zu ihrem Tod im Jahre 705 ein ausschweifendes Leben führte. Zwei von ihren zahllosen Liebhabern, die sie sich unter ihren Dienern auswählte, sind namentlich bekannt. Die beiden Brüder Chang, die als Musiker an ihren Hof kamen, mussten ihr die ausgefallensten sinnlichen Genüsse verschaffen. Als ihr 19-jähriger Enkel es wagte, diesen Lebenswandel seiner betagten Großmutter zu rügen, ließ sie ihn tot prügeln. Jede Kritik an ihrem Lebenswandel und ihrem Herrschaftssystem wurde blutig unterdrückt. Die innere Sicherheit des Reiches lag in den Händen von besonderen Beamten, deren Spitzel der Kaiserin jede Rebellion schon in den Anfängen meldeten. Hinrichtungen und ein erbarmungsloses Strafsystem sorgten dafür, dass sich Widerstand nur selten erhob. Das Strafverordnungssystem der vorangegangenen Han-Dynastie kannte folgende fünf Strafen: Das Kennzeichnen der Stirn mit einem heißen Eisen für leichte Gesetzesverstöße, das Abschneiden der Nase für Diebstahl, das Abschneiden von Ohren, Händen und Füßen für Einbruch oder die Beschädigung von Stadttoren, die Kastration für Raubmord und Entführung und den Tod durch Erwürgen für Hochverrat. Dieses System wurde nun durch besondere Grausamkeiten ergänzt und erweitert. Wer Hochverrat beging, wurde in Stücke geschnitten. Für andere Vergehen wurde der Verurteilte entweder am Daumen aufgehängt, seine Fußknöchel zusammengepresst, er erhielt Schläge auf den Mund, bis seine Zähne gelockert waren, oder es wurden ihm die Ohren ausgedreht. Chronisten berichten, dass Gefangene dicht gedrängt in hüfthohem Wasser standen und dann durch Giftschlangen, die man ins Wasser ließ, getötet wurden. Oder man ließ Raubtiere auf Verurteilte los, die die Verurteilten in scharfe Dolche hineinjagten. Beliebt war auch eine Foltermethode, die man Ling cho, „schleichender Tod", nannte. Dabei hielt man, wie der Name schon andeutet, dem Häftling den Tod immer nur vor Augen und folterte ihn nur solange, wie er die Qualen ertragen konnte, um nach einer Pause die Tortur fortzusetzen.

Schließlich wurden die Eskapaden der 72-jährigen Kaiserin mit ihren beiden Höflingen so unerträglich, dass Generäle und Minister gegen sie rebellierten und sie zwangen, sich ins Privatleben zurückzuziehen. Ihr Nachfolger auf dem Thron wurde ihr Sohn, den sie 683 abgesetzt und 22 Jahre zum Staatsgefangenen gemacht hatte. Nach ihrer Absetzung lebte sie nur noch wenige Monate, und es blieb ihr erspart mitanzusehen, wie ihr ältester Sohn, der für die plötzliche Übernahme des Throns völlig ungeeignet war, wiederum versagte. Nach einer Regentschaft von fünf Jahren wurde er von seiner Gattin vergiftet, die eine ähnliche Rolle wie die Kaiserin Wu spielen wollte.

Die letzte Konkubine, die den Drachenthron bestieg und fast vierzig Jahre lange als Kaiserin oder Regentin für ihren Sohn und andere Verwandten das „Reich der Mitte" regierte, war die Mandschu-Kaiserin Tsü-hsi.

Den Mandschuren im Nordosten Chinas, die im 19. Jahrhundert gerade noch ungefähr 300 000 Menschen zählten, gelang es unter ihrem Oberhaupt Schi-tu, im Jahre 1644 die Macht in China an sich zu reißen. Für die chinesischen Frauen bedeutete diese Fremdherrschaft, dass sie gezwungen wurden, sich als Haartracht den Zopf zuzulegen. Obwohl die Mandschu-Kaiser allmählich die Sitten und Kultur der Chinesen übernahmen und sich auch große Verdienste um den Erhalt der chinesischen Literatur erwarben, blieben sie immer Fremdkörper in China und mussten ihre Machtposition gegen zahllose Aufstandsversuche ihrer Untertanen verteidigen. Die mit ihnen verbündeten chinesischen Feudalherren verfolgten grausam alle Widerstandsbewegungen und verlangten von der Bevölkerung, in erniedrigenden Handlungen und Bräuchen, zu denen der Haarzopf als Zeichen der Unterwerfung gehörte, ihre Unterwürfigkeit öffentlich zu zeigen.

Als im 19. Jahrhundert verstärkt europäische Missionare und Kaufleute nach China eindrangen, fühlten sich viele Chinesen in ihrer Existenz bedroht, weil die Fremden die uralten Bräuche missachteten und sich in die inneren Angelegenheiten des Landes mischten. Wenngleich durch diese Entwicklung die Stabilität des chinesischen Kaiserreiches gefährdet wurde, sahen die Mandschu-Kaiser auch die Möglichkeit, Aufstände ihrer Untertanen mit der überlegenen Militärmacht der Europäer niederzuschlagen. Wenn es opportun erschien, stellten sie sich auch an die Spitze der einheimischen Widerstandsbewegung, um ihrer Machtstellung einen größeren Rückhalt zu geben. Durch diese Taktik manipulierten sie ihre Gegner und spielten sie gegeneinander aus.

Als der Kaiser Hsien-feng 1850 den Drachenthron bestieg, entwickelte sich aus einer religiösen Bewegung heraus ein gefährlicher Aufstand, der die Existenz der Mandschu-Dynastie bedrohte. Der erfolglose Student Hung Hsiu-ch'uan aus Kanton litt 1837 an einer schweren Krankheit, die von Halluzinationen begleitet war. Bei der Lektüre der ins Chinesische übersetzten Bibel stellte er fest, dass seine Halluzinationen teilweise mit den biblischen Offenbarungen übereinstimmten. Von nun an widmete er sich der Verkündigung der Anschauungen, die ihm seine Visionen eingegeben hatten. Diese neue Religion, Taiping-Glaube genannt, stimmte in den wichtigsten Glaubenssätzen mit dem protestantischen Glauben überein. Schon innerhalb weniger Jahre hatte er einen so großen Erfolg, dass die Mandschu-Regierung diese neue Lehre als staatsfeindlich verbot. Doch seine Anhänger leisteten der Polizei und der Armee heftigen Widerstand und es gelang ihnen, die Provinz Kuanghsi zu erobern. Dort begründete der Sektengründer 1851 eine neue Dynastie und ließ sich als „Himmlischer König" ausrufen. Von hier aus eroberten sie das ganze Yangtse-Tal und die Stadt Nanking. Sie planten, von den eroberten Gebieten aus weiter gegen Norden vorzurücken und die Mandschus aus China zu vertreiben. Ihre Hoffnungen wurden aber enttäuscht, weil sie bei ihrem Vormarsch auf Peking keinen Zulauf fanden. Der Sektenführer hatte die große kulturelle Kluft zwischen den Süd- und den Nordchinesen nicht berücksichtigt und auch nicht damit gerechnet, dass seine stark vom Christentum beeinflusste Lehre den Chinesen fremd bleiben musste, die dem Taoismus, Buddhismus und Konfuzianismus anhingen. Der Austausch der althergebrachten Lehren des Konfuzius für das Neue Testament wurde von der Bevölkerung nicht übernommen.

Obwohl der Vormarsch nach dem Norden gescheitert war, verwickelte diese religiöse Bewegung die Mandschu-Dynastie in einen 13-jährigen Krieg, der fast alle Zentralprovinzen erschöpfte und das Kaiserreich an den Rand des Abgrundes brachte. Die Zahl der Toten wird auf über 25 Millionen geschätzt. Nur das Eingreifen der ausländischen Mächte zugunsten der Mandschu-Dynastie verhinderte deren völligen Zusammenbruch. Die Taiping-Bewegung wurde von den ausländischen Regierungen als gefährlich für ihre Interessen in China angesehen, weil der Sektenführer beabsichtigte, nach einem Sieg China stark und unabhängig zu machen.

In dieser unruhigen Zeit wurde dem Kaiser Hsien-feng, der mit der Kaiserin Tsü-an verheiratet war, im Jahr 1855 ein bildhübsches 20-jähriges Mädchen mit dem Namen Yehe Nara als

Konkubine vorgestellt, die ihn sofort in ihren Bann zog. Er gab dieser Konkubine aus dem Mandschu-Volk, die sich auch Wan-su-yay, „die Orchidee" nannte, den Namen Tsü-hsi, „westliche Kaiserin", als sie ihm nach einem Jahr den ersehnten Thronfolger gebar. Böse Zungen behaupteten aber, sie habe ein Kind gekauft und als ihr eigenes ausgegeben, da der Kaiser halbseitig gelähmt war und kein Kind mehr habe zeugen können. Damit die wahre Kindesmutter für immer schwieg, soll sie von einem der Eunuchen der Konkubine erwürgt worden sein.

Zwei Jahre später, im Jahre 1858, führten englische und französische Truppen Krieg gegen die Mandschu-Regierung und griffen Peking an, weil die ausländischen Kaufleute ständig behindert wurden. Peking wurde eingenommen, und der chinesische Kaiser floh mit seiner Gattin und seiner Konkubine nach Jehol, einem 120 km von Peking entfernten Ort, wo sich die Mandschu-Kaiser in der Folgezeit eine Stadt mit zahlreichen Palästen, Gärten und Seen anlegen ließen.

Der Krieg wurde 1860 durch einen Vertrag mit den europäischen Mächten beendet, dessen Forderungen der Kaiser alle erfüllen musste, damit ihn die Europäer in seinem Kampf gegen die Revolte der Taiping-Sekte unterstützten. Die wichtigsten Zugeständnisse waren die Freigabe des Handels, Bewegungsfreiheit für die Missionare in ganz China und die Einrichtung von Gesandtschaften der westlichen Staaten in Peking. Unter Führung eines englischen Generals gelang es den Mandschu-Truppen schließlich, Nanking, die Hochburg der Taiping-Bewegung, einzunehmen.

Nach dem Tod des Kaisers 1861 führte ein Regentschaftsrat unter Leitung der Kaiserwitwe Tsü-an, der „Herrin des östlichen Zimmers", und seiner Nebenfrau Tsü-hsi, der „Herrin des westlichen Zimmers", die Staatsgeschäfte für den Thronfolger Tung-tschi.

Als Mutter des Thronfolgers hatte diese willensstarke Frau, die schon in den letzten Lebensmonaten des Kaisers mit Unterstützung des Prinzen Li und dem Kommandeur der mandschurischen Garde, Yung-lu, auf die Regierungsgeschäfte des Kaisers Einfluss genommen hatte, eine herausragende Stellung.

Li, der den Rang eines Vizekönigs hatte, gehörte zu den reichsten Männern Chinas. Er kontrollierte nicht nur die Eisenbahnen, Schifffahrtslinien, Bergwerke, Gießereien und das Telegrafienetz, sondern besaß auch eine eigene Privatarmee und ein Heer von Geheimagenten. An zahlreichen ausländischen Firmen war er als Strohmann beteiligt.

Der General Jung-lu, der mit der Kaiserin Tsü-hsi entfernt verwandt war, soll auch ein intimes Verhältnis mit ihr unterhalten haben. Dieses Tête-à-tête soll seinen Anfang genommen haben, als die Kaiserin eines Nachts Zeugin eines Anschlages auf sein Leben wurde. Sie soll ihn in dieser Nacht zu sich genommen haben und von ihm schwanger geworden sein. Da sie aber schon ein halbes Jahr Witwe war, wurde dieses Kind, ein Mädchen, in den Palast des Generals gebracht und dort aufgezogen.

Nach einem Mordanschlag auf ihren Sohn ließ die Kaiserin Schu-schun, den Kanzler des verstorbenen Kaisers, und seinen Vertrauten, den Prinzen Yi, kurzerhand verhaften und hinrichten. In den Pekinger Hofkreisen, die eine wichtige Informationsquelle für die ausländischen Diplomaten und die internationale Presse waren, wurde das Gerücht verbreitet, Tsü-hsi habe zusammen mit ihrem Obereunuchen Li den Kaiser durch Gift ermordet. Der Hofarzt hatte dem Kaiser täglich zwei Teelöffel eines Tranks verschrieben. Aber auf Anraten von Tsü-hsi nahm er davon zwei Trinkschalen zu sich, bis seine Gesundheit durch die Überdosis in einen kritischen Zustand geriet. Um seinen Tod schnell herbeizuführen, soll man den verwirrten Kaiser genötigt haben, noch eine dritte Schale zu trinken, die seine Lieblingskonkubine extra für ihn zubereitet haben soll.

Der Grund für den Giftmord soll ein Dekret gewesen sein, das der später hingerichtete Kanzler den Kaiser zu unterschreiben überredet haben soll. Laut diesem Dekret wurde Tsü-hsi befohlen, nach dem Tod des Kaisers sofort Selbstmord zu begehen. Auch soll die Gattin des Kaisers, Tsü-an, ein Dokument erhalten haben, dass sie vor seiner Konkubine schützen sollte. Darin wurde Tsü-an das Recht zuerkannt, Tsü-hsi hinrichten zu lassen, wenn diese ihr Schwierigkeiten machte. Wahrscheinlicher ist aber, dass der Tod des opiumsüchtigen und alkoholabhängigen Kaisers die Folge der politischen Ereignisse war, unter deren Last er völlig zusammengebrochen war.

Einen Einblick in den Charakter dieser späteren Kaiserin gibt die Prinzessin Der Ling, die als Palastdame bei ihr tätig war:

„Ich hörte Ihre Majestät, wie sie zu den Eunuchen sagte, sie seien faul. Wir gingen zu ihr und sie erzählte uns: ‚Ich kann mich auf sie überhaupt nicht verlassen. Offenbar sind sie mal wieder ein paar Tage nicht bestraft worden und sie sehnen sich danach!' Dann lachte sie und sagte: ‚Ich will sie nicht enttäuschen und ihnen geben, was sie haben wollen.' Ich hielt diese Leute für Verrückte, dass sie sich nach einer Tracht Prügel sehnen sollten und war sehr neugierig, wer sie schlagen würde. Ihre Majestät wandte sich an mich und sagte: ‚Sind Sie schon einmal Zeuge einer solchen Maßnahme gewesen?' Ich bejahte dies, weil ich Zeugin war, wie Sträflinge in einem Gerichtsgebäude ausgepeitscht wurden, als ich noch ein kleines Kind war und in Shansi lebte. Sie sagte: ‚Das ist überhaupt nichts! Die Sträflinge sind nicht halb so schlecht wie diese Eunuchen; sie verdienen selbstverständlich eine schwere Strafe, wenn sie schlecht sind.' Eines Tages, als Ihre Majestät ihren Mittagsschlaf hielt, hörten wir ein furchtbares Geräusch. Es klang so wie das Abfeuern eines Knallkörpers. Ein solches Geräusch war völlig ungewöhnlich im kaiserlichen Palast, weil so etwas nicht in den Palast gebracht werden darf. In wenigen Sekunden waren alle Gänge im Palast von Menschen belebt, gleichsam, als ob ein Feuer ausgebrochen wäre. Ihre Majestät befahl den Eunuchen ruhig zu sein. Aber niemand hörte auf ihre Worte. Wir mussten Ihrer Majestät den gelben Sack bringen, der eine Anzahl von Bambusstöcken zum Verprügeln der Eunuchen enthielt. Überall, wohin Ihre Majestät ging, musste dieser Sack mitgenommen werden. Dann mussten wir auf ihren Befehl hin in den Palasthof gehen und die Eunuchen mit diesen Stöcken verprügeln. Es war ein komischer Anblick, als alle Hofdamen mit Stöcken auf die Eunuchen einschlugen. Die Kaiserin beobachtete den Vorgang von der Veranda aus, aber sie war zu weit entfernt, um das Lachen der Hofdamen zu hören. Wegen unseres Gekichers hatten wir nicht die Kraft, fest zuzuschlagen und konnten unseren Auftrag nur schlecht erfüllen. Plötzlich waren die Eunuchen still. Der Obereunuch Li, begleitet von seinen Dienern, ging auf sie zu. Jeder von ihnen erschrak und stand versteinert wie eine Statue da. Wir hörten auch auf zu lachen und gingen wieder zur Kaiserin zurück. Der Obereunuch war auch durch den Lärm aufgewacht und wollte der Kaiserin über die Ursache berichten. Als die Kaiserin erfahren hatte, dass ein junger Eunuch einer Krähe einen Knallkörper an die Beine gebunden hatte, geriet sie in große Wut und befahl, sofort den Eunuchen herbeizuholen, damit er in ihrer Gegenwart eine Tracht Prügel bekomme. Der Mann musste sich auf den Boden legen und zwei Eunuchen schlugen mit schweren Bambusstöcken auf seine Beine. Der Obereunuch zählte bis Hundert, dann ließen sie von dem übel zugerichteten Mann ab. Zwei Eunuchen zogen ihn dann aus dem Palasthof. Niemand war über das Geschehen verwundert, weil es sich tagtäglich abspielte.

Ein Eunuch, der ihr jeden Morgen das Haar machte, war krank geworden und hatte einen anderen mit dieser Aufgabe betraut. Wir Palastdamen erhielten den Auftrag achtzugeben, dass dieser Eunuch ihr kein Haar herauszog. Denn die Kaiserin achtete sorgfältig darauf, dass sie kein Haar verlor. Doch dieser neue Eunuch verstand es nicht, zu einer List Zuflucht zu nehmen, als er versehentlich der Kaiserin ein Haar herauszog. Er hatte wirklich Pech. Die Kaiserin beobachtete im Spiegel, wie er erschrak, weil er der Kaiserin ein Haar herausgezogen hatte. Auf Befehl der Kaiserin sollte er es ihr wieder einsetzen. Der Eunuch war so bestürzt, dass er zu weinen anfing. Die Kaiserin schickte ihn weg und sagte, sie wolle ihn später bestrafen. Bei der Morgenaudienz erzählte sie dem Obereunuchen Li den Vorfall. ,Warum ihn nicht zu Tode prügeln', fragte dieser grausame Mensch. Sofort befahl sie, den Übeltäter in sein Quartier zu führen und zusammen mit dem Koch zu bestrafen, weil das Essen schlecht gewesen sei. Mit derselben Gleichgültigkeit, wie sie Prügelstrafen anordnete, befahl sie auch Enthauptungen."

Ihren Sohn Tung-tschi verheiratete sie mit der 15-jährigen Prinzessin A-lu-te, aber sie gab ihm auch zahlreiche Konkubinen, damit er sich vergnügen konnte. Kurz nach der Hochzeit kam es zum Streit am kaiserlichen Hof, weil der zukünftige Kaiser auf Anraten seiner Berater sofort die Regierungsgeschäfte führen wollte. Aber seine Mutter und die Kaiserwitwe bestanden darauf, dass er erst 1873 den Thron bestieg. Ursache dieser ablehnenden Haltung war sicherlich die Sorge um den Machtverlust, aber es waren auch erste Zweifel bei Tsü-hsi selbst aufgetaucht, ob ihr Sohn für dieses Amt geeignet war. Seit dem 14. Lebensjahr stand er im Mittelpunkt der öffentlichen Kritik, weil er ein ausschweifendes Leben führte. Er verließ heimlich den Kaiserpalast und besuchte Bordelle. Offenbar war es seinen Erziehern nicht gelungen, ihn für das Amt des Kaisers nach der konfuzianischen Tradition vorzubereiten. Schon mit 15 Jahren musste er wegen Syphilis behandelt werden. Trotz der Beschwerden über seinen Lebenswandel hielt Tsü-hsi zu ihrem Sohn. Aber mehr als sein liederlicher Lebensstil und seine Opiumsucht bereitete ihr Sorgen, dass er an der westlichen Kultur Geschmack fand. Auch seine politischen Entscheidungen führten mehr als einmal zu schweren Regierungskrisen, weil der junge Kaiser zahlreiche mandschurischen Adlige, Vizekönige, Gouverneure und hohe Beamte beleidigt hatte. Die Kaiserwitwen Tsü-an und Tsü-hsi waren oft gezwungen, sich gegen ihren Sohn zu stellen, um den Schaden zu begrenzen. In Peking tauchten bald Gerüchte auf, die beiden Kaiserwitwen würden bald wieder als Regentinnen eingesetzt.

1874 starb Tung-tschi plötzlich im Alter von 19 Jahren an den Pocken, wie es in der offiziellen Todesmeldung hieß. Es wurde der Verdacht geäußert, man habe dem Kaiser bei einem Trinkgelage ein Tuch gereicht, das ein Pockenkranker benutzt hatte. Vermutlich war die Todesursache aber eine fortgeschrittene Syphilis, an der er seit seinem 15. Lebensjahr litt. Beide

Krankheiten wurden damals oft verwechselt, weil in beiden Fällen bei dem Erkrankten Hautausschläge auftreten. Aber es ist auch denkbar, dass man dem Kaiser ein mit Pocken infiziertes Taschentuch gab, um seinen Tod zu beschleunigen.

Seine hochschwangere Gemahlin A-lu-te erkrankte zweieinhalb Monaten nach seinem Tod so schwer, dass sie ebenfalls starb. Sofort entstand das Gerücht, dass sie Selbstmord begangen habe oder ermordet worden sei. Ihre Dienerinnen hatten wenige Tage nach dem Tod ihres Gemahls verhindert, dass sie sich durch Einnehmen von Goldstaub das Leben nahm. Die Schuld an diesem Selbstmordversuch wird Tsü-hsi gegeben, die ihre Schwiegertochter in den Tod getrieben habe, um ihre Macht nicht zu verlieren. Auch wird nicht ausgeschlossen, dass sie aus freien Stücken Selbstmord begehen wollte, um ihren Protest gegen Tsü-hsi zum Ausdruck zu bringen. Für einen Mord spricht, dass die kaiserliche Familie alle Personen beseitigen wollte, die mit dem Kaiser eng verbunden waren. Möglicher Urheber dieser beiden vermuteten Mordanschläge auf den jungen Kaiser war der Prinz Li, der wie seine Standesgenossen viele Beleidigungen vom Kaiser erdulden musste. Aber auch die Mutter des Kaisers wäre bereit gewesen, das Leben ihres eigenen Sohnes zu opfern, um ihre eigene Machtposition nicht zu gefährden. Wenn es um das chinesische Reich ging, war sie von unerbittlicher Härte, besonders lehnte sie Reformen ab, um das Land nicht in den „Abgrund der tiefen Hässlichkeit der westlichen Welt" zu stürzen. Obwohl sie die Europäer hasste und nur abschätzig als „weiße Teufel" bezeichnete, übernahm sie hinsichtlich der Staatsführung und der Militärtechnik rasch die westlichen Methoden.

Als Nachfolger für ihren Sohn, der selbst keinen Thronfolger bestimmt hatte, wählte sie ihren erst dreijährigen Neffen

Kwang-hsi, „der glanzvolle Verlauf", aus, den sie adoptierte und zum Kaiser ausrufen ließ. In der Ratssitzung, in der die Prinzen über die Nachfolge berieten, nutzte sie die Unschlüssigkeit der Ratsmitglieder und präsentierte ihnen kurzerhand den Sohn ihrer Schwester als neuen Kaiser. Diese Szene war vorher von ihr sorgfältig vorbereitet worden, so dass sie auf keinen Widerspruch stieß. Wegen seines Alters übertrug man ihr die Regentschaft bis zu seiner Volljährigkeit.

Der junge Thronfolger war ein verwirrter, nervöser und eingeschüchterter Junge, der von seiner Mutter seit seinem Säuglingsalter schwer drangsaliert und schon getadelt wurde, wenn er nur lachte. Als er in den Kaiserpalast einzog und sich der strengen Hofetikette unterwerfen musste, verstärkten sich die psychischen Störungen noch. Da seine Lehrer streng darauf achteten, dass er sich in eine andere Richtung entwickelte als der verstorbene Kaiser, wurde er für das kleinste Vergehen bestraft. Später hasste er die Eunuchen, die ihn dieser unmenschlichen Erziehung unterworfen hatten und rächte sich an ihnen, indem er sie bei der geringsten Pflichtverletzung verprügeln ließ. Obwohl diese Erziehung seine psychischen Störungen noch verstärkt hatte und sicherlich auch für seine Sprachstörung und seine Unsicherheit in der Öffentlichkeit verantwortlich war, war er nach dem Urteil seiner Erzieher den Aufgaben und Pflichten eines Kaisers gewachsen.

Als 1881 die Kaiserwitwe Tsü-an eines unnatürlichen Todes starb, machte man die Kaiserin Tsü-hsi dafür verantwortlich, weil sie jetzt zusammen mit ihren Vertrauten, dem Kanzler Li und dem General und Statthalter Yung-lu, allein regieren konnte. Der Mordanschlag selbst soll mit vergifteten Keksen durchgeführt worden sein.

Kaum hatte Tsü-hsi 1895 den jungen Kwang-hsi für volljährig erklärt und mit ihrer Nichte Lung-lu verheiratet, da musste sie wie bei ihrem leiblichen Sohn beobachten, dass er den Staat nach dem Vorbild der ihr verhassten „westlichen Teufel" reformieren wollte. Sie umgab ihn mit einer „gläsernen Wand", einem Herr von Spitzeln, damit sie über alle Vorgänge informiert war. Ein wachsames Auge warf sie auch auf seine Berater, die ihn zu diesen Reformen drängten.

Zu den Reformern unter den Vertrauten des Kaisers gehörte auch Kang Ju-wee aus Gwangdung, der bereits 1888 in einer Denkschrift für den kaiserlichen Hof die bestehenden Verhältnisse kritisiert hatte und vor dem Einfluss der Europäer in China warnte. Der Hof reagierte darauf nicht, aber 1895 wurden seine Forderungen von über Tausend Studenten in Peking unterschrieben, die gegen den Abschluss des Friedensvertrages mit Japan protestierten. China nämlich, das 1894 in einen Krieg mit Japan verwickelt wurde, war in mehreren Seeschlachten besiegt worden und musste die Insel Formosa an Japan abtreten. Die Pekinger Studenten kritisierten vor allem die Unfähigkeit des mandschurischen Hofes, dem Großmachtstreben der Japaner Widerstand zu leisten. Die Reformanhänger gründeten in den wichtigen Zentren die „Gesellschaft zur Festigung des Staates", die sich in ganz China für eine Revolution von oben einsetzte. Der Hof reagierte auf diese Protestbewegung zunächst nur mit Verboten.

Die Idee einer Reform von oben begeisterte den jungen Kaiser so sehr, dass er im Geheimen die Reformpartei unterstützte und mit seinen Beratern überlegte, wie er die Bevormundung durch die Kaiserin Tsü-hsi beenden könnte. Auf Anraten von Kang Ju-wee erließ er 1898 ein Edikt, das die „100 Tage der Reform" in China einleitete. Danach folgten noch zahllose weitere Verordnungen, die vor allem die Wirtschaft, das Kulturleben und die Armee reformieren sollten. Erörtert wurde auch, ob man nicht China nach westlichem Vorbild in eine konstitutionelle Monarchie verwandeln sollte. Man beabsichtigte eine Revolution von oben und hütete sich davor, das Volk in diese Reformbewegung einzubeziehen. Um die Kaiserin auszuschalten, die eine entschiedene Gegnerin aller politischen Reformen war, wurde beschlossen, sie, den Kanzler Li und vor allem den General Yung-lu zu verhaften.

Doch der mit der Verhaftung beauftragte General Yüan Schi Kai verriet den Plan an die Kaiserin. Unverzüglich beauftragte sie den General Yung-lu, den Kaiser und seine Berater festzunehmen. Gleichzeitig ließ sie per Erlass ihre Regentschaft wiederherstellen und alle Reformen aufheben. Noch am selben Tag wurden sechs Führer der Reformbewegung hingerichtet. Der Kopf der Reformbewegung, Kang Ju-wee, musste ins Ausland fliehen. Nachdem der junge Kaiser seine „Irrtümer" bekannt hatte, wurde er auf einer Insel auf dem Anwesen des Kaiserpalastes gefangen gesetzt, so dass niemand Zugang zu dem Inhaftierten hatte. In Peking ließ Tsü-hsi durch Anschläge an den Mauern das Gerücht verbreiten, der Kaiser leide an einer Krankheit, die ihm jede Hoffnung auf einen Thronfolger genommen habe, und bedürfe größter Ruhe. Zu den Theatervorstellungen am Hof wurde er in einer geschlossenen Sänfte getragen. Alle Plätze um den Kaiser herum blieben leer, weil es streng verboten war, ein Wort an ihn zu richten. Nach Beendigung des Schauspiels wurde er wie ein lebloses Götzenbild zurück auf seine Insel getragen.

Von den Reformisten wurde später das Gerücht verbreitet, die Regentin habe durch den Putsch nicht nur wieder die Staatsgeschäfte allein führen wollen, sondern sie beabsichtige,

einen illegitimen Sohn namens Chin-ming auf den Drachenthron zu bringen. Es sei ein offenes Geheimnis, dass ihr Obereunuch Li Lieng yin ein falscher Eunuch sei, den sie als Liebhaber in ihre Umgebung eingeschleust habe.

Die Aufhebung der Reformgesetze verstärkte die Unzufriedenheit und Unruhe im Volk. Immer häufiger waren in den
chinesischen Städten Losungen zu lesen wie: „Tod den Aus-
ländern und den käuflichen Beamten!" Während dieser Unruhen bildete sich eine Geheimgesellschaft mit dem bezeich-
nenden Namen I Ho Küan, was soviel bedeutet wie „Die im
Namen von Frieden und Gerechtigkeit erhobene Faust". Wer
in diesen Geheimbund eintrat, war zur absoluten Treue und zu
bedingungslosem Gehorsam gegenüber seinen Vorgesetzten
verpflichtet. Durch Anschläge und Attentate gegen Ausländer gewannen sie die Sympathie der Bevölkerung. Als der
Gouverneur von Shantung sah, dass dieser Geheimbund von
der Mehrheit der Bewohner seiner Provinz unterstützt wurde,
sah er keinen anderen Ausweg, als sich mit diesem Geheimbund zu verständigen. Als Gegenleistung für ihre Anerkennung mussten die Mitglieder dieses Bundes nun die Mandschu-Regierung unterstützen. Gemeinsamer Feind waren von
jetzt an alle Ausländer.

Nachdem diese Abmachung in Peking bekannt geworden
war, setzten die Vertreter der ausländischen Regierungen die
Kaiserin derart unter Druck, dass sie den Gouverneur von
Shantung absetzte. Der neue Gouverneur erhielt den Auftrag,
diese Bewegung brutal mit Hilfe der vom deutschen Kaiser zu
diesem Zweck entsandten und in dieser Provinz stationierten
deutschen Truppen niederzuschlagen. Doch die Aufständischen, die den deutschen Namen „Boxer" erhielten, leisteten
tapfer Widerstand und konnten die deutschen Soldaten

zurückdrängen. Starke Einheiten der Boxer drangen nach Peking vor und besetzten die Stadt. Die Mandschu-Regierung, die in ihrer Handlungsfreiheit durch den Aufstand gehindert war, ließ den Boxern freie Hand, damit sie die fremden Mächte zurückdrängten. Das wiederum veranlasste die Westmächte und Japan, mit einem 40 000 Mann starken Expeditionsheer nach Peking vorzurücken.

Die Kaiserin erklärte den ausländischen Truppen den Krieg und verbot gleichzeitig allen Provinzgouverneuren, Maßnahmen gegen die Boxer zu ergreifen. Verstärkt durch über 20 000 deutsche Soldaten, die unter dem Oberbefehl des Feldmarschalls von Waldensee eingetroffen waren, eroberte das Expeditionsheer in verlustreichen Kämpfen Peking. Nach dem Einmarsch des Heeres in Peking fanden viele Zivilisten den Tod, weil die ausländischen Soldaten rücksichtslos gegen die chinesische Bevölkerung vorgingen. Besonders hatten es die Soldaten auf die zahllosen Schätze der Stadt abgesehen und schreckten auch nicht davor zurück, den kaiserlichen Palast zu plündern. Die Kaiserin floh mit ihrem Hof nach Taijüan und später nach Sian. Den kaiserlichen Truppen wurde nun der Befehl erteilt, sowohl die Boxer als auch die ausländischen Truppen zu bekämpfen.

Im Jahre 1901 unterzeichnete der Kanzler Li für die Mandschu-Regierung mit den ausländischen Mächten einen Vertrag, der die militärischen Auseinandersetzungen beendete. Die Reformbewegung hatte vergeblich von den westlichen Ländern verlangt, dass die Mandschu-Regierung abgesetzt und eine rein chinesische Regierung gebildet würde.

Nach dieser Rettung der Mandschu-Dynastie kehrte die Kaiserin Tsü-hsi in einem Triumphzug nach Peking zurück und legte sich den Namen der Barmherzigkeitsgöttin Kuanyin zu.

Die Bilder aus ihren letzten Lebensjahren zeigen sie als eine alte, liebenswürdige Frau, deren Interesse allein Blumen, Bildern und alten Uhren galt. Insider des Pekinger Hofes zeichneten aber ein anderes Bild von dieser tyrannischen Frau, das besonders ihr zügelloses Sexualleben hervorhebt.

Im Jahre 1908 verfügte Tsü-hsi mit Zustimmung des arretierten Kaisers, dass der Sohn seines Bruders Pu-yi als Thronfolger proklamiert werden solle. Im selben Jahr verstarb der abgesetzte Kaiser auf der Sommerinsel des Kaiserpalastes und ein paar Tage nach ihm seine machtbesessene Mutter, die als „Eiserne Lady" über vier Jahrzehnte die Geschicke des „Reiches der Mitte" bestimmt hatte. Es kann heute als sicher gelten, dass Tsü-hsi eines natürlichen Todes starb. Schon lange war sie krank und erlag, erschöpft und geschwächt durch die Amtsgeschäfte und ihren Lebenswandel, einer Grippe.

Ob der arretierte Kaiser eines natürlichen Todes starb oder vergiftet wurde, kann mit letzter Sicherheit nicht beantwortet werden. Als er erfuhr, dass Tsü-hsi schwer erkrankt war, soll er hoch erfreut gewesen sein. Daraufhin soll die Kaiserwitwe den Befehl erteilt haben, ihn zu ermorden, damit er vor ihr sein Leben beende. Da die ärztlichen Berichte von seinen letzten Lebensstunden den Verdacht eines Giftmordes nicht bestätigten, entstand das Gerücht, der Obereunuch Li habe ihn bei seinem letzten Besuch erdrosselt.

KAPITEL 5

Blutrausch und Cäsarenwahn:
Livia, Messalina und Agrippina

Die römischen Schriftsteller der Kaiserzeit beschreiben die Frauen der führenden Männer Roms als macht-besessen, verrucht, schamlos, aber auch als mütter-lich, treu und bereit, zusammen mit ihrem Mann alle Schicksalsschläge zu ertragen. Die Stellung der Römerin, die sich schon in der Frühzeit Roms durch ihre Freiheiten von der lebenslang im Frauengemach eingesperrten Griechin erheblich unterschied, könnte man mit dem modernen Ausdruck Emanzipation umschreiben. Die römischen Ehefrauen mussten kein isoliertes Sonderleben führen, sondern nahmen am gesellschaftlichen Leben ihrer Männer teil. Ein Beweis für diese Emanzipation ist die annähernde Gleichstellung der Römerin mit ihrem Ehemann in Rechtsfragen sowie die hohe Zahl an Scheidungen und Wiederverheiratungen. Die zahlreichen überlieferten Ehebruchgeschichten sind weniger ein Hinweis auf die sinkende Moral der Römer als auf die Freiheit, welche die Römerinnen selbst in der Ehe hatten. Klagen über die Unmoral der Frauen sind ein Gemeinplatz der römischen Dichter. Der Dichter Properz behauptet, man könne eher eine

Meeresflut austrocknen und mit den Händen die Sterne vom Himmel reißen, als die römischen Frauen vom Sündigen abhalten. Treue Frauen gebe es nur noch im Orient, wo die Frauen darum wetteiferten, sich auf den Scheiterhaufen ihres Mannes zu stürzen. Keusch seien in Rom nur die Frauen, um die niemand geworben habe.

Zur Freiheit der Römerin gehörte es auch, sich in allen Anliegen an die Beamten direkt zu wenden. Die Frauen der vornehmen Römer versammelten sich auch auf dem Forum, dem Zentrum der politischen Macht, oder an anderen Plätzen, wenn es galt, Forderungen durchzusetzen. Als im 2. vorchristlichen Jahrhundert der Luxus gesetzlich eingeschränkt werden sollte, kam es in Rom zu regelrechten Frauenkundgebungen. Man kann als sicher annehmen, dass es schon in den bewegten Jahren vor der Zeitenwende in Rom politische Clubs von Frauen gab, in denen sich die Damen der Oberschicht trafen.

Mit dem Ende der Republik veränderten sich auch die Möglichkeiten der Frauen, in die Politik einzugreifen. Da die führenden Beamten und Militärs der kaiserlichen Familie angehörten, konnten nur deren Frauen auf der politischen Bühne tätig werden.

Den Gattinnen der ersten Kaiser gelang es, eine derartige Machtposition zu erreichen, dass antike Schriftsteller wie Tacitus den Kaisern einen geradezu „sklavischen Gehorsam gegenüber ihren Frauen" unterstellen. Die Kaiser führten einen ständigen, oft erfolglosen Kampf gegen die Einmischungsversuche ihrer Gattinnen in die Politik. Diese von Ehrgeiz, Selbstbewusstsein und Machtstreben geprägten Frauen haben einen entscheidenden Einfluss auf das Schicksal der römischen Welt genommen. Da diese Frauen nicht im Besitz der politischen Macht waren, konnten sie dies nur erreichen, indem sie Einfluss auf ihre Männer ausübten, indem sie entweder für ihre Söhne tätig waren, wenn diese noch sehr jung und unerfahren waren, oder indem sie durch ihren weiblichen Charme für ihren Mann ein politisches Amt beschafften. Auch griff man mit der Verheiratung einer Tochter in die Politik ein, indem man durch eine Ehe politische Verbindungen schuf oder schon bestehende noch festigte.

Da das Kaiseramt erblich war, verringerte Kinderlosigkeit die Machtposition der Kaiserin erheblich, wenn sie nicht aus einer früheren Ehe einen männlichen Nachkommen hatte. Eine „starke Frau", die Gattin oder Mutter eines Kaisers war, konnte durch den engen Kontakt und Gespräche ihren Mann oder Sohn beeinflussen und gleichsam hinter den Kulissen die Politik mitgestalten. Bei antiken Schriftstellern überlieferte Gespräche zwischen Kaiser und Gemahlin besitzen sicherlich wenig historische Glaubwürdigkeit, zeigen aber, dass für die antiken Autoren die Einmischung der Kaiserinnen in die politischen Geschäfte ihrer Männer durchaus denkbar war. Wenn man unter politischer Macht auch die Einflussnahme außerhalb der staatlichen Entscheidungsgremien wie dem Senat versteht, dann gab es tatsächliche eine „Frauenmacht" in der Politik der frühen Kaiserzeit, wie sie die Kaisergattinnen Livia, Messalina und Agrippina die Jüngere repräsentieren.

Livia, geboren im Jahr 58 v. Chr., stammte aus dem bekannten Geschlecht der Claudier, das wegen seiner harten Einstellung gegenüber dem einfachen Volk berüchtigt war. Von Angehörigen dieses Geschlechts sind Aussagen überliefert wie: „Sie wünschten der Stadt eine Pest an", und „Es soll ruhig ein Feldherr einmal eine Schlacht verlieren, damit das gemeine Volk in der Stadt untergeht." Livia war eine ausgesprochene Schönheit, von der der Historiker Tacitus sagte:

„Sie war in viel höherem Maße gewinnend, als den Frauen der älteren Zeit gestattet war."

Als sich die 19-jährige Livia von ihrem ersten Ehemann, einem älteren, kränklichen Mann, von dem sie im sechsten Monat schwanger war, scheiden ließ und den 25-jährigen Octavian, der bereits zweimal geschieden war, heiratete, verbesserten beide durch diese Heirat ihre gesellschaftliche Stellung. Octavian, Sohn eines neureichen Geschäftsmannes, dem Cäsar seinen Namen gegeben hatte, verschaffte sich durch diese Heirat Zutritt zum alten Adel, der beim Volk, besonders bei der Landbevölkerung, ein hohes Ansehen genoss. Ob Livia den jungen Octavian, einen Frauenliebling, der neben seinen Ehen zahlreiche Verhältnisse hatte, aus Liebe und Zuneigung heiratete, ist nach zweitausend Jahren schwer zu entscheiden. Zeitgenössische Schriftsteller geben als Erklärung für diese ungewöhnliche Heirat politische Gründe an. Livias Ehemann, ein konservativer Politiker, wollte Octavian auf die Seite der konservativen Kräfte ziehen, indem er ihm Livia überließ.

Beide hatten Kinder aus ihren früheren Ehen. Livia hatte bereits einen Sohn, den späteren Kaiser Tiberius, und war schwanger mit Drusus, der als 30-Jähriger starb. Octavian, der sich später den Titel Augustus zulegte, brachte in die Ehe seine Tochter Julia aus der Ehe mit seiner zweiten Gattin Scribonia mit, die beim Volk in hohem Ansehen stand.

Obwohl man der Ehe zwischen Livia und Augustus nur eine kurze Dauer voraussagte, hielt sie über fünfzig Jahre. Ihre Ehe wird von den antiken Autoren einstimmig als glücklich bezeichnet. Die letzten Worte des sterbenden Augustus an seine ungewöhnlich tüchtige, selbstbeherrschte und selbstbewusste Gattin beschreiben ihre lange Ehe wohl am besten:

„Leb wohl, leb wohl, Livia! Denke stets an unser langes Zusammensein!"

Als der schon 56-jährige Tiberius im Jahre 14 n. Chr. seinem Stiefvater Augustus im Amt des Kaisers nachfolgte, versuchte Livia wie zu Lebzeiten ihres Gatten hinter der Bühne in die Politik ihres Sohnes einzugreifen, bis sie im Alter von 86 Jahren starb. Über fünfzig Jahre lang hatte sie die Politik der Weltmacht Rom mitgestaltet, was ihr die Kritik und Abneigung derjenigen Römer einbrachte, die dem Kaiser Augustus mit Skepsis gegenüberstanden.

Bei aller Kritik lobten aber ihre Zeitgenossen, dass sie versucht habe, mäßigend auf den Heißsporn Augustus einzuwirken, und dass sie aus ihm einen Politiker mit Augenmaß gemacht habe. Aber sicherlich hat sie auch dazu beigetragen, dass Augustus uneingeschränkt herrschen konnte und seine Macht nie ernsthaft gefährdet war. Auf die Frage, weshalb sie einen so großen Einfluss auf ihren Gemahl habe, gab sie zur Antwort: „Dadurch, dass ich mich selbst stets in den Schranken der Mäßigung und Ehrbarkeit hielt, alles, was er gern wollte, mit Freude tat, mich niemals in seine Angelegenheiten zu mischen suchte und über seine Seitensprünge weder in Eifer geriet, noch sie überhaupt zu beachten schien."

Auf die zahlreichen langen Gespräche, die sie miteinander führten, bereitete sich Augustus wegen Livias großer Überzeugungskraft stets schriftlich vor. In den Gesprächen versuchte sie, mäßigend auf ihn einzuwirken und ihn davon zu überzeugen, dass Härte und unmäßige Strenge seiner Herrschaft nur schaden würden. Als einmal bei einem Spaziergang dem Kaiserpaar nackte Männer begegneten, wollte Augustus sie sofort zum Tode verurteilen. Aber Livia hielt ihn zurück mit den Worten: „Für die Augen der züchtigen Frauen sind dies nichts weiter als gewöhnliche Statuen." Selbst Kleopatra hoffte nach ihrer Niederlage auf eine milde Behandlung durch Augustus, weil ihr der Einfluss von Livia auf den Kaiser bekannt war.

Livia unterstützte ihren Gemahl auch bei seinen Bestrebungen, beim Volk beliebt zu sein. Deshalb legte sie großen Wert darauf, bei den Vergnügungen ihres Gemahls dabei zu sein und saß auch bei den Zirkusspielen an seiner Seite in der kaiserlichen Loge. Bei Bränden in der Stadt war Livia schnell zur Stelle und spornte das Volk und die Soldaten zu tatkräftiger Hilfe an. Auf diese Weise wollte sie dem Volk zeigen, wie sehr das Kaiserhaus am Geschick des Volkes Anteil nahm.

Auch begleitete sie den Kaiser auf seinen zahlreichen Reisen, weil seine Gesundheit sehr schwach war. Wenn sie doch voneinander getrennt waren, unterhielten sie einen intensiven Briefwechsel, der besonders eifrig von Livia betrieben wurde, weil sie dem Kaiser Vorsichtsmaßregeln mitteilen wollte. Aus diesen Briefen geht auch hervor, dass sich Livia bis ins kleinste Detail um die Erziehung der noch nicht mündigen Mitglieder der kaiserlichen Familie kümmerte. Der spätere Kaiser Caligula, der lange in der Umgebung seiner Großmutter Livia gelebt hatte, bezeichnete diese geistig gewandte, berechnende und oft listige Frau als „Odysseus im Frauenrock".

Sie war sehr konservativ, ja altmodisch, was ihre Kleidung betraf. Ihre Kleider, deren Stoffe sie manchmal selbst gewebt haben soll, fertigte sie persönlich mit den Mitgliedern des kaiserlichen Hofes an, während in jener Zeit die wohlhabenden Römerinnen großen Gefallen an den teuren orientalischen Kleidern aus Seide fanden. Den Trägerinnen solcher Kleider wurde oft vorgeworfen, sie würden den Anstand verletzen, weil durch den Seidenstoff die Körperformen zu stark hervortreten würden. Selbst der Dichter Ovid, der eine mit dem indischen Kamasutra vergleichbare „Liebeskunst" verfasst hat, lobt die sprichwörtliche Sittsamkeit der Livia:

„Livia möge mit dir, Augustus, die Jahre der Ehe erfüllen,
sie ist die einzige dir würdige Gattin.
Wenn es sie nicht gäbe, so müsstest du ehelos sein,
denn es gibt keine Frau, die deiner würdig ist."

Alle antiken Quellen heben ihre Keuschheit hervor, die ihr den Beinamen „Vesta unter den römischen Ehefrauen" einbrachte. Die Priesterinnen der Vesta waren junge Mädchen, die, bis sie Mitte Dreißig waren, als Nonnen in einem Tempel leben mussten, um dort das heilige Herdfeuer zu hüten. Auf eine Übertretung des Keuschheitsgebotes stand für sie die Todesstrafe durch Vergraben bei lebendigem Leibe. Livia schwieg zu den Liebesabenteuern ihres Gemahls, auch weil sie wusste, dass Augustus gelegentlich solche Abenteuer einging, um ein politisches Ziel zu erreichen. Wenn Augustus Affären mit anderen Frauen hatte, so berichten antike Autoren, verfolgte er die Absicht, sie über die politischen Pläne ihrer Ehemänner auszuhorchen.

Es ist heute unbestritten, dass die 18 v. Chr. von Augustus verfügten Ehegesetze von Livia veranlasst wurden. Durch das „Gesetz über das Heiraten" versuchte man, mittels Strafen und Versprechungen die Mitglieder der Aristokratie dazu zu bringen, eine Ehe einzugehen und eine Familie zu gründen, um das Problem des fehlenden Nachwuchses in den gehobenen Gesellschaftsschichten zu lösen. Die alte Zucht und Ordnung in der Familie versuchte man durch das „Gesetz über den Ehebruch" wiederherzustellen, indem eine treulose Ehefrau mit ihrem Geliebten und den Mitwissern zu lebenslanger Verbannung in Verbindung mit Vermögenseinzug verurteilt wurde.

Wenn ein Gatte vom Ehebruch seiner Gemahlin Kenntnis erlangte, war er zur Anzeige verpflichtet. Diese Anzeige konnte auch vom Vater der Frau vorgenommen werden. Falls beide nicht tätig wurden, konnte jeder Bürger den Ehebruch anzeigen. Das „Gesetz über den Aufwand" verbot, dass ein großer Teil des Vermögens für Juwelen, teure Kleider, Bauten und Festlichkeiten ausgegeben wurde. Diese drei Gesetze sollten die vornehmen Damen der Gesellschaft dazu anhalten, sich Livia zum Vorbild zu nehmen.

Obwohl die Politik ihres Mannes erfolgreich war, bereite seine Nachfolge ihr schon frühzeitig große Sorgen. Sie erhielt zwar Ehrentitel wie „Pflegemutter" oder „Mutter des Vaterlandes", aber ihre Ehe blieb nach einer Fehlgeburt kinderlos.

Der Kaiser Augustus versuchte die Frage seiner Nachfolge dadurch zu lösen, dass er seiner einzigen Tochter hierin die entscheidende Rolle aufbürdete. Bereits im Alter von 14 Jahren wurde sie im Jahre 25 v. Chr. mit Marcellus, dem Sohn seiner Schwester Octavia, verheiratet. Seinen Schwiegersohn nahm er durch Adoption in seine Familie auf und bestimmte ihn zu seinem Nachfolger.

Mit dieser Entscheidung ihres Gemahls begann der Familienstreit im kaiserlichen Haus, der erst ein vorläufiges Ende fand, als es Livia gelang, ihren jüngsten Sohn Tiberius zum Nachfolger ihres Ehemannes zu machen. Dieses Ziel ihrer von Anfang an geplanten Familienpolitik erreichte sie, indem sie gegenüber ihrem Mann als eine fürsorgliche und immer auf sein Wohl bedachte Ehefrau auftrat, aber mit gnadenloser Härte, die auch vor Verbrechen nicht zurückschreckte, alle Mitbewerber ihres Sohnes ausschaltete.

Als sein Schwiegersohn Marcellus schon nach zwei Jahren plötzlich verstarb, bestimmte Augustus als Ehemann für seine

Tochter den General Agrippa, einen Freund, der ihm bei seiner politischen Karriere hilfreich zur Seite stand. Sicherlich war es für Livia nicht sehr angenehm, dass ihr Gemahl wiederum seine Nachfolge mit der Verheiratung Julias verband. Schon beim Tod ihres ersten Ehemannes waren in Rom Gerüchte aufgetaucht, Livia habe dabei ihre Hand im Spiel gehabt. In dieser neue Ehe, die neun Jahre dauerte, wurden zwei Mädchen, Agrippina und die jüngere Julia, und drei Jungen, Gaius, Lucius und Agrippa Posthumus, geboren, welcher letztere nach dem Tod seines Vaters zur Welt kam. Augustus war überglücklich, dass durch diesen Kinderreichtum seine Nachfolge gesichert war. Zwischen Livia und Julia aber verstärkte sich die teils offene, teils versteckte Rivalität, weil beide Frauen sich nicht nur Hoffnungen machten, dass einmal ihre Söhne Kaiser würden, sondern beide auch verschiedene Formen der Lebensführung repräsentierten. Die biedere und konservative Livia fühlte sich dem alten Adel verpflichtet, während Julia, die einer neuen Generation angehörte, die lästigen Fesseln der überlieferten Moral abzuschütteln suchte und das Leben in vollen Zügen genoss. Es war ein offenes Geheimnis, dass sie während der Ehe mit Agrippa zahlreiche geheime Liebschaften unterhielt. Während nun Julia ganz damit beschäftigt war, dieses zügellose Leben zu genießen, entwarf Livia eine Strategie, wie sie ihren Sohn Tiberius zum Kaiser machen konnte. Von diesem Traum schien sie weit entfernt zu sein, als Augustus beschloss, die beiden Söhne seiner Tochter Julia, Gaius und Lucius, zu adoptieren und ihnen als seinen zukünftigen Nachfolgern den Ehrentitel Cäsar gab. Doch der plötzliche Tod von Agrippa im Jahre 12. v. Chr. machte Julia wiederum zur Witwe, und ihr Vater überlegte, mit wem er sie verheiraten konnte, damit seine Tochter mit dem Kaiserhaus fest verbunden blieb.

Livia sah nun die Stunde gekommen, ihren Sohn Tiberius an die Macht zu bringen. Sie setzte ihren ganzen Einfluss ein, um Augustus von den Vorzügen dieser Verbindung zu überzeugen. Ihre eigene Ehe, welche die Julier und die Claudier fest verband, könne in dieser neuen Verbindung eine dauerhafte Fortsetzung erhalten. Tiberius, der glücklich verheiratet war, musste sich auf Drängen seines Stiefvaters und seiner Mutter scheiden lassen.

Anfangs schien es, dass diese Ehe auf gegenseitiger Zuneigung beruhte. Julia wurde schwanger, aber der Knabe starb bald nach der Geburt. Schon bald kam es jedoch zu einem offenen Zwist und zu Streitigkeiten, weil Julia wieder ihr altes Leben aufnahm und Liebschaften hatte. Die beiden Ehepartner entfremdeten sich immer mehr, so dass Tiberius über Nacht Rom verließ und sich auf die Insel Rhodos zurückzog. Augustus war über das Verschwinden seines Stiefsohnes wütend, während dessen Mutter Livia mit allen Mitteln versuchte, ihn aus Rhodos zurückzuholen.

In diesem Ehestreit stand Augustus auf der Seite seiner Tochter und verlieh ihrem erst 14-jährigen Sohn Gaius das Konsulatsamt, das er im Alter von zwanzig Jahren antreten sollte. Damit hatte Julia erreicht, dass sie auch nach einer eventuellen Trennung von Tiberius zwar nicht als Gattin, aber als Mutter eines Kaisers eine führende Rolle spielen würde. Tiberius versuchte, mit Unterstützung seiner Freunde im Senat dies zu hintertreiben.

Zu seiner Entscheidung, Gaius das Konsulatsamt zu verleihen, erreichte August zwar die Zustimmung des Senats, aber gleichzeitig verschärfte er damit die Rivalität zwischen Livia und Julia zu einer Todfeindschaft, die mit der Verbannung seiner einzigen Tochter und der Ermordung ihrer Söhne enden sollte. Als man beabsichtigte, auch noch Julias Sohn Lucius die gleichen Ehren wie seinem Bruder Gaius zuteil werden zu lassen, entschloss sich Livia, durch einen Skandal riesigen Ausmaßes ihre Rivalin aus dem politischen Leben Roms zu entfernen. Sie setzte durch, dass das auf ihr Anraten hin erlassene Gesetz über den Ehebruch angewandt wurde gegen Julia, die keine Hemmungen mehr hatte, sich in Rom offen mit ihren Liebhabern zu zeigen. Die dem Kaiser Augustus gegen seine Tochter vorgelegten Beweise waren so erdrückend, dass er nicht umhin konnte, sie auf die kleine Felseninsel Pantataria zu verbannen. Im Alter von 37 Jahren musste diese Lebedame die Weltstadt Rom gegen eine Einöde vertauschen. Livia hatte durch diese Entscheidung des Augustus zwar einen großen Erfolg errungen, aber sie hatte noch nicht über die starke Partei Julias gesiegt, die sich um ihre beiden hoch geehrten Söhne Gaius und Lucius scharte. Allein ihre Anwesenheit in Rom würde Tiberius im Falle seiner Rückkehr große Schwierigkeiten bereiten.

Aber für dieses Problem fand sich rasch eine Lösung. Kaum war Tiberius mit der Erlaubnis des Augustus nach Rom zurückgekehrt, wo er ganz als Privatmann lebte, da starben kurz hintereinander die beiden Söhne der Julia. Lucius erlag einer Krankheit, und sein Bruder Gaius fand den Tod in einem Gefecht in Lykien.

Auch dieses Mal versuchte man Livia mit dem Tod der beiden potenziellen Nachfolger des Augustus in Verbindung zu bringen. Offensichtlich lag der Tod beider Männer in ihrem Interesse, denn ihr Sohn Tiberius wurde von Augustus wieder zu den Staatsgeschäften herangezogen. Diese Entscheidung fiel Augustus sicherlich nicht leicht, weil Tiberius beim Senat und im Volk nicht beliebt war.

Allmählich gewann Livia in der Auseinandersetzung mit den Anhängern der Julia die Oberhand. Sie setzte es durch, dass Tiberius von Augustus adoptiert wurde und als Konsul sein Amtsgenosse in der Regierung wurde. Durch eine raffinierte Strategie hob sie den Zusammenhalt unter den Kindern der Julia auf, indem sie Julias Tochter Agrippina mit ihrem Enkel Germanicus verheiratete, welcher der Ehe ihres bereits früh verstorbenen Sohnes Drusus entstammte, während die jüngere Julia und Agrippa Posthumus wie ihre Mutter verbannt wurden. Die jüngere Julia hatte wie ihre Mutter ein freizügiges Leben geführt und vergnügte sich mit politisch einflussreichen Männern, damit sie ihr helfen würden, ihre Mutter aus der Verbannung zurückzuholen und Livia zu stürzen. Agrippa Posthumus, ein Sonderling mit gewaltiger Körperkraft, dessen Hobby die Fischerei war, beschimpfte Livia des öfteren und soll auch Augustus mit wenig Respekt behandelt haben.

Bis zu Augustus' Tod im Jahre 14 n. Chr. schien der Frieden in der kaiserlichen Familie äußerlich gewahrt zu sein. Als Augustus am Ende seines Lebens noch einmal den Wunsch hatte, den letzten männlichen Nachkommen seiner Tochter Julia zu besuchen, soll es zu einer ergreifenden Szene bei ihrem Zusammentreffen gekommen sein. In Rom verbreitete sich daraufhin das Gerücht, der greise Kaiser wolle seinen Enkel wieder nach Rom zurückholen. Kurz darauf starb Augustus, und wieder tauchten in Rom Gerüchte auf, dass Livia dafür verantwortlich sei. Vielleicht glaubte Livia, sie müsse durch schnelles Handeln die Lage unter Kontrolle bringen, damit ihr Sohn Tiberius kurz vor seinem Antritt der Nachfolge nicht alles verlieren würde.

Über die letzten Tage des Augustus hat der Schriftsteller Sueton, der als Leiter des kaiserlichen Geheimarchivs Zugang zu vertraulichen Unterlagen hatte, ausführlich berichtet. Er bestätigt nicht auch nur andeutungsweise, dass Livia ihren Gatten, wie die Gerüchte in Rom behaupteten, durch Gift beseitigt habe. Nur der Historiker Tacitus macht diesbezügliche Andeutungen:

„Es verschlimmerte sich die Krankheit des Augustus. Einige munkelten von einem Verbrechen seiner Gattin. Wie es sich auch immer verhalten mag, Tiberius wurde durch einen Eilbrief seiner Mutter aus Illyrien zurückgerufen. Ob er Augustus noch lebend sah, ist nicht festzustellen. Livia hat nämlich das Haus und die Straßen absperren lassen und gab von Zeit zu Zeit günstige Krankenberichte heraus, bis alles Nötige vorbereitet war und die Welt das Ableben Augustus und die Thronbesteigung des Tiberius zur gleichen Zeit erfuhr."

Unmittelbar nach dem Tod des Augustus ereignete sich ein nachweisbarer Mord, der sicherlich auf das Konto der Livia geht. Aufgrund eines Befehls, den Augustus auf dem Sterbebett auf Anraten seiner Gattin erteilt hatte, sollte Agrippa Posthumus sofort getötet werden, wenn die Nachricht von seinem Tod bei ihm eingetroffen wäre. Nur unter großen Schwierigkeiten gelang es dem stärksten Hauptmann der Bewachungsmannschaft den kaiserlichen Prinzen zu töten. Als dem neuen Kaiser Tiberius der Vollzug dieses Befehls gemeldet wurde, erklärte Tiberius, er habe nichts befohlen und die Täter hätten sich vor dem Senat zu verantworten. Nur mit Mühe konnte Livia ihn zurückhalten, diese Angelegenheit vor den Senat zu bringen.

Von den antiken Historikern wird bestritten, dass Augustus je einen solchen Befehl erteilt hätte, weil er bei der Bestrafung von Familienmitgliedern nie die Todesstrafe angewandt habe. Außerdem wäre eine solche Maßnahme nicht mit der offenkundigen Versöhnung vor seinem Tod in Einklang zu bringen. Denkbar ist aber, dass Augustus vor der Versöhnung mit seinem Enkel einen solchen Befehl im Geheimen gegeben hatte, um dem Römischen Reich einen neuen Bürgerkrieg zu ersparen, wenn ein Mann wie Agrippa Posthumus politisch aktiv werden würde. Nach der Versöhnung hätte Augustus den Befehl vermutlich wieder aufgehoben. Livia hingegen hätte ohne Wissen ihres Sohnes diesen aufgehobenen Geheimbefehl wieder in Kraft setzen und so die Tötung des Agrippa herbeiführen können.

Livia hatte mit der Übernahme des Kaiseramtes durch Tiberius das Ziel ihrer Familienpolitik erreicht. Aber der alte Zwist im Kaiserhaus, wer Nachfolger des neuen Kaisers werden würde, lebte wieder auf, an dem Intrigenspiel nahmen nun nur andere Personen teil. Im Hintergrund zog die Kaiserwitwe alle Fäden. In Rom hatten sich zwei Parteien gebildet, in deren Mittelpunkt Julias Tochter Agrippina und der Sohn des Tiberius, Drusus, standen. Die Volksgunst neigte sich eher Agrippina zu, weil sie mit dem beliebten Heerführer Germanicus verheiratet war. Die Eigenschaften ihres Vaters, des Generals Agrippa, traten so sichtbar bei ihr in Erscheinung, dass man sie als ein „Mannweib" bezeichnet. Sie begleitete ihren Mann auch auf seinen Feldzügen. Als bei den Legionären in Xanten am Rhein eine Panik ausbrach, übernahm sie für ihren abwesenden Mann das Kommando und verhinderte das Schlimmste. Im Gegensatz zu ihrer Schwester, der jüngeren Julia, führte sie ein moralisch einwandfreies Leben. Sie gebar nicht weniger als neun Kinder, von denen sechs am Leben blieben.

Durch die militärischen Erfolge, die Agrippinas Gatte in dem umkämpften Germanien errungen hatte, wuchs sein Ansehen so sehr, dass Tiberius um die Sicherheit seiner Macht fürchten musste. Seine Position wurde auch durch heftige Meinungsverschiedenheiten darüber, wie dieser Krieg in Germanien zu führen sei, geschwächt. Da das Ansehen des Germanicus auch seiner Frau erheblich half, sich zum Mittelpunkt der Opposition gegen Tiberius in Rom zu machen, sann Livia auf Mittel und Wege, wie sie diese gefährliche Frau ausschalten könnte. Wenn man den Volksliebling Germanicus ausschaltete, verlöre auch Agrippina jegliche Macht.

Livia setzte bei ihrem Sohn durch, dass Germanicus aus Germanien abberufen wurde und eine neues Amt im Orient antreten sollte. Seinen Platz in Germanien sollte ihr Enkel Drusus einnehmen. Germanicus reiste mit seiner Gattin nach Syrien, aber ihm wurde als Begleiter Piso, ein Vertrauter des Tiberius, an die Seite gestellt, der von Plancina, seiner Gattin und alten Freundin Livias, begleitet wurde. Der Schriftsteller Tacitus berichtet, Livia habe ihrer Freundin Plancina die Weisung erteilt, der verhassten Agrippina Unannehmlichkeiten zu bereiten. Wie vorauszusehen war, kam es zwischen Germanicus und Piso häufig zum Streit, so dass man sich in Rom Sorgen um die römische Provinz Syrien machte. Plötzlich erkrankte Germanicus, und nach abwechselnden Phasen von Genesung und Rückfällen starb er völlig unerwartet für seine Vertrauten im Alter von 34 Jahren. Dieser vernichtende Schlag für die Partei der Agrippina heizte die Stimmung in Rom an und schuf einen tiefen Graben innerhalb der kaiserlichen Familie. Sofort verbreitete sich das Gerücht, Germanicus sei einem Giftmord zum Opfer gefallen. Als Drahtzieher im Hintergrund wurden Tiberius und seine Mutter Livia genannt, denen es durch diesen Anschlag gelungen sei, die Opposition in Rom einer ihrer wichtigsten Stützen zu berauben. Der Anschlag soll, nach Tacitus, folgendermaßen abgelaufen sein: Piso lud seinen Amtskollegen Germanicus zu einem Gastmahl ein und wies ihm einen Platz in seiner Nähe zu. Bei dieser Gelegenheit gab er oder ein Beauftragter seiner Gemahlin, die, wie es römische Sitte war, als Frau daran nicht teilnehmen durfte, das Gift in sein Weinglas, ohne dass die Anwesenden etwas merkten.

Es kam aber noch schlimmer. Man behauptete sogar, Piso sei im Besitz von Briefen, in denen ihm von Tiberius aufgetragen wurde, Germanicus durch einen Giftmord zu beseitigen. Diese Gerüchte wurden nicht nur von seiner Gattin Agrippina bestätigt, sondern sie unterließ nichts, noch weitere Beweise für einen Giftmord herbeizubringen. So ließ sie den Leichnam ihres Mannes in der syrischen Hauptstadt Antiochia ausstellen, damit jeder die Spuren des Giftmordes erkennen könne. In seinen letzten Worten habe ihr Mann sie gebeten, seinen Tod zu rächen. Plancina, die sofort nach Rom aufbrach, um ihrer Freundin Livia von dem Tod des Germanicus zu berichten, bereitete dem Kaiser und seiner Mutter mit dieser Meldung eine große Freude.

Als Agrippina einige Zeit später mit der Asche ihres Mannes nach Rom reiste, spielten sich erschütternde Szene am Straßenrand ab. In Rom waren alle Gassen voller Menschen, berichten die antiken Autoren, die den Volksliebling Germanicus betrauerten und laut riefen, Agrippina sei die einzige, die noch das Blut des Augustus in sich trage.

Piso wurde vor Gericht gebracht und musste seine Unschuld beweisen, weil einer der Freunde des Germanicus eine Klage gegen ihn eingereicht hatte. Von Tiberius und Livia erhielt er keine Hilfe, weil beide wegen der aufgeheizten Volksstimmung fürchteten, noch mehr in diesen Fall verwickelt zu werden. Vielleicht gab es doch belastende Briefe, denn Livia setzte sich plötzlich für ihre alte Freundin ein und erreichte von ihrem Sohn, dass er das Gericht ermahnte, sich streng an die Gesetze zu halten. Die Richter sollten ihr Urteil „ohne Rücksicht auf die kaiserliche Familie und Piso" sprechen. Bevor es aber zum Prozess kam, nahm sich Piso das Leben. Livia erreichte, dass ihre Freundin Plancina in dieses Verfahren nicht hineingezogen wurde und rettete ihr so das Vermögen. Der Historiker Tacitus berichtet, Piso sei ermordet worden. Er habe nämlich von Leuten gehört, dass Piso schwer belastende Schriftstücke gegen Tiberius und seine Mutter besessen habe. Beim Prozess wollte Piso dieses Material dem Gericht vorlegen, damit gegen den Kaiser selbst Anklage erhoben würde. Der Stadtpräfekt von Rom, Seianus, habe ihn jedoch davon abgebracht und ihn ermorden lassen.

Tiberius, der des endlosen Familienstreits überdrüssig war, entfremdete sich immer mehr von seiner Mutter. Man erzählte sich, er könne die Herrschsucht seiner Mutter nicht länger ertragen. Damit nicht der Eindruck entstand, er würde seine Herrschaft mit ihr teilen, vermied er häufige Zusammenkünfte und längere Unterredungen mit ihr. Aus demselben Grund nahm er es auch sehr übel auf, dass der Senat vorschlug, er solle die Gesetze nicht nur mit dem Zusatz „Sohn des Augustus", sondern mit dem Zusatz „Sohn der Livia" unterschreiben. Auch ihr Titel „ Mutter des Vaterlandes" missfiel ihm sehr, da er ihre Rolle im Staat hervorhob. Sie wurde von ihm streng ermahnt, sich nicht öffentlich in seine Staatsgeschäfte einzumischen. Auch bei Bränden und Überschwemmungen sollte sie nicht mehr erscheinen, wie sie es häufig unter Augustus getan hatte.

Es kam schließlich zur offenen Feindschaft, als seine Mutter zu ihm kam, um ihn um eine Gefälligkeit für den Ehemann einer mit ihr befreundeten Familie zu bitten. Zunächst wies Tiberius die Bitte ab, gab aber dann widerwillig nach mit den Worten: „Ich werde diesem Mann die von dir gewünschte Gefälligkeit erweisen, aber mit dem Vermerk, dass sie mir von meiner Mutter abgepresst wurde." Livia war darüber so erregt, dass sie geheime Briefe ihres Mannes holte, in denen er sich in barschen Worten über Tiberius beschwerte. Diese Szene mit seiner Mutter veranlasste ihn, Rom zu verlassen und sich eine Zeitlang in Kampanien aufzuhalten. Von diesem Zeitpunkt an sah er seine Mutter nur selten, und wenn er sie sah, dann nur für wenige Stunden. Selbst als Livia schwer erkrankte, unterließ er es, sie zu besuchen.

Von da an begann die Periode, die die antiken Autoren die „Schreckensherrschaft des Tiberius" nennen. Seiner Mutter gelang es nicht, vielleicht bedingt durch ihr hohes Alter, Tiberius wie einst den jungen Augustus zu mäßigen. Tausende wurden in Majestätsprozessen angeklagt, in denen man ihnen Geständnisse abpresste. Die Henker hatten alle Hände voll zu tun, um diese meist unschuldigen Menschen hinzurichten. Menschen wurden willkürlich angeklagt, weil sie als Dichter angeblich schlechte Verse machten oder weil sie zu reich waren oder weil sie es wagten, an Maßnahmen des Kaisers auch nur die leiseste Kritik zu üben. Die Zahl derer, die als Gegner seines Regimes entlarvt wurden, wuchs ins Unermessliche. Als ein Mann seine Tochter vor den Augen des Kaisers zu verbergen suchte, wurde er der Blutschande angeklagt. Die Henker mussten dieses Mädchen, das noch Jungfrau war, vergewaltigen, weil die Hinrichtung einer Jungfrau nach den Gesetzen verboten war. Überhaupt achtete er streng darauf, dass all diese Willkürmaßnahmen unter peinlich genauer Beachtung der Gesetze durchgeführt wurden.

Als im Jahre 23 n. Chr. plötzlich sein Sohn Drusus starb, kam in Rom das Gerücht auf, er sei einem Mordanschlag seiner Frau zum Opfer gefallen, die ein Liebesverhältnis mit dem Stadtpräfekten Seianus hatte. Die dringende Frage der Nachfolge löste Tiberius, indem er die beiden Söhne des Germanicus, Nero und Drusus, vor dem Senat als seine Nachfolger bezeichnete. Auf diese Weise fand der jahrzehntelange Kampf zwischen den beiden Zweigen der kaiserlichen Familie ein Ende.

Das Schreckensregiment verstärkte sich immer mehr, als Tiberius 26 n. Chr. Rom für immer verließ, um sich nach Capri zurückzuziehen und dem grausamen Stadtpräfekten Seianus völlig freie Hand ließ. Solange Livia noch lebte, konnte sie einigen der Opfer helfen, denen sie freundschaftlich verbunden war. Ihr Sohn Tiberius hatte noch eine gewisse Rücksicht auf sie bewahrt, und auch sein Stellvertreter in Rom wagte es nicht, sich gegen sie zu stellen.

Ihr Tod im Jahre 29 n. Chr. zeigte dem ganzen Volk, wie sehr sich beide voneinander entfremdet hatten: Tiberius erwies seiner Mutter nicht einmal die letzte Ehre. Als man schließlich ihre schon verweste Leiche beerdigte, verbot er ihre Vergötterung. Alle anderen Ehren schränkte er unter dem Vorwand ein, sie habe dies ausdrücklich gewünscht.

Messalina, deren Leben ausführlich bis in die Gegenwart in Romanen und Filmen dargestellt wurde, gilt als eine der verworfensten Frauen, die je einen Kaiserthron bestiegen haben. Sie war von außerordentlicher Schönheit und soll ihren Liebhabern nur durch ihr Lächeln den Verstand geraubt haben.

Claudius, der als dritter Kaiser dem Augustus nachfolgte, heiratete im Jahre 40 n. Chr. im Alter von fünfzig Jahren die gerade 16-jährige Messalina. Als sein Vorgänger Caligula einem Mordanschlag zum Opfer fiel, war der römische Senat in großer Verlegenheit, wen er als Nachfolger bestimmen sollte. Von der Familie des Augustus war nur noch Claudius, der Bruder des berühmten Germanicus, übrig, von dem aber Augustus und Tiberius keine gute Meinung gehabt hatten. In einem Brief an seine Gemahlin Livia hatte Augustus einmal die Frage aufgeworfen, ob Claudius „geistesschwach, ein geistig-seelischer Krüppel ist, über den die Leuten nur schlechte Witze machen" und er überhaupt ehrenvolle Ämter bekleiden sollte, weil er der kaiserlichen Familie nur Schande bereiten würde. Als Claudius einmal seinen Onkel Tiberius bat, ihm doch ein Ehrenamt zu verleihen, gab Tiberius ihm vierzig Goldstücke, mit denen er sich einen schönen Tag machen sollte, aber ein Amt gab Tiberius ihm nicht. Unter dem Kaiser Caligula behandelte man ihn mal wie einen kaiserlichen Prinzen, mal verlachte man ihn als einen Tölpel, der Zielscheibe des Spottes und des Witzes war. Sicherlich war er nicht schwachsinnig, wie sein Großvater vermutete, aber er war schon als Kind sehr schwächlich und hatte Schwierigkeiten, in der Öffentlichkeit aufzutreten. Trotz seiner Gelehrsamkeit und Bildung, die er sich durch literarische, historische und archäologische Studien angeeignet hatte, blieb er eine komische Figur und fiel in der Öffentlichkeit durch sein linkisches Verhalten auf.

Im Jahre 41. n. Chr. brachten die Prätorianer, die kaiserlichen Elitesoldaten, diesen Sonderling auf den Kaiserthron, indem sie ihn aus dem Kaiserpalast holten, wo er sich versteckt hatte, und ihn zum Kaiser ausriefen. In den ersten sieben Jahren seiner Regierungszeit traf er Maßnahmen und Entscheidungen, die seinen Ruf und sein Ansehen beim Senat und beim Volk verbesserten. Er erließ Gesetze, unternahm öffentliche Arbeiten von großem Umfang und plante, einen Eroberungsfeldzug in England zu unternehmen. Um sich scharte er einige ehemalige Sklaven, die ihn bei den Regierungsgeschäften unterstützten. Dazu gehörte Narcissus, der für die öffentlichen Bauten verantwortlich war. Sein Kriegsminister, Felix, überzeugte Claudius von der Idee, in England einen Eroberungsfeldzug zu unternehmen, und dessen Bruder Pallas war als Finanzexperte für den Staatshaushalt verantwortlich und hatte dafür zu sorgen, dass für die Vorhaben des Kaisers immer genug Geld vorhanden war. Claudius' Geheimsekretär, zu dessen Aufgaben der Kontakt zur Öffentlichkeit gehörte und die Bearbeitung der Bittschriften von römischen Gemeinden und Städten, war der freigelassene Sklave Callisthus. Bei der Ermordung des Kaisers Caligula hatte er eine zwielichtige Rolle gespielt.

Die Schwierigkeiten, mit denen Claudius zu kämpfen hatte, sein Ansehen und seine Machtposition zu bewahren, wurden, wie schon bei seinen Vorgängern, von der Kaiserin verursacht. Man kann ohne Übertreibung sagen, dass der Sturz der von Augustus begründeten Dynastie der Julier und Claudier von den Frauen an der Seite der Kaiser verursacht wurde. Zwar stammte Claudius' Gemahlin aus einem alten Adelsgeschlecht, aber in ihrer Umgebung hatte diese leidenschaftliche und launische Frau keine guten Vorbilder gehabt. Ihre Mutter Domita Lepida, die schön und reich war, stand in keinem guten Ruf. Ihr Onkel, der wegen Ehebruchs und Inzests mit der eigenen Schwester angeklagt war, ließ bei Zechgelagen Freigelassenen umbringen, weil sie sich weigerten, soviel Wein zu trinken, wie ihnen befohlen worden war.

Zusammen mit den vier Freigelassenen in der Regierung des Kaisers beherrschte Messalina ihren Gemahl völlig und griff in dessen Regierungsgeschäfte ein. Meist versuchte sie sich durch ihren Einfluss die nötigen Mittel für ihre Genusssucht und ihr Bedürfnis nach Luxus zu beschaffen. Von verbündeten Herrschern nahm sie Geld und versprach ihnen als Gegenleistung, ihnen beim Kaiser Vorteile zu verschaffen. An den öffentlichen Bauarbeiten verdiente sie so viel Geld, dass sie sich ganz einem zügellosen Leben hingeben konnte. Von diesem Gebaren der Kaiserin erfuhr Claudius meist nichts, da er unter Urkunden, die ihm vorgelegt wurden, nur seinen Namen setzte, ohne den Inhalt zu kennen. Wenn er wegen einer Angelegenheit gefragt wurde, gab er als Antwort: „Fragt doch meinen Hofmeister!" Nicht selten verurteilte er auf diese Weise Menschen zum Tode, und war dann sehr erstaunt, wenn ihm mitgeteilt wurde, dieser Verurteilte sei hingerichtet worden. Das Vermögen der Hingerichteten teilten sich Messalina und die erwähnten vier Freigelassenen.

Für ihre Machtposition war nur die Nichte des Kaisers, die jüngere Agrippina, die aus der Ehe des Germanicus mit der älteren Agrippina stammte, gefährlich. Diese hätte alles auf der Welt gegeben, wenn sie an Stelle der Messalina Claudius hätte heiraten können. Beide Frauen hatten jeweils einen Sohn, der als zukünftiger Kaiser in Frage käme, wenn der andere sterben würde. Wenn aber Agrippina ihren Ehrgeiz und Machthunger zügeln konnte, dann wäre Messalinas Tochter Octavia eine gute Partie für Agrippinas Sohn Nero gewesen. Agrippina hätte dann allerdings alle Wünsche, selbst neben Claudius Kaiserin zu sein, aufgeben müssen.

Messalina hatte auch nichts dagegen einzuwenden, dass ihr Gemahl seine beiden Geliebten, deren Namen die antiken

Autoren mit Calpurnia und Cleopatra angeben, im kaiserlichen Palast wohnen ließ und häufig die Nächte mit ihnen verbrachte. Im Palast gab es sogar ein Bordell, das der Kaiser Caligula eingerichtet hatte. In diesem Etablissement boten sich selbst vornehme Frauen der römischen Gesellschaft für Geld an. Solche Ausschweifungen hatten eine lange Tradition. Schon Kaiser Augustus ging mit vornehmen Frauen, die er zu sich zur Tafel geladen hatte, in ein Nebenzimmer. Wenn er nach einiger Zeit zurückkehrte, wussten alle Gäste, dass er sich mit dieser Dame amüsiert hatte, denn sein blasses und erschöpftes Aussehen verriet alles.

Von ihrer Intimfeindin Agrippina, die peinlich genau alle Aktivitäten ihrer Rivalin aufzeichnete, stammt wahrscheinlich das bei den antiken Autoren überlieferte Gerücht, Messalina sei nachts aus dem kaiserlichen Palast geschlichen, um als Dirne verkleidet in einem Bordell zu arbeiten. Im Rotlichtmilieu Roms war sie unter dem Namen Lyciscas bekannt, so dass ihre zahlreichen Freier nicht wussten, dass es die Kaiserin persönlich war, die ihnen ihre Liebesdienste anbot. Im Palast hatte sie ein eigenes Zimmer, in dem sie sich wie eine Bordelldirne ihren Geliebten hingab, zu denen Soldaten der Palastwache, berühmte Gladiatoren und Schauspieler gehörten. All diese Schandtaten ließ sich Agrippina von Freunden und Spitzeln aus der Umgebung der kaiserlichen Familie erzählen. Plinius der Ältere, Oberbefehlshaber der römischen Flotte und nebenbei Schriftsteller, berichtet in seiner „Naturgeschichte" über Messalina: „Messalina, die Gemahlin des Kaisers Claudius, welche einen Sieg in der Begattung für königlich hielt, wählte zu diesem Wettstreit die berüchtigtste unter den öffentlichen Lohndirnen und übertraf sie. Denn sie wohnte binnen vierundzwanzig Stunden fünfundzwanzigmal bei."

Messalina scheute selbst davor nicht zurück, die Hilfe ihres Gemahls in Anspruch zu nehmen, wenn sie sich einen bestimmten Mann für eine Affäre ausgesucht hatte. Der Schauspieler Mnester, der in einem zu jener Zeit beliebten Theaterstück einen entflohenen Sklaven und Verbrecher spielte, war plötzlich aus dem Ensemble verschwunden. Die Beschwerden des Theaterpublikums darüber drangen sogar bis zum Kaiser. Der Kaiser ahnte nicht, dass dieser Liebling des römischen Volkes von seiner Gemahlin in ihren Gemächern eingesperrt worden war. Trotz aller verlockender Angebote Messalinas, mit ihr eine Liebschaft einzugehen, weigerte er sich, vielleicht weil er die Folgen einer solchen Affäre fürchtete. Schließlich wusste sie keinen anderen Ausweg, als sich an Claudius selbst zu wenden. Er sollte Mnester befehlen, ihr gegenüber fügsamer zu sein. Der ahnungslose Claudius ließ den Schauspieler kommen und schärfte ihm ein, sich dem Willen seiner Gemahlin zu beugen. So schlief nun Mnester mit der kaiserlichen Erlaubnis bei Messalina.

Ein solches Benehmen der Kaiserin musste bald in weiten Kreisen der römischen Bevölkerung als anstößig empfunden werden. Messalina genoss sicherlich die Verehrung derjenigen, die aus ihrem Verhalten Vorteile zogen, die Öffentlichkeit aber konnte nicht verstehen, dass gnadenlos gegen Frauen vorgegangen wurde, die Ehebruch begangen hatten, wie im Falle der älteren und jüngeren Julia, während Messalina in aller Offenheit ein ausschweifendes Leben mit unzähligen Liebhabern führen konnte.

Der Kaiser wollte oder konnte nicht erkennen, dass die Kaiserin durch Verschwendungssucht und Sittenlosigkeit den römischen Staat zu ruinieren drohte. Die Macht, die einer Gruppe von ehemaligen Sklaven um den Kaiser verliehen worden war, sorgte zwar noch dafür, dass der römische Staat funktionierte, aber am Horizont zeichnete sich eine schwere Staatskrise ab, in deren Mittelpunkt Messalina stand. Schließlich wurde sie von der Bevölkerung für alle Hofintrigen, Verschwörungen und Palastrevolten verantwortlich gemacht.

Wie sehr die Autorität des Kaisers schon gesunken war, verdeutlicht ein Ereignis während des Feldzugs in England. Als die Soldaten dem Kaiser den Gehorsam verweigerten, weil sie nicht „die Grenzen der bekannten Welt in England überschreiten wollten", stieg der Freigelassene Narcissus auf die Rednertribüne, wurde aber niedergebrüllt mit den Worten: „He, der Sklave spielt den Herrn!"

Die Lage wurde immer unerträglicher. In Rom ging schon das Gerücht um, in Kürze werde eine Revolte ausbrechen mit dem Ziel, den Kaiser zu stürzen und zu töten. An diesem Gerücht war sicherlich wahr, dass das Leben des Kaisers auf Messers Schneide stand. Wegen seiner Gattin war er in große Gefahr geraten.

Das unerträgliche Treiben seiner Gemahlin fand erst ein Ende, als sie, offenbar aus Langeweile und Überdruss, den Bogen überspannte und jedes Maß verlor. Messalina verliebte sich nämlich in den jungen Konsul Silius, der aus einer vornehmen Familie stammte, die enge Verbindungen zu Germanicus und Agrippina unterhielt.

Silius wusste als Konsul sehr gut, dass ein Kaiser wie Claudius, dessen Entscheidungen eine Gruppe von ehemaligen Sklaven bestimmte, den römischen Staat in den Untergang führen musste. Damit er selbst Kaiser werden konnte und seine Geliebte Messalina nicht länger auf den Tod ihres Mannes Claudius warten müsse, um zu größerer Macht zu gelangen, schlug er ihr vor, sie zu heiraten und ihren Sohn Nero

Britannicus zu adoptieren. Durch diese Ehe würde sie ihren Einfluss behalten, denn er selbst beabsichtigte, den Kaiser zu stürzen und zu beseitigen. Messalina zögerte anfangs, diesem Plan zuzustimmen, weil sie fürchtete, der junge Silius würde sie als gefährliche Mitwisserin beseitigen, wenn er einmal den Kaiserthron bestiegen hätte. Nur wenn sie sich aktiv an dieser Verschwörung beteiligte, konnte sie ihre Stellung neben einem neuen Kaiser Silius halten. Ihr Geliebter hatte auch gute Chancen, die römischen Legionen und die Stadtgarde von Rom für sich zu gewinnen, weil die enge Verbindung seiner Familie mit dem populären General Germanicus bekannt war. Für den Kreis der ehemaligen Sklaven um Claudius, denen die Pläne wohl nicht unbekannt waren, erhob sich die Frage, wie sie sich bei einer solchen Revolte verhalten sollten.

Man hat lange geglaubt, der Plan von Messalinas Heirat mit Silius, die ja Bigamie gewesen wäre, sei nur einer der vielen launischen Einfälle der Kaiserin gewesen, um eine völlig neue Ausschweifung und Schandtat zu begehen. Der kaiserliche Sekretär Sueton behauptet in seine Biografie über Claudius, Claudius selbst habe eine Mitgift für die Heirat Messalinas mit Silius festgesetzt. Ohne dass der Kaiser den Hintergrund kannte, hatte er wahrscheinlich dem Drängen seiner Berater nachgegeben und in eine Scheidung von Messalina eingewilligt. Nach dem römischen Eherecht konnte ein Mann seine Frau an einen anderen abtreten, wie das Beispiel der Livia zeigt, die dem Kaiser Augustus von ihrem ersten Ehemann überlassen worden war. Welche Gründe auch immer Claudius zu dieser Entscheidung veranlasst hatten, die Hochzeit fand während seiner Abwesenheit in Rom statt. Der Historiker Tacitus beschreibt die Hochzeit mit diesen Worten:

„Sie machten einen Tag aus, zogen Zeugen zur Unterschrift des Ehekontraktes herbei, gleichsam als ob sie eine Familie gründen wollten. Messalina hörte die Segensworte des Priesters an, nahm den Brautschleier und opferte den Göttern. Man setzte sich mit den geladenen Gästen zum Hochzeitsmahl, tauschte Küsse aus, umarmte sich und brachte die Nacht als Ehemann und Ehefrau zu. Nach der Hochzeit feierten sie im Palast ein großes Weinlesefest, bei dem Frauen in Tierfellen auftraten, und sie selbst verkleidete sich als Bacchantin mit wallenden Haaren, die nach der antiken Mythologie zur Gesellschaft des Weingottes gehörten.

Als die Hochzeit in der Gesellschaft Roms bekannt wurde, war man entsetzt. Obwohl nur der enge Führungskreis den Plan der Revolte kannte, war jedem klar, was nach dieser Hochzeit ausgeführt werden sollte.

Den Vertrauten des Kaisers, die die Stimmung der führenden Militärs und des Hofstaates falsch eingeschätzt hatten, kamen plötzlich große Zweifel, ob sie den nächsten Schritt der Verschwörung, die Tötung des Kaisers, befehlen sollten. Durch ihre lange Tätigkeit am Kaiserhof wussten sie, dass ein Machtwechsel zu den gefährlichsten Situationen gehörte. Sie ermahnten deshalb das neu vermählte Paar zur größter Vorsicht, damit die Nachricht über ihre Heirat nicht nach außen dringen würde.

Narcissus, der Geheimsekretär des Kaisers, wusste nur zu gut, wie leicht der Kaiser zu beeinflussen war. Deshalb sah er jetzt seine große Chance, seine Konkurrenten Pallas und Callistus ins Abseits zu stellen, indem er Claudius den ganzen Plan verriet. Dabei ging er allerdings sehr vorsichtig vor und beauftragte die beiden Geliebten des Kaisers, Cleopatra und Calpurnia, die er durch Geschenke bestochen hatte, Claudius bei einem Schäferstündchen alles zu verraten. Auf diese Weise vermied er es, als Ankläger auftreten zu müssen, was ihm bei dem bekannten Wankelmut des Kaisers schließlich den Kopf hätte kosten können. Bei dem Historiker Tacitus findet sich folgender Bericht über die Zusammenkunft des Kaisers, der sich zu der Zeit in Ostia in der Nähe von Rom aufhielt, mit seinen Geliebten:

„Als Calpurnia mit dem Kaiser alleine war, fiel sie ihm zu Füßen und schrie, Messalina habe den Silius geheiratet. Zugleich wandte sie sich an ihre Begleiterin Cleopatra und bat sie, dies zu bestätigen. Dann ließ er Narcissus herbeirufen, der zu ihm sagte: ‚Weißt du denn, dass du ein geschiedener Ehemann bist? Messalinas Ehe mit Silius hat das Volk, der Senat und das Heer mitangesehen. Wenn du jetzt nicht handelst, ist der junge Silius im Besitz Roms.‘"

Sofort ließ Claudius den Befehlshaber der Stadtgarde von Rom herbeirufen und fragte ihn wiederholt, ob er noch Kaiser sei und ob Silius noch nicht den Thron bestiegen habe. Man riet ihm, zuerst an seine Sicherheit zu denken, indem er sich sofort in das Quartier der Stadtgarde nach Rom begäbe, und dann erst Rache an Silius und Messalina zu üben. Da man aber in der Umgebung des Kaisers dem Kommandeur der Stadtgarde nicht traute, bat Narcissus den Kaiser, ihm nur für einen Tag den Oberbefehl über alle Truppen zu übertragen, damit er die Verschwörer und ihre Hintermänner erledigen könnte.

Inzwischen herrschte am kaiserlichen Hof große Unruhe, weil bekannt geworden war, man habe den Kaiser über alles informiert. Claudius sei bereits mit seiner Leibgarde im Anmarsch auf Rom. Messalina eilte schnell in die Lucullischen Gärten, während ihr neuer Gemahl sich in seinen Amtsräumen verbarg.

Nach kurzer Zeit hatten die Soldaten von Claudius den Kaiserpalast erreicht. Wen auch immer sie dort antrafen, wurde verhaftet und gefesselt. Als Messalina dies mitgeteilt wurde, trat sie die Flucht nach vorne an und gab die Anweisung, sie auf einem Gartenwagen zusammen mit ihrem Sohn und ihrer Tochter Richtung Ostia zu fahren, damit sie ihren Gemahl begrüßen könne.

Doch vor der Stadt Rom begegnete der Kaiser Messalina, die laut rief, er solle sie nicht auf die Schlachtbank schicken. Narcissus lenkte den Kaiser ab, indem er ihm ein Verzeichnis ihrer Ehebrüche zeigte. Der Kaiser schwieg und stellte sich unwissend. Das weitere Vorgehen lag ganz in den Händen der Freigelassenen.

Als man Silius verhaftet hatte und vor ein Tribunal stellte, machte er nicht den geringsten Versuch, sich zu verteidigen. Er forderte sogar, man möge ihn schnell hinrichten.

Als man auch den Schauspieler Mnester im Palast vorfand, wies er Peitschenwunden vor und erinnerte den Kaiser daran, dass er nur auf dessen Befehl hin eine Liebschaft mit seiner Gattin eingegangen sei. Andere hätten sich wegen persönlicher Vorteile mit Messalina eingelassen, er aber nur aus Zwang. Sicherlich wäre er als erster hingerichtet worden, wenn Silius den Thron bestiegen hätte. Der Kaiser wollte Milde walten lassen, aber seine Berater, die Freigelassenen, forderten seine Hinrichtung.

Währenddessen hielt sich Messalina in den Lucullischen Gärten auf, wo sie Bittschrift auf Bittschrift an ihren Gatten verfasste und um Gnade bat, indem sie ihn an ihre glücklichen Tage und den Sohn Britannicus und die Tochter Octavia erinnerte. Fast hätte ihr Claudius verziehen, aber Narcissus erteilte der Leibwache eigenmächtig die Weisung, der Kaiser befehle die sofortige Hinrichtung seiner Gemahlin. Man fand sie in Gesellschaft ihrer Mutter, die ihr geraten hatte, ihrem Leben schnell ein Ende zu bereiten, weil ihr nur noch der Tod bleibe. Bevor die Soldaten das Tor aufgerissen hatten, hatte sie vergeblich versucht, mit einem Schwert Selbstmord zu begehen. Sie wurde unter vielen Beschimpfungen erstochen und ihre Leiche ihrer Mutter übergeben.

Als Claudius die Meldung erhielt, Messalina sei tot, fragte er nicht nach den Hintergründen, sondern begab sich zu einem Trinkgelage. Auch an den folgenden Tagen zeigte er keine Gefühlsregung. Der Senat beschloss, ihren Namen überall zu tilgen und ihre Standbilder zu vernichten. Im Jahre 48 n. Chr. verschwand die größte Lebedame Roms, die acht Jahre lang durch Skandale fast den Zusammenbruch des Weltreiches Roms verursacht hätte, aus dem Blickfeld der Öffentlichkeit. Narcissus aber, der Verräter dieser Verschwörung, wurde befördert.

War Messalinas Charakter mehr durch ein zügelloses Sexualleben geprägt, so wird ihre Nachfolgerin als ein „Mannweib" mit einem kaum mehr zu steigernden Machttrieb beschrieben. Die jüngere Agrippina, die schon zu Lebzeiten ihrer Rivalin Messalina versucht hatte, bei ihrem Onkel Claudius die Stelle der beiden Geliebten Calpurnia und Cleopatra einzunehmen, sah sich jetzt am Ziel ihrer Wünsche. Die Tochter des Germanicus und Enkelin des großen Feldherrn Agrippa war von ihrer Mutter, der älteren Agrippina, stark belastet. Selbst der Vater Neros, Ahenobarbus, soll bei der Geburt seines Sohnes gesagt haben, eine Frau wie Agrippina habe nichts anderes als ein Scheusal auf die Welt bringen können.

Obwohl sich Claudius nach dem Tod seiner Gattin Messalina nicht mehr verheiraten wollte, setzten seine Berater durch, dass er seine Nichte Agrippina ehelichte. Eine solche Ehe zwischen Onkel und Nichte war in Rom nicht verboten, aber sie galt als unschicklich. Claudius soll sich, wie der Historiker Tacitus berichtet, anfangs dieser Ehe heftig widersetzt haben. Die Senatoren drohten ihm an, ihn dazu zu zwingen, falls er sich widersetzte. Sie stürzten aus dem Senat und heizten die Stimmung der Menschen auf den Straßen Roms so an, dass sich Menschenmengen vor dem Senatsgebäude versammelten und den Wunsch der Senatoren lauthals bekräftigten. Als Claudius aber vom Senat forderte, es möge auch in der Zukunft erlaubt sein, eine solche Ehe einzugehen, um damit seine eigene Ehe zu legitimieren, fand sich nur ein Befürworter des kaiserlichen Antrages.

Bei dieser ungewöhnlichen Wahl einer Ehefrau spielte offenbar auch die Sicherheit der Machtposition des Kaisers eine Rolle, weil von dieser Frau als Verwandter des früheren Kaisers Augustus keine Rebellion zu befürchten war. Als Tochter des Feldherrn Germanicus stellte sie vor allem den Ruf des Kaiserhauses bei den Soldaten wieder her. Da sich über ihren bisherigen Lebenswandel nichts Nachteiliges sagen ließ, konnte sie dem Kaiser helfen, die Erinnerung an Messalina aus dem Gedächtnis des Volkes zu löschen. Selbst Versuche ihrer ehemaligen Rivalin Messalina, Agrippina wie ihre Großmutter Julia wegen Ehebruchs aus Rom zu verbannen, waren gescheitert, weil ihr keine unsittliche Handlung nachzuweisen war, es sei denn, man hätte ihr enges Verhältnis zu Claudius anders ausgelegt. Es ist deshalb nicht verwunderlich, dass bei ihrer Heirat die Erinnerungen an Augustus' Gattin Livia wach wurden. Tatsächlich besaß sie dieselben Fähigkeiten wie Livia. Durch ihr energisches Eingreifen brachte sie den römischen Staat wieder in Ordnung, indem sie den Einfluss der ehemaligen Sklaven um Claudius zurückdrängte. Besonders die Finanzen des Staates, die unter der Misswirtschaft und dem ausschweifenden Leben der Messalina stark gelitten hatten, und auch der Privathaushalt des Kaisers wurden saniert. Agrippina, die man wegen ihrer Sparsamkeit belächelte, ging rücksichtslos in zahlreichen Prozessen gegen alle Personen vor, die sich am Staatsvermögen bereichert hatten. Der Adel, dessen Macht durch freigelassene Sklaven, die aufgrund ihrer Fähigkeiten zu Reichtum und Einfluss gelangt waren, zurückgedrängt worden war, sollte wieder die alte Machtposition wie unter Augustus erhalten. Auch politische Prozesse, Hinrichtungen, Selbstmorde von Angeklagten und öffentliche Skandale wurden seltener.

Aber Agrippina dachte auch an die Zukunft und die Regelung der Nachfolge. Ab dem ersten Tag ihrer Ehe mit Claudius arbeitete sie darauf hin, ihren elfjährigen Sohn Nero auf den Kaiserthron zu bringen und Claudius, den leiblichen Sohn des Kaisers, von der Thronfolge auszuschließen. Um ihre Macht zu stärken, setzte sie den bisherigen Kommandeur der Stadtgarde in Rom ab und ernannte Burrus, einen Mann ihres Vertrauens, zum Nachfolger.

Sie erreichte, die Position ihres Sohnes dadurch zu stärken, dass Claudius ihn im Jahre 50 n. Chr. adoptierte. Mit seiner Erziehung wurde der Philosoph Seneca beauftragt, von dem böse Zungen in Rom behaupteten, er sei auch sein Liebhaber gewesen. Nach der Übernahme dieses Amtes hatte Seneca den schlechten Traum, ihm sei der geistesgestörte Kaiser Caligula zur Erziehung übergeben worden. Diesem Traum seines Erziehers sollte Nero im Laufe seiner Herrschaft noch sehr nahe kommen.

Kaum hatte Nero das siebzehnte Lebensjahr erreicht, setzt seine Mutter durch, dass er mit Octavia, der leiblichen Tochter des Claudius, verheiratet wurde. Die Adoption und die Verheiratung mit seiner Tochter verraten, dass der Kaiser trotz seines Alters und der ihm nachgesagten Schwäche das Heft noch fest in der Hand hatte. Denn er wusste, dass sein Sohn Nero Britannicus, der vier Jahre jünger war als Nero, nicht in der Lage wäre, sofort seine Nachfolge anzutreten. Der Senat, der das letzte Wort bei der Entscheidung des Nachfolgers hatte, hätte mit Sicherheit den älteren Nero ausgewählt, weil er für dieses Amt besser vorbereitet war.

Im Jahre 54 n. Chr. erkrankte Claudius an einer rätselhaften Krankheit, nachdem er ein Pilzgericht zu sich genommen hatte. Sofort entstand das Gerücht, der Kaiser sei vergiftet worden. Die antiken Historiker verdächtigten Agrippina, ihrem Gemahl das Gift verabreicht zu haben. Anlass soll eine Äußerung des Claudius gewesen sein, die Agrippina fürchten ließ, dasselbe Schicksal wie Messalina erleiden zu müssen. Hintergrund war ein Streit zwischen Agrippina und Narcissus, der nach der Ermordung Messalinas eine starke Stellung am kaiserlichen Hof hatte. Narcissus hatte sich der Hinrichtung einer Frau widersetzt, der vorgeworfen wurde, die Kaiserin durch Zauberei töten zu wollen. Claudius habe in diesem Streit keine eindeutige Position eingenommen und schließlich nach reichlichem Weingenuss geäußert, es sei sein Schicksal, zuerst seine lasterhaften Frauen mit Geduld zu behandeln und dann an ihnen gnadenlose Rache zu üben.

Nach dem Historiker Tacitus war der Hergang der Tat folgender: Agrippina glaubte jetzt keine Zeit mehr verlieren zu dürfen und beschaffte sich von der berüchtigten Giftmischerin Locusta ein Gift, das nicht sofort wirken, sondern den Kaiser zunächst betäuben und ihn nach einiger Zeit töten sollte. So wollte sie vermeiden, dass der Verdacht aufkäme, er sei einem

Giftanschlag erlegen. Nachdem der Kaiser dieses Gift in einem Pilzgericht zu sich genommen hatte, fühlte er sich unwohl und übergab sich. Keiner der Anwesenden schöpfte einen Verdacht, weil der Kaiser wie gewöhnlich viel getrunken hatte. Seine Gattin Agrippina aber geriet in Furcht, dass das Gift seine Wirkung verfehlen könnte und befahl, den griechischen Arzt Xenophon herbeizuholen. Unter dem Vorwand, er wolle den Kaiser zum Erbrechen bringen, pinselte er seinen Rachen mit einer Feder, die mit einem schnell wirkenden Gift bestrichen war, und führte so seinen Tod herbei.

Von modernen Historikern wird die Theorie eines Giftmordes bestritten. Der über 60-jährige Kaiser sei eines plötzlichen, aber natürlichen Todes gestorben. Mit einem vorbereiteten Mordanschlag lasse es sich kaum vereinbaren, dass die angebliche Urheberin der Tat danach völlig ratlos war. Offenbar musste Agrippina erst Zeit gewinnen und täuschte deshalb nach dem Tod des Claudius ihre Umgebung mehrere Stunden lang mit der Behauptung, die Ärzte hätten noch nicht alle Hoffnung aufgegeben. Offensichtlich ist die Kaiserin vom Tod ihres Mannes überrascht worden. Auch das angebliche Motiv Agrippinas für diese Tat wird angezweifelt, denn bei der Machtposition, die Agrippina innehatte, hätte es niemand wagen können, nach ihrem Leben zu trachten. Im Volk stand sie als kluge Herrscherin in hohem Ansehen. Der Senat überhäufte sie mit Ehrungen, die selbst Livia nicht zuteil geworden waren. Agrippina hatte den Beinamen Augusta erhalten und durfte in einem vergoldeten Wagen fahren, was bisher ausschließliches Vorrecht der Priester gewesen war.

Wie in einem Handstreich regelte Agrippina mit Hilfe ihres Vertrauten Burrus und dem Lehrer ihres Sohnes, Seneca, die Nachfolge des Kaisers. Ohne darauf zu warten, wem von den beiden jungen Männern der Senat den Vorzug gab, ließ sie ihren Sohn von der Stadtgarde zum Oberbefehlshaber ausrufen. Der Senat bestätigte widerwillig dieser Wahl. Da der leibliche Sohn des verstorbenen Kaisers erst 13 Jahre alt war, hatte der Senat überhaupt keine andere Wahl, es sei denn, er hätte einen Mann aus einer anderen Familie zum Thronfolger bestimmt und damit die Dynastie der des julisch-claudischen Hauses beendet.

Nero, der ein gelehriger und anhänglicher Schüler seiner Mutter und des Philosophen Seneca war, war verheiratet mit einer Frau, zu der er keine Zuneigung empfand. Es war eine reine Vernunftehe, die seine Familie mit der des vor ihm regierenden Kaisers enger verbinden sollte. In den ersten Jahren seiner Regierung erfüllte er unter Anleitung Senecas seine Aufgaben als Kaiser hervorragend. Er versprach, die Politik Augustus' fortzusetzen und den alten republikanischen Staat wiederherzustellen, in dem der Senat die führende Rolle innehatte. Alle Befugnisse, den Oberbefehl über das Heer ausgenommen, gab er an den Senat zurück. Durch diese Entscheidung gewann er die Sympathien des Adels zurück, der seine Existenz durch das starke Hervortreten der Freigelassenen in der Politik und der Gesellschaft gefährdet sah. Unter Nero waren die Machtbefugnisse des römischen Kaisers am stärksten eingeschränkt.

Das römische Reich hätte glücklichen Zeiten entgegengesehen, wenn sich Nero nicht in die ehemalige Sklavin Akte verliebt hätte, was den Beginn seiner Abkehr von Beratern und Vertrauten bedeutete. Eines Tages erklärte er, er werde sich von Octavia scheiden lassen und seine Geliebte Akte heiraten. Eine solche Ehe war aber nach den unter Augustus erlassenen Ehegesetzen verboten, weil ein Angehöriger des Adels nicht außerhalb seines Standes heiraten durfte. Nicht nur aus Angst, vielleicht den Einfluss über ihren Sohn zu verlieren, sondern auch aus Gründen der Staatsräson widersetzte sich Agrippina dieser Ehe. Ein Kaiser, der in der Nachfolge Augustus' stand und seine Reformen fortsetzen wollte, hatte sich den Gesetzen zu unterwerfen. Widerwillig gehorchte Nero seiner Mutter und unterließ es, seiner Gattin den Scheidungsbrief zu schicken, aber er setzte sein Verhältnis mit Akte in einer Art wilden Ehe fort. Das Verhältnis zu seiner Mutter kühlte sich zum ersten Mal merklich ab. Sein Lehrer Seneca, der ihm half, dieses Liebesverhältnis zu verbergen, nahm jetzt ihren Platz als engster Berater ein.

In dieser Lage scheute sich die so sittenstrenge Agrippina nicht, ihrem Sohn eindeutige Angebote zu machen. Sie schlug ihm vor, wie der Historiker Tacitus sagt, doch lieber ihr Gemach aufzusuchen, wenn er Verlangen nach einer Frau verspürte. Aber Nero ließ sich durch diesen Wechsel in der Haltung seiner Mutter nicht täuschen. Besonders war er über ihre Spione verärgert, die alles, was er sagte und tat, seiner Mutter mitteilten. Je mehr Nero von seiner Mutter abrückte und sich ihrer Autorität widersetzte, desto stärker wurde seine Neigung, sich auszuleben und ganz seinen Trieben hinzugeben.

Vielleicht hatte Agrippina ihren Sohn Nero so streng unter ihrer Aufsicht gehalten, weil sie als Mutter von seinen Schwächen wusste. Der inzwischen herangewachsene Nero Britannicus war ein ganz anderer Mensch, und man lobte besonders seinen ernsthaften Charakter. Schon tauchte in Rom das Gerücht auf, Agrippina würde es lieber sehen, wenn er auf dem Kaiserthron säße.

Diese Drohungen beunruhigten Nero, und er entschloss sich zum sofortigen Handeln. Unverzüglich ließ er die alte

Giftmischerin Locusta herbeiholen, die schon beim Tod des Claudius eine unrühmliche Rolle gespielt haben soll. Seinen Stiefbruder einfach hinrichten zu lassen wie seine anderen Gegner, war ausgeschlossen. Das Gift der Locusta ließ er sofort dem Britannicus durch seinen Erzieher beibringen, den er als Spion in der Umgebung seines Bruders eingeschleust hatte. Doch das Gift war nicht stark genug oder Britannicus erbrach es wieder, so dass es keine tödliche Wirkung hatte. Nero drohte der Giftmischerin mit sofortiger Hinrichtung, wenn sie ihm nicht in seiner Gegenwart ein wirkungsvolles Giftgemisch herstellte. Der Kaiser erprobte es selbst an einem Bock, der aber erst nach fünf Stunden verendete. Eine neue, noch wirkungsvollere Mischung wurde hergestellt. Als ein Schwein sofort starb, nachdem man ihm das Gift verabreicht hatte, befahl Nero, diese Mixtur bei der nächsten Hoftafel seinem Bruder in den Trunk zu mischen. Um zu vermeiden, dass sein Diener, der den Trunk vorkostete, ebenfalls starb, kam man auf den Einfall, dem Britannicus einen sehr heißen, bereits vorgekosteten Trunk zu reichen, so dass Britannicus bat, etwas kaltes Wasser hineinzugießen. Dieses Wasser aber enthielt das Gift und raubte ihm innerhalb weniger Sekunden die Stimme, den Atem und das Bewusstsein. Die Eingeweihten warteten gelassen auf die Reaktion Neros, während die anderen Gäste in Angst gerieten und den Raum verließen, weil sie ahnten, dass etwas Furchtbares passiert war. Nero beruhigte sie, indem er den Vorfall als einen der üblichen epileptischen Anfälle seines Bruders deutete, unter denen er seit der frühesten Jugend leide. Noch in der Nacht ordnete Nero die Verbrennung der Leiche an, was darauf schließen lässt, dass alles bis ins letzte Detail vorbereitet war.

Der plötzliche Tod des Britannicus versetzte Agrippina in große Bestürzung. Ihr Sohn Nero war nunmehr der einzige lebende Nachkomme des Augustus, und jede Hoffnung, ihn gegen ein regierungsfähiges Mitglied der Familie auszuspielen, war vernichtet worden. Dank ihres Einflusses auf Claudius und auf ihren Sohn Nero war es ihr möglich gewesen, eine einzigartige Macht zu erwerben. Nachdem sich Nero ihrer Autorität entzog und mit ihr immer öfter in Streit geriet, sank Agrippinas Einfluss. Wenngleich ihr Sohn wenig Talent hatte, das Kaiseramt ohne seine Berater erfolgreich auszuüben, stand doch eine große Gruppierung der römischen Gesellschaft hinter ihm, die sein Programm der Erneuerung des alten römischen Staates im Sinne des Kaisers Augustus guthieß und tatkräftig unterstützte. Den offenen Konflikt mit seiner Mutter versuchten die beiden starken Männer hinter Nero, Burrus, Kommandeur der Stadtgarde, und Seneca, sein Erzieher, mit großem Geschick zu verhindern.

Zum endgültigen Bruch mit seiner Mutter kam es im Jahre 58 v. Chr., als Nero an Stelle der Freigelassenen Akte Poppäa Sabina zu seiner neuen Geliebten machte. Diese schöne, sittenlose und bereits verheiratete Frau aus einem der großen römischen Häuser war von dem Ehrgeiz gepackt, den jungen Nero so unter ihren Einfluss zu bringen, dass sie vielleicht neben ihm Kaiserin wurde. Auch ihr Ehemann Otho lobte die Vorzüge seiner Gemahlin Poppäa Sabina oft in Gegenwart des Kaisers, weil er im stillen hoffte, durch ein entsprechendes Liebesverhältnis ließe sich sein politischer Einfluss erhöhen. Der Historiker Tacitus beschreibt diese Frau mit folgenden Worten:

„Diese Frau besaß alles, nur keine sittlichen Grundsätze. Sie war reich genug, um den Glanz ihrer Geburt und gesellschaftlichen Stellung aufrechtzuerhalten. Durch ihre Unterhaltungsgabe gewann sie alle Herzen. Dazu waren ihre geistigen Anlagen höchst bedeutend. Sie verstand es, nach außen hin die Sittlichkeit zu wahren, während sie sich im Geheimen einem sittenlosen Leben hingab. Selten erschien sie außerhalb ihres Hauses und dann stets völlig verschleiert, um die Männer neugierig zu machen oder weil es ihr gut stand. Auf ihre Ehre hat sie niemals im Leben geachtet. Ihren Liebhabern gewährte sie dieselben Rechte wie ihren Ehemännern. Da die Leidenschaft sie nie wirklich beherrschte, weder die eigene noch die fremde, so suchte sie Befriedigung ihrer Lüste dort, wo sich Vorteile damit verbanden."

Diese erfahrene Lebedame warf Nero seinen einfachen Lebensstil und unkultivierten Geschmack vor und hielt ihm ihren Mann Otho entgegen, der offen dem Zeitgeschmack entsprechend seine Vorliebe für alles Griechische und Orientalische zur Schau stellte. Diese Frau verstand es in raffinierter Weise, Nero so an sich zu fesseln, dass er bald die Erziehung und Bildung, die ihm seine konservative Mutter und der Philosoph Seneca beigebracht hatten, völlig vergaß und seine Lebensgewohnheiten dem Zeitgeschmack anpasste. Gefährlich für Agrippina wurden aber die Versuche der neuen Geliebten, sich auch in die Politik einzumischen. Poppäa Sabina versuchte nämlich, den Kaiser davon zu überzeugen, dass die Politik der Sparsamkeit und die Sanierung der Staatsfinanzen zwar für den Senat und die römische Geschäftswelt vorteilhaft sei, aber ihm selbst keinen Ruhm einbringe. Auf diese Weise könne er niemals ein beim Volk beliebter Kaiser werden. Unter dem Einfluss der Geliebten ging Nero sogar so weit, dass er die Abschaffung der indirekten Steuern forderte, die an jedem Stadttor des römischen Reiches für eingeführte Waren bezahlt werden mussten. Dies wäre ein gewaltiger Vorteil für die breiten Volksmassen gewesen, die die Waren dadurch erheblich billiger bekommen hätten. Man vergaß im Volk, dass die Stabilität und der Aufschwung der römischen Wirtschaft ein Verdienst der sparsamen Agrippina war.

Diese politischen Maßnahmen führten zum endgültigen Bruch zwischen Nero und seiner Mutter Agrippina, die voraussah, dass sie alles verlieren würde, wenn die neue Geliebte weiter an der Seite ihres Sohnes wäre.

Da Agrippina nicht die Frau war, die schnell nachgab, kam es zwischen den beiden Frauen zu einem regelrechten Kampf um Leben und Tod. Sicherlich musste die Frau siegen, die Jugend, Schönheit, Raffiniertheit und alle Künste der Verführung auf ihrer Seite hatte. Wenn es dieser Frau dann noch gelänge, Nero einzureden, er sei bisher nur das unmündige Kind seiner herrschsüchtigen Mutter gewesen, so hätte sie ein leichtes Spiel, diesen jungen Mann auf ihre Seite zu ziehen. Von Vorteil für Poppäa Sabina war auch, dass sie dem auf seine Mutter fixierten Nero gewissermaßen die Mutter ersetzte, da sie älter war als Nero und zudem eine große Ähnlichkeit mit Agrippina hatte.

Nach dem Bericht des Historikers Tacitus unternahm Agrippina in dieser Lage einen letzten Versuch, ihren Sohn wiederzugewinnen. Sie erschien zur Mittagszeit bei Nero und bot sich ihrem betrunkenen Sohn zur Blutschande an. Als sich beide schon küssten und es zu sexuellen Handlungen kam, erschien der Philosoph Seneca mit Neros früherer Geliebten Akte und forderte ihn auf, lieber mit dieser Frau seine Begierde zu stillen, als sich durch Blutschande zu entehren. Agrippina versuche nur, seinen Ruf beim Volk und bei den Soldaten zu ruinieren, die kaum einem Kaiser gehorchen würden, der ein Verhältnis mit seiner eigenen Mutter hätte.

Schnell verbreitete sich im kaiserlichen Palast das Gerücht von der im letzten Moment verhinderten Blutschande. Neros Geliebte Poppäa schäumte vor Wut und redete ihm ein, jetzt werde seine Mutter versuchen, ihn umzubringen. Schließlich fasste Nero den Entschluss, seine Mutter aus dem Weg zu räumen, um sich von ihrem Einfluss zu befreien. Dieser Mord war ein noch gefährlicheres Wagnis als die Tötung des Britannicus, weil Agrippina als Tochter des berühmten Germanicus im alten Adel eine feste Anhängerschaft hatte.

Über die Art und Weise, wie sie getötet werden sollte, wurde lange im vertrauten Kreis um Nero diskutiert. Ein Giftmord kam nicht in Frage, denn gewarnt durch den Tod des Britannicus vermied Agrippina gemeinsame Mahlzeiten mit ihrem Sohn und nahm aus Vorsicht regelmäßig Mittel ein, die gegen Gifte wirkten. So entschied man sich schließlich für einen künstlich herbeigeführten Unfall. Der Hofmeister Anicetus erhielt den Auftrag, ein Schiff besonderer Art zu bauen, das so konstruiert war, dass es auf einen Knopfdruck in Stücke fiel und dessen Kajütendach sich herabstürzen ließ. Wer dieses Schiff betrat, konnte also entweder erdrückt oder ertränkt werden, je nachdem, wie es den Mördern ratsam erschien. Nach der Fertigstellung dieses Unglücksschiffes lud der Kaiser seine Mutter zu einem Fest in den mondänen Badeort Baiae ein. Sie folgte der Einladung, und der Kaiser schenkte ihr das luxuriöse Schiff, während er ihr gleichzeitig seine frühere kindliche Anhänglichkeit vortäuschte. Er bat sie, doch die Rückreise auf diesem Schiff anzutreten. Er geleitete sie zum Schiff und verabschiedete sich unter vielen zärtlichen Umarmungen von ihr. Als das Schiff ausgelaufen war, gingen die Attentäter sofort daran, es rasch zu versenken. Aber Agrippina war so beherzt, dass sie sich durch einen

Sprung ins Wasser rettete. Vermutlich von einem anderen Boot gerettet, erreichte sie eines ihrer Landhäuser an der Küste.

Wahrscheinlich täuschte Agrippina sich nicht über die wahren Hintergründe des Unfalls und schickte Boten zum Kaiser, die ihm mitteilen sollten, dass sie ihm alles verzeihen und vergeben würde, wenn er sie nur am Leben ließe.

Was auch immer sie unternahm, ihr Tod war beschlossene Sache. Als dem Kaiser ihre Rettung gemeldet wurde, geriet er außer Fassung und vermutetet, sie werde nach Rom kommen und ihre Freunde in der Stadtgarde und der Armee gegen ihn aufhetzen. Man schloss aus, dass Agrippina sich ihrem Sohn unterwerfen würde. Der Plan des Philosophen Seneca, die Stadtgarde mit der Tötung Agrippinas zu beauftragen, stieß bei Burrus nicht auf Zustimmung, weil er seinen Soldaten die Ermordung der Tochter des bekannten Feldherrn Germanicus nicht zumuten wollte. Man einigte sich, dass Anicetus, der durch den ersten Mordversuch schon Schuld auf sich geladen hatte, die Tat auch vollenden sollte. Mit einer Schar Matrosen drang er in ihr Landhaus ein, wo sie sich vom Schrecken des Anschlages erholen wollte, und tötete sie. Ihre letzte Worten waren: „Stoße nur zu und durchbohre den Leib, der Nero getragen hat!"

So starb im Jahre 59 n. Chr. der letzte weibliche Nachkomme des Kaisers Augustus. Agrippina war neben Livia die bedeutendste Frau des julisch-claudischen Geschlechts.

KAPITEL 6

Die blutdürstige Fredegunde –
Eine Despotin aus dem Frühmittelalter

Schon in römischer Zeit, ab dem 3. Jahrhundert, begannen sich die germanischen Stämme zu größeren Verbänden zu entwickeln. An der Spitze dieser Stammesverbände der Franken, Sachsen, Thüringer, Langobarden, Alemannen und Bajuwaren standen Könige, die einem Adelsgeschlecht entstammten. Das politische Geschehen in diesen Königreichen bestimmten zwar die Männer, aber es gab auch mächtige Frauen, die aus dem Hintergrund aktiv in die hohe Politik eingriffen. Geradezu abschreckend wirken heute die zahlreichen Familientragödien in den Herrscherhäusern, bei denen Frauen, die von Geldgier, Machthunger und Hass getrieben waren, eine zentrale Rolle spielten. Sie kannten weder Mitleid noch Erbarmen und töteten selbst ihre eigenen Kinder, wenn es politisch vorteilhaft erschien. Die Kinder der führenden Adelsfamilien hatten, wie ihre Eltern selbst, nur das Schicksal vor Augen, als Söhne einmal zukünftige Thronerben oder als Töchter eine begehrte Handelsware bei politischen Geschäften zu sein. Man heiratete nicht aus Liebe oder Zuneigung, sondern die Ehe war ein Mittel, um bestimmte

Ziele zu erreichen oder neue Ländereien zu gewinnen. Indem ein Herrscher seine Töchter und weiblichen Verwandten in die verschiedenen Königshäuser verheiratete, gewann er selbst politischen Einfluss und konnte seinen Machtbereich erweitern. Die Ehe war ein Geschäft, das die gesetzlichen Beziehungen zwischen Mann und Frau regelte. Der Bräutigam bezahlte einen bestimmten Preis, und als Gegenleistung bekam er eine Frau, mit der er eine Familie gründen konnte. Ein Drittel von diesem Kaufpreis erhielt die Braut als Mitgift. Zwar war die Frau bei den germanischen Völkern kaum mehr als eine Ware, aber es gab, wie beispielsweise bei den Franken, gesetzliche Bestimmungen, die Gewalttätigkeiten gegen Frauen oder ihre Tötung mit sehr hohen Strafen belegten. Der Sühnepreis für die Tötung einer Frau war in der Regel so hoch, dass die Familie des Täters drei Generationen benötigte, um ihn abzuzahlen. In den Familien hatten die Männer gegen ihre Frauen, ihre Kinder und das Hausgesinde ein Züchtigungsrecht, aber sie durften ihnen keine dauerhaften Schäden zufügen. Wenn ein Mann sich nicht an diese Regel hielt, konnte die Familie der Frau die Bestrafung des Ehemannes verlangen.

Unter den germanischen Stammesverbänden spielten die Franken eine führende Rolle. Im Jahre 486 unterwarf der fränkische König Chlodwig (466–511) aus dem Geschlecht der Merowinger das Herrschaftsgebiet des römischen Statthalters in Gallien. Nach seinem Tod entstanden die drei Reichsteile Austrien, Neustrien und Burgund, die seinen Söhnen Sigbert, Chilperich und Guntram unterstanden.

Chilperich regierte über das Gebiet Neustrien mit Soissons als Hauptstadt. Eine sehr umfangreiche und detaillierte Lebensbeschreibung dieses Königs enthält die „Fränkische Geschichte" des Geschichtsschreibers Gregor von Tours

(538–594), der Chilperich als eine Mischung aus Herodes und Nero bezeichnet. Chilperich war in erster Ehe mit Audovera verheiratet und hatte aus dieser Ehe eine Tochter, Basina, und drei Söhne, Theudebert, Merovech und Chlodovech. Dennoch lebte er zeitweise mit Frauen aus dem einfachen Volke zusammen. Eine von diesen „einfachen Weibern" war die rothaarige und grünäugige Fredegunde, die ungefähr 545 geboren war. Diese attraktive Frau tauschte bald den Rang der Dienstmagd Audoveras mit der Rolle der Geliebten und Nebenfrau des Königs, den sie bald so in ihren Bann zog, dass sie ihn völlig beherrschte. Angetrieben vom Streben nach Macht riet sie ihm, seine Gattin Audovera zu verstoßen.

Chilperich entschloss sich allerdings, eine ihm von Rang ebenbürtige Frau zu heiraten. Seine Wahl fiel auf Galsvintha, die Tochter des spanischen Königs Athanagild, der schon seine Tochter Brunichilde dem Bruder Chilperichs, Sigbert, zur Frau gegeben hatte. Als Athanagild seine Tochter mit vielen Schätzen zu Chilperich schickte, wurde sie mit großen Ehren empfangen. Chilperich wiederum versprach, die Frauen, die bislang seine Lebensgefährtinnen waren, aufzugeben. Aber es kam bald zum Streit mit Fredegunde, die nicht daran dachte, ihre Rolle beim König aufzugeben. Galsvintha beschwerte sich bei Chilperich über die Kränkung, die sie als seine Gattin durch eine Nebenfrau erdulden musste. Sie war sogar bereit, auf die Mitgift zu verzichten, wenn er sie nur in ihre Heimat zurückziehen ließe. Eines Tages wurde sie tot in ihrem Bett gefunden. Man glaubte, dass Chilperich sie durch einen seiner Bediensteten hatte erdrosseln lassen. Fredegunde wurde seine rechtmäßige Gattin. Sie gebar ihm in der Folgezeit die fünf Söhne Samson, Chlodobert, Dagobert, Theuderich und Chlothar II. sowie die Tochter Rigunthe.

Galsvinthas ältere Schwester Brunichilde, die mit Chilperichs Bruder Sigbert verheiratet war, forderte den Vollzug der Blutrache. In einem blutigen Krieg zwischen den Brüdern gewann Sigbert zunächst die Oberhand. Aber es kam nicht zu einer Entscheidungsschlacht, weil Chilperich seinen Bruder überzeugen konnte, dass sie dadurch beide ihre Reiche zugrunde richten würden. Obwohl der Streit unter den Brüdern nicht beendet war, einigte man sich auf einen Friedensschluss, der Chilperich vor dem Verlust seiner Macht bewahrte. Der Konflikt flammte jedoch wieder auf, und Sigbert hatte beste Aussichten, die beiden Königreiche unter seiner Führung zu vereinigen, so dass auch die von Chilperich beherrschten Franken ihn zum König ausriefen. Doch in Vitry, wo sich das ganze Heer der Franken versammelt hatte, fiel Sigbert einem Mordanschlag zum Opfer. Anhängern Chilperichs, die von Fredegunde mit der Ausführung des Mordes beauftragt worden waren, gelang es unter dem Vorwand, eine wichtige Nachricht überbringen zu müssen, in die Nähe Sigberts zu kommen und ihm mit Gift getränkte Dolche in den Körper zu stoßen.

Zu jener Zeit hielt sich Chilperich mit Fredegunde in Tournay auf, wo ihm im Jahre 575 der Tod Sigberts gemeldet wurde. Diese Nachricht befreite ihn von allen Zukunftssorgen. Um den Schein zu wahren, ließ er seinen Bruder in Soissons neben seinem Vater Chlothar beerdigen.

Nach der erfolgreichen Beseitigung des gefährlichen Rivalen ihres Mannes war für die neue Königin die vordringlichste Aufgabe, ihre Machtposition zu festigen. Sie duldete niemanden, der es auch nur wagte, ihre Rolle in Frage zu stellen. Selbst gegen ihre Tochter Rigunthe, die ihrer Mutter bei Streitigkeiten oft ihre einfache Herkunft vorwarf und ihr drohte, sie später einmal in ihre frühere Knechtschaft zurückzustoßen, ging sie mit brutaler Gewalt vor. So bat Galvintha ihre Tochter beispielsweise, eine Schatztruhe zu öffnen und sich dort diejenigen Gegenstände herauszunehmen, die ihr gefielen. Als Rigunthe sich über die Truhe gebeugt hatte und darin stöberte, fasste Galvintha den Deckel, warf ihn ihr aufs Genick und drückte ihn so fest nieder, dass sie ihre Tochter fast erwürgt hätte, wenn nicht eine Dienerin Hilfe herbeigeholt hätte.

Die Streitigkeiten zwischen Mutter und Tochter wurde im Laufe der Zeit immer heftiger. Auch kam es zu Handgreiflichkeiten, weil die Königin die Liebschaften Rigunthes missbilligte, die mit dem Sohn des spanischen Königs Leuvigild verheiratet werden sollte. Die Gesandten Chilperichs hatten bereits in Spanien den Brautpreis ausgehandelt. Um die Tochter standesgemäß auszustatten, wurden selbst Schätze aus dem Besitz des ermordeten Sigbert benutzt. Als sich Chilperich vor seinen Gefolgsleuten beklagte, ihm bliebe nichts mehr übrig, sagte Fredegunde: „Glaubt nicht, Männer, dass ich etwas aus dem Schatz Sigberts genommen habe. Die Ausstattung meiner Tochter Rigunthe stammt aus meinem Besitz, den mir der König Sigbert vermacht hat. Auch habe ich mir vieles durch eigene Mühen erworben. Nichts aus dem Staatsschatz ist darunter."

Auf diese Weise wurden nicht nur der König, sondern auch die Franken getäuscht. Die Reise nach Spanien trat seine Tochter im Schutz von über viertausend Mann an. Fredegunde hatte rücksichtslos ihre Dienstleute von den königlichen Gütern zusammentreiben lassen, damit sie ihre Tochter nach Spanien begleiteten. Die Reisekosten wurden unterwegs dadurch gedeckt, dass man in den beim König verschuldeten Städten die Schulden eintrieb. Es wurde aber ebenso geraubt

145

und geplündert, und vor allem den Armen nahm man alles, was nur zu bekommen war.

Kaum hatte Rigunthe mit ihren Begleitern die Stadt Toulouse erreicht, ließ sie die Reise abbrechen, weil Gerüchte vom Tod ihres Vaters zu ihr gedrungen waren und sie zudem meinte, die bisherige Reise habe sie so erschöpft, dass sie in diesem Zustand auf keinen Fall vor ihren Bräutigam treten könnte. Der Statthalter von Aquitanien, der eigentlich ein Anhänger Chilperichs war, nutzte die Gelegenheit, um die Königstochter zu überfallen und ihre Schätze zu rauben. Als Fredegunde von dieser Schande erfuhr, die ihre Tochter in Toulouse erlitten hatte, zwang sie den Überbringer der Botschaft, alle seine Kleider abzulegen, und jagte ihn davon. Wer auch immer ihr als Heimkehrer von der Reise ihrer Tochter gemeldet wurde, dem wurden die Kleider abgenommen, der wurde gegeißelt und grausam verstümmelt.

Auch ansonsten war sie gegenüber unter ihr stehenden Leuten ausgesprochen brutal. Als in der Stadt Tournay, wo sie sich häufig mit Chilperich für längere Zeit aufhielt, eine Auseinandersetzung zwischen zwei miteinander verwandten Familien entstand, weil ein Ehemann seine Frau vernachlässigte und Dirnen besuchte, versuchte Fredegunde die streitenden Parteien scheinbar zu beruhigen und zu versöhnen. Fredegunde lud zahlreiche Männer der beiden zerstrittenen Familien zu einer Versöhnungsfeier ein, bei der reichlich Wein ausgeschenkt wurde. Um Mitternacht, als die Gäste vom Wein betrunken auf dem Boden lagen, erschienen auf Fredegundes Befehl Bewaffnete, die die drei Rädelsführer niedermetzelten. Diese Tat empörte die Bevölkerung der Champagne so sehr, dass Fredegunde sich eiligst aus dieser Gegend zurückziehen musste, um ihr Leben zu retten.

Mit äußerster Brutalität reagierte sie auch, als ihr Sohn Theuderich kurz nach seiner Geburt plötzlich starb und das Gerücht aufkam, Zauberinnen hätten ihn getötet. Von diesem geheimen Anschlag soll angeblich der Präfekt von Paris, Mummolus, gewusst haben. Sofort ließ Fredegunde einige Frauen in Paris ergreifen, die im Verdacht standen, Zauberinnen zu sein. Man folterte sie und zwang sie zu bekennen, was sie wussten. Sie gestanden, dass sie den Sohn der Königin durch Zauberei getötet hätten, um das Leben des Präfekten Mummolus zu verlängern. Fredegunde befahl, dass sie erwürgt, gerädert, ihnen die Knochen gebrochen und sie verbrannt werden sollten. Sofort brach sie zum König auf und teilte ihm alles mit, was sie aus den Verhören der Zauberinnen über Mummolus erfahren hatte. Mummolus wurde herbeigeholt und misshandelt, indem man ihm die Hände auf den Rücken band und ihn an einen Pfahl aufhängte. Bei seinem Verhör gab er nur zu, dass er gelegentlich Zaubertränke und Salben von diesen Frauen erhalten habe, die dazu dienen sollten, dass er das Wohlwollen des Königs nicht verliere. Der König verzieh ihm. Als Mummolus den Folterknechten im Nachhinein erzählte, er habe bei der Tortur keine Schmerzen empfunden, wurde er auf Befehl des Königs erneut auf den Bock gespannt, mit einem dreisträhnigen Riemen solange gegeißelt, bis die Folterknechte völlig erschöpft waren. Anschließend wurden ihm spitze Pflöcke unter die Nägel an Händen und Füßen getrieben. Nun bat die Königin um sein Leben, um ihn noch mehr demütigen zu können. Man setzte ihn auf einen Karren und führte ihn in seine Geburtsstadt Bordeaux, um ihn so vorführen zu können. Die Tortur und die Schmach hatten ihn so geschwächt, dass er erkrankte und kurz darauf starb.

Große Sorge bereitete es der Königin, wie sie Chilperichs Söhne aus seiner ersten Ehe entmachten konnte. Um dies zu erreichen und um ihren Einfluss beim König nicht zu verlieren, schreckte sie auch vor Mord nicht zurück.

Ihr Stiefsohn Theudebert war im Krieg gegen Sigbert getötet worden. Nachdem ihn seine Gefolgsleute verlassen hatten, kämpfte er furchtlos gegen die Soldaten unter Führung des Herzogs Gunthram Boso weiter, bis er schließlich im Kampf fiel.

Der zweite Stiefsohn, Merovech, hatte sich den Zorn seines Vaters zugezogen, weil er Brunichilde, die Witwe seines Bruders Sigbert, geheiratet hatte. Chilperich verlangte von ihm, dass er sich von der Frau seines Onkels wieder scheiden ließe. Ein Aufstand der Bevölkerung der Champagne brachte den König in so große Bedrängnis, dass er mit Fredegunde aus der Stadt Soissons flüchten musste. Im Geheimen hegte er den Verdacht, dass dieser Aufstand von seinem Sohn Merovech angezettelt worden war. Deshalb wurde Merovech inhaftiert und in einem Kloster in Le Mans gefangen gehalten. Ihm gelang die Flucht, und er plante zusammen mit dem Herzog Gunthram Boso zu Brunichilde nach Austrien, dem heutigen Nordfrankreich, zu gehen. Wo immer er hinkam, redete er schlecht von seinem Vater und Fredegunde. Da der Herzog Gunthram bei Fredegunde in hoher Gunst stand, weil er Theudebert getötet hatte, überredete sie ihn, Merovech in Tours, wo er sich zu der Zeit aufhielt, in einen Hinterhalt zu locken. Doch Herzog Gunthram brachte Merovech dazu, möglichst schnell aufzubrechen, so dass Merovech glücklich bei Brunichilde ankam. Die Austrier aber lehnten Merovech ab, und so musste er sich in der Champagne vor seinem Vater verstecken. Den Vertrauten seines Vaters gelang es schließlich, ihn in eine Falle zu locken. Um nicht in die Hände seines heranmarschierenden Vaters zu fallen, ließ er sich von seinem eigenen Diener mit dem Schwert durchbohren. Es entstand aber das Gerücht, Merovech sei auf Befehl von Fredegunde ermordet worden. Um Zeugen zu beseitigen, wurden dem Diener Hände, Füße, Nase und Ohren abgeschnitten, und dann wurde er auf grausame Weise hingerichtet.

Dagobert und Chlodobert, Söhne von Fredegunde, fielen einer Ruhrepidemie zum Opfer, die im Königreich ihres Vaters ausbrach. Dieser Verlust stürzte den König, der selbst erkrankte, aber überlebte, in tiefe Trauer.

Auf Anraten seiner Gattin Fredegunde schickte er seinen Sohn Chlodovech in die Nähe von Soissons, weil sie hoffte, er würde ebenfalls von der Seuche dahingerafft. Doch nach wenigen Tagen rief ihn sein Vater zu sich zurück. In Gegenwart der Königin begann Chlodovech sich zu brüsten, dass er nach dem Tod der beiden Königssöhne das ganze Reich erben würde. Auch äußerte er Drohungen gegen seine Stiefmutter, so dass sie um ihre Stellung bangen musste. Von ihren Dienerinnen erfuhr sie, dass Chlodovech in eine ihrer Mägde verliebt sei, deren Mutter ihm Zaubergetränke verschafft habe, um die beiden Königssöhne zu töten. Sofort ließ sie dieses Mädchen herbeiholen, ließ sie foltern, ihr die Haare abschneiden und sie aufhängen. Der Mutter des Mädchens entlockte sie das Geständnis, diese Gerüchte seien wahr. Als dem König, der sich gerade auf der Jagd befand, dies hinterbracht wurde, befahl er, seinen Sohn sofort herbeizubringen, um ihn persönlich zu verhören. Chlodovech stellte alles in Abrede. Fredegunde jedoch ließ ihn in einen Kerker an der Marne bringen, wo er erdolcht wurde. Damit man seinen Leichnam nicht ehrenvoll bestatten konnte, falls er gefunden würde, wurde er in die Marne geworfen. Dem König aber wurde gemeldet, Chlodovech habe sich selbst das Leben genommen.

Fredegunde setzte beim König durch, dass seine erste Gemahlin, die Mutter Chlodovechs, grausam hingerichtet wurde, weil sie die Drahtzieherin dieses Planes gewesen sei. Chlodovechs Schwester Basina wurde öffentlich von Fredegunde beschimpft und in ein Kloster gesteckt. Alle Schätze dieser beiden Frauen nahm die Königin in Besitz. Die Denunziantin, welche Fredegunde das Gerücht hinterbracht hatte, wurde als Mitwisserin auf Fredegundes Befehl zum Flammentod verurteilt. Als später dem König von einem Fischer gemeldet wurde, er habe einen Toten in einem Nebenarm der Marne gefunden, der seinem Sohn ähnelte, ließ sich Chilperich den Leichnam zeigen. Er erkannte seinen Sohn und ordnete dessen Bestattung neben dem Grab Merovechs an.

Besonders grausam verhielt sich Fredegunde auch gegen ihren Sohn Samson. Da er nach der Geburt schwer erkrankte, stieß sie ihn von sich und wollte ihn töten. Nur mit Mühe konnte Chilperich sie davon abhalten und durchsetzen, dass er getauft wurde. Er starb im Alter von zwei Jahren.

Im Jahre 584 fand der König Chilperich bei einem Mordanschlag den Tod. Unweit von Paris hatte er sich auf die Jagd begeben. Als er, gestützt von einem Diener, vom Pferd steigen wollte, trat ein Unbekannter auf ihn zu, verwundete ihn mit einem Messer unter der Achsel und stieß es ihm ein zweites Mal in den Bauch. Tödlich getroffen sank der König in einer Blutlache nieder. Wer hinter dieser Tat stand, kann aus den zeitgenössischen Quellen nicht erschlossen werden. Man verdächtigte insbesondere zwei Personen: die Königin Fredegunde und den königliche Oberkämmerer. Aber diesen Mord hätte jeder seiner Untertanen verüben können, da Chilperich beim Volk und bei den führenden Adligen seines Reiches wenig beliebt war. Der Geschichtsschreiber Gregor von Tours beschreibt ihn so:

„Er verwüstete und verbrannte oft das Land. Wie dem römischen Kaiser Nero bereiteten solche Brände ihm ein großes Vergnügen. Nur um an das Vermögen von Menschen heranzukommen, wurden sie von ihm verurteilt. Zu seinen Lastern zählten die Trunksucht, die Tafelfreuden, der Hochmut, alle nur denkbaren sinnlichen Laster und die Verachtung aller Armen. Im Kreise seiner Vertrauten lästerte er gern über die Bischöfe, und er hasste nichts mehr als die Kirche. Unaufhörlich beklagte er sich darüber, dass die Macht in den Städten den Bischöfen zugefallen sei. Auch seinen Vater verspottete er, indem er öffentlich erklärte, er würde dem letzten Willen von niemandem Beachtung schenken. Besonders dachte er sich grausame Marter aus. Wer nach seiner Ansicht ein Vergehen begangen hatte, dem ließ er die Augen ausreißen. In seinen Erlassen fügte er am Ende hinzu: ‚Wer unsere Befehle missachtet, dem sollen am Ende die Augen ausgerissen werden.‘ Da er niemanden liebte und auch nicht geliebt wurde, standen seine Angehörigen nach seinem Tod völlig alleine da.“

Die Frage, wer für diesen Mord verantwortlich war, trat zunächst völlig in den Hintergrund, weil Unruhe entstanden war und einzelne Gebiete gegeneinander Krieg führten. Die Könige von Burgund und Austrien erhoben Ansprüche auf Chilperichs Königreich und marschierten mit ihren Truppen ein. Die Königin schien im Königreich ihres Mannes keinen Rückhalt zu haben, denn sie musste mit ihrem vier Monate alten Sohn Paris verlassen, wo sie der dortige Bischof zeitweilig beschützt hatte, und zu Guntram, dem Bruder ihres Mannes, nach Burgund fliehen.

Doch Childebert, der Sohn Sigberts, schickte Gesandte zu Guntram und verlangte die Auslieferung von Fredegunde: „Liefere jene Mörderin aus, die meine Tante Galsvintha, meinen Vater Sigbert, meinen Onkel Chilperich und meine Vettern Merovech und Chlodovech getötet hat!" Doch Guntram lehnte dies ab und stellte Fredegunde, die bereits wieder schwanger war, unter seinen Schutz. Als Fredegunde von ihm verlangte, er solle Taufpate des Kindes sein, überkamen ihn Zweifel, ob sein Bruder Chilperich wirklich der Vater wäre. Wegen der zahlreichen Verhältnisse, die man Fredegunde nachsagte, und der erneuten Schwangerschaft, verlangte er von der Königin überzeugende Beweise. Der Königin gelang es, drei Bischöfe, von denen einer dem Gerücht nach mit ihr eine außereheliche Beziehung hatte, und dreihundert Adlige als Zeugen zu benennen, die beschworen, Chilperich sei der Vater. Die führenden Adligen und die Bischöfe zwangen alle Städte, die vorher zum Königreich Chilperichs gehört hatten, den Treueeid auf dessen Sohn zu schwören, dem sie den Namen Chlothar gaben. Der König Guntram ordnete die zerrütteten Verhältnisse in diesem Königreich, indem er das von den Vertrauten des Königs widerrechtlich geraubte Eigentum an die rechtmäßigen Besitzer zurückgab und vor allem die Rechte der Kirche und der Bischöfe wiederherstellte.

Fredegunde wurde als Regentin für ihren Sohn anerkannt, nachdem es ihr gelungen war, den Verdacht, ihren Mann ermordet zu haben, zu entkräften, indem sie einen vermeintlichen Täter hinrichten ließ. Als nämlich der König Guntram den Mord an seinem Bruder untersuchen ließ, schob die Königin alle Schuld auf den Oberkämmerer Eberulf, der es ablehnte, dass sie sich nach dem Tod ihres Mannes bei ihm in Paris aufhielt. Die Königin unterstellte dem Oberkämmerer, er habe es bei diesem Mord vor allem auf die Schätze des Königs abgesehen. Nach der Tat habe er sich in das Gebiet von Tours begeben, wo er sich in einem Kloster versteckt halte. Guntram schwor, er werde diesen Mann hinrichten lassen und gab den Befehl, die Ausgänge des Klosters sorgsam zu bewachen. Mit der Tötung von Eberulf beauftragte er einen Mann mit dem Namen Claudius, der aber vor der Ausführung noch Fredegunde aufsuchte und sich von ihr für sein Vorhaben reichlich beschenken ließ. Der Plan des Claudius, sich das Vertrauen von Eberulf zu erschleichen und ihn dann bei einer günstigen Gelegenheit zu ermorden, verlief zunächst erfolgreich. Nach einem Gastmahl, zu dem ihn Eberulf mit einigen Bürgern der Stadt eingeladen hatte, bat ihn der angeheuerte Mörder, doch noch Wein aus seinem Haus holen zu lassen. Kaum hatten seine Diener Eberulf verlassen, da packten die Vertrauten Claudius' den Oberkämmerer, damit ihr Anführer ihm den Todesstoß geben konnte. Doch Eberulf gelangt es, sich zu befreien und sein Schwert zu ziehen. Zwar traf das Schwert des Claudius ihn an der Brust, aber er konnte seinem Angreifer in die Schulter stechen und einen Daumen abhauen. Die Begleiter des Claudius brachten dem fliehenden Eberulf mehrere Wunden bei und verletzten ihn so schwer am Kopf, dass ihm das Gehirn heraustrat und er starb. Nach der Tat flüchtete Claudius vor den Dienern Eberulfs, die ihren Herrn rächen wollten, in die Zelle des Abtes. Die Diener brachen die Tür auf und durchbohrten Claudius, während sich seine Vertrauten versteckt hielten. Zwischenzeitlich stürmten aus der Stadt Bewaffnete herbei, die von dem Mord in dem Kloster gehört hatten und Rache für die Entweihung der Kirche forderten. Man zog die flüchtigen Mittäter aus den Verstecken heraus und sie wurden auf grausame Weise erschlagen.

Schon während ihres Aufenthaltes am Hof des Königs Guntram bereitete es Fredegunde großen Kummer, dass sie ihren politischen Einfluss teilweise verloren hatte und ihre Rivalin Brunichilde nun mächtiger war als sie. Deshalb schickte sie einen Geistlichen zu Brunichilde, der ihr Vertrauen gewinnen und sie dann töten sollte. Bei seiner Ankunft am Hof der Königin in Austrien gab er vor, vor Fredegunde flüchten zu müssen und bat sie um ihren Schutz. Durch seinen Diensteifer und seine Beflissenheit gewann er die Gunst von Brunichilde. Doch bald wurde er als Spion und von Fredegunde beauftragter Mörder enttarnt. Man fesselte und folterte ihn, bis er den Plan verraten hatte, und schickte ihn zu Fredegunde zurück. Als sie erfuhr, dass er den Mordanschlag nicht ausführen konnte und obendrein noch enttarnt worden war, ließ sie ihm zur Strafe Hände und Füße abschlagen.

Nachdem der Mordanschlag auf Brunichilde fehlgeschlagen war, versuchte sie deren Sohn Childebert umzubringen, der nicht nur hartnäckig ihre Auslieferung verlangte, sondern auch ihrem Königreich Gebiete weggenommen hatte. Dies war sehr schwierig, weil ein Schreiben des spanischen Königs Leuvigild, dem Nachfolger von Athanagild, aufgetaucht war, in dem er Fredegunde bat: „Schafft Childebert und seine Mutter Brunichilde schnell beiseite und macht dann Frieden mit dem König Guntram." Der König Guntram beabsichtigte nämlich, gegen Spanien Krieg zu führen und wollte diejenigen Gebiete des spanischen Königs, die auf der französischen Seite der Pyrenäen lagen, seinem Königreich Burgund einverleiben.

Für den Mordanschlag auf Childebert ließ Fredegunde zwei Dolche anfertigen, die in Vertiefungen ein tödliches Gift enthielten. Falls Childebert den Dolchstoß überlebte, sollte er wenigstens an dem Gift zugrunde gehen. Diese Dolche übergab sie zwei Geistlichen mit den Worten: „Eilt so schnell wie möglich zu dem König Childebert. Tut so, als ob ihr Bettler wärt und um eine milde Gabe bitten würdet. Dann durchbohrt ihn plötzlich, damit meine Rivalin Brunichilde ihre Macht verliert. Falls der junge König aber scharf bewacht wird, versucht auf alle Fälle seine Mutter Brunichilde zu ermorden. Wenn ihr bei diesem Anschlag euer Leben verliert, werde ich eure Angehörigen reichlich durch Geschenke belohnen." Beim Abschied gab sie den beiden Männern noch einen Zaubertrunk, den ihr eine Zauberin zubereiten musste. Diese Frau war wegen ihrer Taten im ganzen Königreich bekannt. Der Bischof von Verdun hatte sie wegen ihrer Zauberkunst suchen lassen und einen Exorzismus an ihr vorgenommen. Als sich alle Versuche, die Dämonen bei ihr auszutreiben, als erfolglos erwiesen, schickte er sie fort und sie kam bei der Königin Fredegunde unter. Einen kleinen Schluck von diesem Trunk mussten die Geistlichen nun mitnehmen, damit sie am Tag des Mordanschlages genügend Mut hätten. Aber auf dem Weg zu Childebert wurden sie in Soissons gefangenen genommen und gestanden den Plan. Nach einigen Tagen sandte Fredegunde einen Mann aus, der Erkundigungen anstellen sollte, ob der Mord erfolgreich ausgeführt worden sei. Als er erfuhr, dass zwei Geistliche den Plan des Anschlags gestanden hätten und deshalb im Kerker säßen, versuchte dieser Spion, mit den beiden in Kontakt zu treten. Man nahm ihn aber fest und sandte ihn mit den beiden angeheuerten Mördern zu Childebert, dem sie ihren Mordauftrag offenbarten. Sie wurden grausam gefoltert, man schnitt ihnen Hände und Nasen ab, dann wurde sie hingerichtet.

Aber Fredegunde verfolgte weiter hartnäckig ihr Ziel. Eines Tages, als der König Childebert sich im Elsass aufhielt und eine Kirche besuchte, bemerkten seine Bewacher einen unbekannten Mann in seiner Nähe. Obwohl dieser vorgab, zur Gefolgschaft des Königs zu gehören, schleppten ihn die Leibwächter ins Freie und verhörten ihn. Er gestand, dass er einer von zwölf Männern sei, die von Fredegunde ausgesandt worden seien, um den König zu töten. Sechs von ihnen seien schon in dessen unmittelbarer Nähe. Doch er habe keinen Mut mehr, die Tat auszuführen, seitdem er dem König im Betsaal begegnet sei. Um die Namen der Mitverschwörer zu erfahren, unterzog man ihn einer schweren Folter. Einige der Beteiligten konnte man aufgrund dieses Geständnisses an verschiedenen Orten im Elsass aufgreifen. Man warf sie in den Kerker und folterte sie grausam, indem man ihnen Körperglieder abschnitt und sie zum Gespött der Menschen wieder freiließ. Andere Eingekerkerte zogen es vor, Selbstmord zu begehen, als diese unmenschlichen Torturen erdulden zu müssen.

Immer häufiger kamen Würdenträger aus dem Reich Fredegundes zu Guntram und beschwerten sich über die Amtsführung und Maßnahmen der Königin. Ein Opfer der Machtgier der Königin war der Herzog Beppolen, der von Guntram die Gewalt über zahlreiche Städte erhalten hatte, die zum Machtbereich der Königin und ihres Sohnes Chlothar gehörten. Diese Maßnahmen Guntrams führten dazu, dass sich allmählich das freundschaftliche Verhältnis abkühlte und ernste Spannungen zwischen den beiden Herrschern entstanden. Um weitere Einschränkungen ihrer Macht zu unterbinden, fasste Fredegunde schließlich den Plan, König Guntram zu ermorden. Im Namen ihres Sohnes schickte sie Gesandte mit einem Auftrag zu Guntram, die sich nach Erledigung ihres Auftrages unter einem Vorwand länger in ihrer Herberge aufhielten. Als sich der König am nächsten Morgen zur Frühmesse begab, lag ein

Mann in der Ecke der Kirche, der scheinbar dem Wein zu sehr zugesprochen hatte und eingeschlafen war. Da er bewaffnet war, schöpfte der König Verdacht und ließ ihn von seinen Begleitern überwältigen. Unter der Folter gestand er schließlich, er sei von den Gesandten Fredegundes beauftragt worden, den König zu ermorden. Sofort wurden die Gesandten herbeigeholt und ebenfalls befragt. Da sie hartnäckig die Beschuldigungen des Mannes zurückwiesen, verurteilte Guntram sie zur Verbannung an verschiedene Orte seines Reiches. Der angeheuerte Mörder aber wurde in den Kerker geworfen. Am Hofe des Königs galt es als erwiesen, dass Fredegunde Guntram hatte heimtückisch ermorden lassen wollen.

Nach diesen fehlgeschlagenen Mordanschlägen gegen hochgestellte Persönlichkeiten der benachbarten Königreiche gelang es ihr, den Bischof Prätextatus, einen ihrer gefährlichsten Gegner, zu töten. Prätextatus, der Bischof in Rouen war, hatte sich schon den Hass des Königs Chilperich zugezogen, weil der seinen Sohn Merovech mit Brunichilde vermählt hatte. Als Chilperich zudem noch gemeldet wurde, dieser Bischof versuche die Bevölkerung von Rouen gegen ihn aufzuhetzen und hätte auch Brunichildes Schätze in Verwahrung, stellte er ihn unter Hausarrest, bis ein bischöfliches Gericht über sein Verhalten geurteilt hätte. Als diese Versammlung der Bischöfe in Paris stattfand, warf Chilperich Prätextatus vor, er habe durch die Vermählung seines Sohnes mit Brunichilde gegen die Kirchengesetze verstoßen, weil beide miteinander verwandt seien. Es kam zu einem heftigen Wortwechsel zwischen den beiden Gegnern, bis sich der Bischof schließlich zu Boden warf und rief: „Ich habe gesündigt im Himmel und vor dir, gnädigster König. Ein ruchloser Mörder bin ich, ich wollte dich töten und deinen Sohn auf den Thron erheben."

Bei diesen Worten warf sich der König vor den Bischöfen nieder und sprach: „Ihr frommen Bischöfe, hört, wie dieser Mörder sein Verbrechen bekennt!" Daraufhin wurde Prätextatus vor den Augen der Bischöfe von den Wachen des Königs ergriffen und in ein Gefängnis gebracht. Als er zu fliehen versuchte, wurde er gefoltert und auf die Insel Jersey verbannt. Nach dem Tod des Königs Chilperich wurde er von den Einwohnern von Rouen aus der Verbannung zurückgerufen. Sofort ging er nach Paris, wo sich gerade der König Guntram aufhielt, und verlangte von ihm, dass die damalige Verbannung genau untersucht würde. Fredegunde nämlich widersetzte sich heftig seiner Wiedereinsetzung, weil seine Verurteilung von über 45 Bischöfen gebilligt worden war. Es kam schließlich zu einer Einigung, dass die Verbannung nur eine Bestrafung für Fehlentscheidungen des Bischofs gewesen, ihm aber keinesfalls die bischöfliche Würde entzogen worden sei. Fredegunde musste sich zwar der Entscheidung Guntrams beugen, aber sie sann auf Rache, weil dieser Bischof eine Gefahr für ihre Regentschaft war. Sie sprach in seiner Heimatstadt Rouen öffentlich die Drohung aus, es werde bald die Zeit kommen, wo er wieder in die Verbannung verschwinden würde. Der Streit eskalierte, als der Bischof ihr prophezeite, sie werde bald die königliche Macht verlieren. Noch im selben Jahr befahl Fredegunde, den verhassten Mann zu ermorden. Als Prätextatus bei einer Messe niederkniete, stach ihn ein mit seiner Ermordung Beauftragter mit einem Dolch nieder. Man brachte den schwer verletzten Bischof in sein Gemach, wo ihn Fredegunde besuchte und heuchlerisch sagte: „Wer dies dir, oh Bischof, angetan hat, der wird seine gebührende Strafe erhalten!" Darauf erwiderte der Bischof: „Das war derjenige, der Chilperich und viele andere Menschen ermorden ließ." Als sie ihm ihre Ärzte anbot, sagte er: „Ich werde jetzt sterben, aber du wirst verflucht sein, von der so viele Verbrechen ausgingen. Gott wird mich rächen."

Zu seiner Beerdigung kamen viele Bischöfe und Würdenträger der Franken. Einer von ihnen sagte zu Fredegunde: „Du hast eine große Blutschuld auf dich geladen, weil du einen Gottesmann ermorden ließt. Wir werden deine Absetzung betreiben, damit du keine weiteren Verbrechen verüben kannst." Mit diesen Worten verließ er die Königin. Sie ließ ihn zurückholen und bat ihn, an ihrer Tafel Platz zu nehmen. Nachdem er einen Becher Wein getrunken hatte, der vergiftet war, wurde es ihm schwarz vor den Augen. Mit seinen letzten Kräften rief er seine Gefolgsleute herbei und versuchte zu fliehen. Aber schon nach er einigen hundert Metern endete die Flucht, und er starb.

Diese beiden Morde versetzten die Bevölkerung von Rouen in große Unruhe. Die Bischöfe verständigten sich untereinander, dass Nachforschungen nach dem Urheber angestellt werden sollten. Man ergriff einige Männer, folterte sie und zwang sie zu gestehen, dass diese Morde im Auftrag der Königin geschehen seien. Da Fredegunde diese Vorwürfe aber heftig zurückwies, konnte sie nicht zur Verantwortung gezogen werden. Selbst der mit der Untersuchung beauftragte Bischof Leudovald wäre fast einem Anschlag zum Opfer gefallen, als er die Untersuchungen dennoch weiter fortsetzte. Nachdem man diese Angelegenheit und vor allem den Tatverdacht gegen die Königin Guntram vorgetragen hatte, sandte er eine Delegation von drei Bischöfen zu ihrem Sohn Chlothar. Sie hatten den Auftrag, zusammen mit den Erziehern des jungen Königs den Mörder zu finden und an den Hof des Königs Guntram zu bringen. Die Bischöfe stießen jedoch auf heftige Ablehnung, weil Chlothar und seine Berater dies als eine Einmischung in ihre Rechte ansahen. Sie schickten die Bischöfen fort mit den Worten, sie würden den Schuldigen seiner verdienten Strafe zuführen. Die Bischöfe aber sprachen die Drohung aus, dass ihr König mit seinem Heer persönlich erscheinen würde, wenn der Täter nicht ausgeliefert würde.

Als 595 der König Childebert von Austrien starb und sein Sohn Theodebert die Nachfolge antrat, besiegte Fredegunde sein Heer in der Schlacht von Laffaux und drang bis nach Paris vor. Zwei Jahre später erlag diese unheimliche Frau einer tödlichen Krankheit. Ihr Sohn Chlothar II. vereinigte die drei Teile des Frankenreiches zu einem einzigen mächtigen Reich.

KAPITEL 7

Katharina von Medici –
Die Schlächterin der Protestanten

Katharina von Medici, die 1519 geboren wurde, war schon wenige Tage nach ihrer Geburt eine Waise, weil ihre Mutter und ihr Vater, das Regierungsoberhaupt der Republik Florenz, in kurzem Abstand nacheinander starben. Zwei Päpste erzogen diese Waise, um deren Hand sich bald die mächtigsten Männer, entweder für sich selbst oder für ihre Söhne, bewarben. Franz I., der König von Frankreich, nutzte seine guten Kontakte nach Italien, und so erhielt sein Sohn, der spätere König Heinrich II., Katharina von Medici zur Frau.

Das erste Jahrzehnt ihres Lebens in Frankreich stand unter einem schlechten Vorzeichen, denn die junge Königin musste auf den Kindersegen verzichten. Darüber hinaus musste die kinderlose Königin zusehen, wie sich ihr Mann eine ältere Geliebte, Diane de Poitiers, nahm, ihr den Herzogstitel verlieh und ein prunkvoll ausgestattetes Schloss schenkte. In dieser verzweifelten Lage erinnerte sich Katharina an die geheimen Künste ihres Heimatlandes Italien. Sie ließ einen berüchtigten Schwarzkünstler und Astrologen aus Florenz holen, der unter dem Namen Lucca Gaurico bekannt war. Unter Anleitung dieses Zauberers und Satanisten soll sie einen Pakt mit dem Teufel geschlossen haben. Gaurico stellte ihr die Bedingung, dass er bei dem Ritual mit ihr ganz allein im Zimmer sein müsse. Er warnte sie vor der Gefahr, dass sie sich durch die entsetzlichen Dinge, die sie sehen würde, zu Tode erschrecken könne. Sie dürfe kein Wort reden und auch nicht den leisesten Ton von sich geben, damit sie ihr Leben nicht gefährde. Falls sie aus Furcht davonliefe, wäre es nicht unwahrscheinlich, dass die bösen Geister sie in Stücke zerreißen würden. Diese Warnungen konnten aber die Königin von ihrem Vorhaben nicht abhalten. Man vereinbarte, dass diese schwarzmagische Zeremonie bei Nacht in einem Zimmer des Königsschlosses Louvre stattfinden sollte. Zur vereinbarten Stunde fand sich die Königin ein, die nur von ihrem Hofmeister und ihrer Kammerzofe begleitet wurde. Da die beiden Bediensteten von der Zeremonie nichts erfahren sollten, mussten sie sich in einem angrenzenden Raum aufhalten. Der Schwarzkünstler zeichnete mitten im Saal einen Kreis auf den Boden und begann dann mit Beschwörungen in unbekannten barbarisch klingenden Worten, bis der ganze Raum von seinem Lärm erfüllt war. Dieses geheimnisvolle Ritual wurde noch unzählige Male wiederholt, bis die Ärzte des Königs eines Tages feststellten, dass die Königin nach der fast zehnjährigen Zeit des Wartens schwanger war. In rascher Folge brachte sie zehn Kinder zur Welt. Der französische König musste sich nun über die Zukunft seines Thrones keine Sorgen mehr machen, weil mit seinen Söhnen Franz, Karl und Heinrich drei Thronfolger bereitstanden.

Dieses persönliche Glück stärkte Katharinas Stellung am Hof, und es gelang ihr, die Nebenbuhlerin Diane de Poitiers allmählich zurückzudrängen. Bei Abwesenheit ihres Gatten nahm sie am Kronrat teil und beschäftigte sich intensiv mit der Außenpolitik und mit Verwaltungsfragen, so dass sie mit der Zeit immer selbstbewusster auftrat und Schritt für Schritt ihre Karriere als Herrscherin aufbaute.

Die geheimen nächtlichen Sitzungen mit dem italienischen Schwarzkünstler führte Katharina fort. Bei einer dieser Sitzungen, die in einsamen Schlössern und Burgen bei Paris stattfanden, wurde ein Thron sichtbar, auf dem nacheinander ihr Gemahl und ihre drei Söhne Platz nahmen. Kaum hatte sich der König auf dem Thron niedergelassen, fiel er herunter. Der Schwarzkünstler erklärte der verängstigten Königin, dies sei ein Zeichen dafür, dass ihr Mann eines unnatürlichen Todes sterben würde. Auch könne man aus der Dauer, wie lange eine Person auf dem Thron sitze, die Länge seiner Regierungszeit erkennen. Ihr Sohn Franz saß nach seinem Vater nur einen kurzen Augenblick auf dem Thron, ehe er verschwand, während ihre Söhne Karl und Heinrich eine längere Zeit auf dem Thron blieben.

Dieser nächtliche Spuk sollte sich bald bewahrheiten. Bei einem Fest, das anlässlich der Hochzeit der Schwester des Königs veranstaltet wurde, fanden auch Turnierspiele statt. Heinrich II. stieß erfolgreich alle seine Gegner mit der Lanze vom Pferd, bis auf seinen letzten Gegner, den Hauptmann Montgomery, der die königliche Leibgarde befehligte. Beim Zusammenstoß zersplitterte die Lanze des Hauptmanns, und ein Splitter drang durch das offene Visier in das Auge des Königs. Alle Rettungsversuche des Leibarztes waren umsonst, da das Gehirn des Königs schwere Verletzungen davongetragen hatte.

Da sein Nachfolger, der 15-jährige Franz II., von Natur aus schwächlich und den Regierungsaufgaben kaum gewachsen war, musste die machthungrige Katharina nicht mehr aus dem Hintergrund durch Intrigen in die Politik eingreifen, sondern konnte als Regentin die Geschicke ihres Landes allein bestimmen oder zumindest entscheidend beeinflussen. Ihre Macht vergrößerte sich noch, als Franz II. bereits nach anderthalb Jahren starb und sein erst zehnjähriger Bruder Karl zum Nachfolger ernannt wurde. Wegen der gesundheitlichen Probleme, unter denen Franz zeitlebens gelitten hatte, hatte Katharina bereits von langer Hand alles vorbereitet, um als Vormund für seinen Bruder und Nachfolger die Regierungsgeschäfte zu führen. Dreißig Jahre lang sollte sie eine entscheidende Rolle in der Politik des Landes spielen. Die Machtübernahme durch Katharina und ihr Verhältnis zu dem neuen König, Karl IX., wird auf zeitgenössischen Bildern sehr gut dargestellt: Meist steht sie, ganz in Schwarz gekleidet, hinter ihrem Sohn und legt ihren Arm auf dessen Schulter.

Von ihren politischen Gegnern wurde Katharina oft als ein „Blutweib" bezeichnet, dessen Charakter durch Stolz, Rachsucht, Fanatismus und Mordlust geprägt sei. Sie war sehr leidenschaftlich und von lüsternem Wesen und fand auch Gefallen daran, wenn sich Mädchen und Frauen in ihrer Gegenwart entkleideten, denen sie dann mit der flachen Hand auf die Hinterbacken schlug. Wenn sich eine ihrer Zofen etwas hatte zuschulden kommen lassen, wurde sie von Katharina durch Schläge mit der Rute bestraft, und mit großem Vergnügen beobachtete sie deren Zucken und die Striemen auf dem Gesäß. Oft musste eine Kammerzofe einfach ihr Kleid hochheben und erhielt dann von der Königin eine bestimmte Zahl von Schlägen, je nachdem, ob diese das Mädchen zum Lachen oder zum Weinen bringen wollte. Danach war sie so erregt, dass sie ihre Begierden von irgendeinem Mann befriedigen ließ. Ein Chronist berichtet, sie habe einst zum Vergnügen in der Gegenwart der Herzogin von Anjou eine Reihe von Dienern auspeitschen lassen. Dabei habe man auf Seiten der Diener viel Geschrei, aber bei den Zuschauerinnen sehr viel Gelächter gehört. Obwohl Auspeitschungen am Hof fast täglich stattfanden, um die Disziplin unter dem Dienstpersonal aufrecht zu erhalten, versäumte sie es selten, mit ihren Hofdamen an den Züchtigungen teilzunehmen.

Katharina lieferte schon bald einen Beweis für ihre Neigung zur Brutalität. Als eine Verschwörung der Protestanten gegen die Katholiken, in deren Händen die Macht in Frankreich lag, aufgedeckt wurde, fand die Hinrichtung der Verschwörer im Hof des königlichen Schlosses statt. Ihre Söhne und Töchter mussten zusehen, wie die Verschwörer an den Zinnen aufgehängt wurden, nachdem man sie vorher grausam gefoltert hatte. Katharina war der Meinung, künftige Herrscher müssten sich an den Anblick von Blut gewöhnen. Deshalb war sie sehr erbost, als eine der kleinen Töchter vor dem grauenhaften Anblick die Augen verschloss. Die Prinzen mussten auf ihren Befehl hin auch bei der Ertränkung von zwanzig dieser Verschwörer zusehen. Die Opfer wurden in zugeschnürten Säcken in die Loire geworfen. Ihren Sohn Karl hatte Katharina schon früh an den Anblick von Tierblut gewöhnt, so dass er die Angewohnheit entwickelte, willkürlich Tieren, die ihm über den Weg liefen, den Kopf abzuschlagen.

In dem von Glaubensgegensätzen gespaltenen Frankreich machte Katharina zaghafte Versuche, die verfeindeten Parteien zu versöhnen und ihrem Land Ruhe zu verschaffen. Aber sie merkte bald, dass sie ihre Macht uneingeschränkter ausüben konnte, wenn sie die religiösen Parteien gegeneinander ausspielte. Die Partei der Guisen, die wegen ihrer streng katholischen Haltung enge Kontakte zum spanischen Königshaus unterhielt, wurde politisch von den Protestanten unter Führung des Admirals Coligny in Schach gehalten.

Die Spaltung der französischen Nation in zwei große Gruppen blieb auf die Dauer nicht ohne Folgen für das Königshaus. Der König Karl IX. sympathisierte insgeheim mit dem Protestantismus und war sogar bereit, die katholischen Religionsvorschriften aufzugeben. Diese weniger religiöse, sondern politische Neigung des Königs wurde noch durch einen familiären Konflikt verstärkt. Seine Mutter, die ihn fest unter ihrer Kontrolle hatte und in jeder Hinsicht bevormundete, bevorzugte seinen um ein Jahr jüngeren Bruder Heinrich. Bei jeder sich bietenden Gelegenheit war sie darauf bedacht, ihren Liebling Heinrich in den Mittelpunkt zu stellen. So wurde Heinrich das Recht eingeräumt, seinem Bruder Karl bei dessen Krönung die Krone aufs Haupt zu setzen. Diese Sympathie der Mutter für ihr „Herzenskind", wie Heinrich von der Königin genannt wurde, erzeugte zwischen den beiden Brüdern solche Rivalitäten und Streitereien, dass ihre Umgebung nur mit großer Mühe eine Auseinandersetzung mit Waffen verhindern konnte.

Nach drei Religionskriegen erhielten die Protestanten im Edikt von Nantes im Jahre 1598 die Religionsfreiheit, die Zulassung zu Staatsämtern und als Zufluchtsort im Notfall vier Festungen. Nach dem Friedensschluss mit den Protestanten räumte Katharina deren Anführer Admiral Coligny einen Platz im Kronrat ein. Bald schon gelang es ihm, das Vertrauen und die Zuneigung des jungen Königs zu gewinnen. Karl IX. fühlte sich zu diesem Berufssoldaten hingezogen, weil Karl neidvoll auf die Erfolge seines jüngeren Bruders Heinrich blickte, der als Oberbefehlshaber der Armee große Siege errang. Die Diplomaten am französischen Hof beobachteten mit Sorge, dass der französische König ständig vom Krieg sprach und den Kontakt zum Militär suchte. Man gewann allmählich den Eindruck, er liebe den Krieg. Coligny, vom König als sein „Vater" bezeichnet, sah die Gelegenheit, die Position der Protestanten zu festigen, wenn es ihm gelänge, diesen geheimen Wunsch des Königs in die Tat umzusetzen. Als Gegner für die französische Armee bot sich das katholische Spanien an. Die Nachrichten von der Ermordung französischer Kolonisten in Florida durch Spanier hatte die Stimmung gegen Spanien so aufgeheizt, dass Karl überall mit Beifall für eine solche Entscheidung hätte rechnen können.

Diese geheimen Pläne Colignys deckten sich mit den Absichten Katharinas, die Rivalität zwischen Protestanten und Katholiken durch eine Heirat ihrer Tochter Margarethe mit dem Bourbonen Heinrich von Navarra voranzutreiben. Die Bourbonen nämlich hatten inzwischen die Führung der protestantischen Partei in Frankreich übernommen. Katharina misstraute diesem Adelsgeschlecht, und nur aus politischen Gründen stimmte sie dieser Ehe ihrer Tochter zu. Als sie erfuhr, dass ihre Tochter lieber den Herzog Heinrich von Guise heiraten wollte, geriet sie so in Wut, dass sie plante, den Herzog ermorden zu lassen. Bis in alle Einzelheiten wurde der Plan eines Mordanschlags bei einem Jagdausflug ausgearbeitet. Nur eine schnelle Verheiratung mit der Prinzessin von Porcien rettete das Leben des Herzogs. Insgeheim hoffte Katharina, Heinrich von Navarra, ihren künftigen Schwiegersohn, so durch das Pariser Hofleben verderben zu können, dass er sich, wie der König, ganz ihren Entscheidungen unterwerfen und sie dabei unterstützen würde, die Partei der Protestanten allmählich zu entmachten.

Der Beginn der Hochzeitsfeierlichkeiten wurde auf den 18. August 1572 festgelegt. Einige Monate vor der geplanten Hochzeit jedoch ereignete sich in Paris ein Vorfall, der von den Beobachtern des französischen Hofes, besonders den ausländischen Diplomaten, als böses Vorzeichen gedeutet wurde und zu wilden Gerüchten und Spekulationen führte. Die Mutter Heinrichs von Navarra hatte sich mit einem großen Gefolge nach Paris begeben, um dort Schmuck und Kleinodien für die Hochzeit einzukaufen. Dort erkrankte sie plötzlich so schwer, dass sie nach fünf Tagen starb. Sie soll bei einem Italiener ein Paar Handschuhe gekauft haben, die mit Gift getränkt waren. Der König sah sich deshalb genötigt, eine Obduktion ihrer Leiche anzuordnen. Aber die Ärzte fanden keine Hinweise auf einen Giftanschlag. Es war aber ein offenes Geheimnis, dass die Mutter des Bräutigams nach der Unterzeichnung des Ehevertrages ihrem Sohn geraten habe, nach der Hochzeit Paris sofort zu verlassen, weil der Pariser Hof eine völlig verdorbene Gesellschaft sei. Besonders aber war sie von Katharina abgestoßen, deren Brutalität, Bosheit und Rücksichtslosigkeit sie Schlimmes ahnen ließ.

Der Admiral Coligny nahm regelmäßig an den Sitzungen des Kronrates teil. Als er bei einer Begegnung mit dem König vor ihm auf die Knie gesunken war, hob ihn Karl IX. auf und zog ihn an seine Brust mit den Worten: „Nun habe ich Sie, mein Vater! Sie sollen uns nicht mehr entweichen, wenn Sie es auch wollen. Das ist der glücklichste Tag meines Lebens." Die beiden saßen bis in die Nacht zusammen und diskutierten den Plan, Krieg gegen Spanien zu führen. Das geheime Einverständnis über die Politik gegen das katholische Spanien musste auch im Kronrat diskutiert werden, an dessen Sitzungen selbstverständlich auch Katharina teilnahm. Der Admiral verteidigte dort seinen Plan zwar mit großer Überzeugung, aber er musste die Erfahrung machen, dass der König in Gegenwart seiner Mutter ein Schwächling war, der nicht den Mut hatte, ihm beizupflichten. Der Kronrat lehnte deshalb die Kriegspläne Colignys ab.

Schon Colignys Versuche, das Vertrauen ihres Sohnes zu gewinnen und vielleicht ihren Platz einzunehmen, reichten für Katharina aus, an die Beseitigung des verhassten Protestanten zu denken. Von der Loyalität des Admirals war sie nie überzeugt, denn sie hatte zu gut in Erinnerung, dass er noch zu Lebzeiten ihres Mannes, als Coligny noch auf der Seite des politischen Gegners stand, geplant hatte, sie zu überfallen und gefangen zu nehmen. Ihr Argwohn, dass sie ihre Macht durch politische Intrigen verlieren oder vielleicht noch einmal Opfer eines solchen Anschlages werden könnte, stellte sie und ihre engen Vertrauten vor die Entscheidung: Katharina oder Coligny.

In ihrem Entschluss, den verhassten Admiral durch einen Mordanschlag beseitigen zu lassen, wurde sie auch dadurch bestärkt, dass die Witwe des Herzogs Franz von Guise sie nach der Ermordung ihres Mannes durch die Protestanten um Rächung der Tat gebeten hatte. Bei der Belagerung von Orléans war Franz von Guise durch eine vergiftete Kugel der Protestanten getötet worden. Die Frauen verband zudem, dass sie beide italienischer Herkunft waren. Katharina gab nun dem Drängen ihrer Freundin nach, auch in dem Bewusstsein, dass man die Ermordung Colignys leicht als Tat der Partei der Katholiken auslegen konnte. Katharina traf sich im Geheimen mit der Witwe des Herzogs, um einen Mordplan zu entwickeln. Der Vorschlag der Witwe, den Admiral bei einer Gesellschaft am Hof erschießen zu lassen, wurde von Katharina abgelehnt. Man einigte sich schließlich, die Tat von einem professionellen Mörder namens Maurevel ausführen zu lassen. Drei Tage lang wartete der angeheuerte Attentäter in einem Haus, das der Admiral Coligny passieren musste. Am Vormittag des 22. August bot sich schließlich die Gelegenheit, als Coligny aus dem Louvre in sein Hotel zurückkehrte und an dem betreffenden Haus vorbeiging. Die Kugel aus der Waffe Maurevels traf Coligny zwar, aber sie verletzte ihn nicht tödlich. Obwohl die Kugel ihm den Zeigefinger der rechten Hand weggerissen hatte und in den linken Oberarm eingedrungen war, behielt er die Fassung und nahm mit seinen Begleitern die Verfolgung des Schützen auf. Doch dieser konnte in letzter Sekunde zu Pferd entkommen. Sofort schickte Coligny Boten zum König und informierte ihn über den Anschlag. Bestürzt über diese Tat soll Karl IX. ausgerufen haben: „Werde ich niemals Ruhe haben? Was? Immer neue Unruhen!" Sofort verdächtigte er die Partei der Katholiken, diesen Mordanschlag verübt zu haben.

In Paris kursierten Gerüchte, dass Katharina die Auftraggeberin sei. Die unheimlichen Gerüchte, die seit Juli die Pariser Bevölkerung in Angst versetzten, als 800 Anhänger des Königs von Navarra durch die Straßen von Paris marschierten, schienen sich zu bewahrheiten. Am Tag der Hochzeit, so hieß es nämlich, würden die Uniformen der männlichen Gäste aus Navarra blutrot sein, und es würde mehr Blut als Wein bei der Hochzeit fließen.

Die Vertrauten und Ratgeber rieten dem Admiral, Paris sofort zu verlassen, um sein Leben zu retten. Aber Coligny antwortete: „Ich will mich lieber durch die Straßen von Paris schleppen lassen, als einen neuen Bürgerkrieg zu entfachen!" Hätte er Paris verlassen, wäre das als Wechsel der Fronten gedeutet worden. Als die Aufregung über den Anschlag in Paris immer größer wurde, schlugen die Ratgeber des Admirals vor, sich in eine der Vorstädte zurückzuziehen. Doch Coligny widersprach, weil ihm seine Wunden eine solche Reise nicht gestatteten. Auch sagte er, er könne sich völlig auf den König verlassen, an dessen Zuverlässigkeit und Wort, für die Sicherheit der Protestanten zu sorgen, er nicht im Geringsten zweifle. Der König nämlich ließ sich nicht nur ständig über sein Befinden informieren, sondern besuchte ihn sogar in Begleitung seiner Mutter. Karl war entschlossen, die Schuldigen zu finden und sie hart zu bestrafen. Dem Admiral versicherte er, Europa habe keinen größeren Staatsmann als ihn und er wage gar nicht an die zukünftigen Siege zu denken, die von ihm, dem größten Feldherrn Frankreichs, errungen werden würden.

Inzwischen überstürzten sich die Ereignisse. Auf den Zusammenkünften der vielen anlässlich der Hochzeit in Paris anwesenden Protestanten wurden immer häufiger Rufe nach Rache laut. Als Drahtzieher der Tat wurden Katharina und ihr jüngster Sohn Heinrich genannt. Man verlangte, dass diese beiden aus der Umgebung des Königs entfernt würden. Katharina geriet in Furcht, weil ihr darüber hinaus ihre Spitzel hinterbrachten, was nach dem Anschlag zwischen dem König und Coligny gesprochen wurde. Coligny soll den König vor der Herrschsucht seiner Mutter gewarnt und ihn aufgefordert haben, jetzt endgültig allein zu regieren und die Regierungsgeschäfte nach seinem Willen zu führen. Katharina rief noch am selben Tag ihre Vertrauten zu einer geheimen Beratung zusammen. Man war sich einig, dass die Unruhe unter den Protestanten sehr gefährlich und der Einfluss Colignys unerträglich sei. Der Mordanschlag habe jedoch gezeigt, dass man es bei der Ermordung dieses führenden Protestanten nicht belassen dürfe. Wenn er getötet würde, wäre ein allgemeiner Aufstand der Protestanten unvermeidlich. Es böte sich jetzt die einmalige Gelegenheit, sich auf einen Schlag aller führenden Köpfe der Protestanten zu entledigen, weil sie sich anlässlich der Hochzeit in Paris aufhielten.

Dieser Plan fand die Zustimmung der Vertrauten Katharinas. Man einigte sich auch, dass außer Heinrich von Navarra noch einige wenige Personen, deren Ermordung man vor dem Ausland nicht verantworten konnte, am Leben bleiben sollten. Es fehlte nur noch die Zustimmung des Königs Karl IX. zu diesem Massenmord an den französischen Protestanten.

Die wichtigsten Teilnehmer der Beratung begaben sich zusammen mit Katharina und ihrem Sohn Heinrich noch am selben Abend zum König, dessen wichtigstes Anliegen es war, die Schuldigen an der versuchten Ermordung seines Freundes ausfindig zu machen. Dem ahnungslosen König wurde mitgeteilt, dass nicht fanatische Katholiken den Admiral zu ermorden versucht hatten, sondern der Befehl zu diesem Attentat von seiner Mutter und seinem Bruder Heinrich erteilt worden war. Man führte dem König das Schreckensbild eines im vollen Aufruhr befindlichen Frankreich vor Augen. Die Katholiken seien über seine Herrschaft empört, weil er unter dem Einfluss eines der wichtigsten Männer des französischen Protestantismus stehe, und man fordere schon offen seine Entthronung, wurde dem König vorgehalten. Die Protestanten aber seien im Begriff, die Macht zu übernehmen und hätten zu diesem Zweck an der Grenze zu Deutschland Söldner zusammengezogen. Seine Mutter drohte ihm sogar, sie würde sich vom Hof zurückziehen, weil sie unmöglich seinem eigenen Verderben zusehen könne. Als Karl noch schwankte, warf sie ihm Feigheit und Unmännlichkeit vor. Sie kannte ihren

Sohn nur zu gut und wusste, dass ihm dieser Vorwurf unerträglich war. Karl konnte sich aufgrund seiner Erziehung seiner Mutter nicht widersetzen und gab seine Einwilligung. Um seine in Frage gestellte Männlichkeit zu beweisen, ordnete er nicht nur die Hinrichtung des Admirals, sondern aller Protestanten in Paris an. Es sollte kein Protestant übrig bleiben, der ihm später eine Schuld vorwerfen könnte.

Nachdem die nächtliche Ratssitzung beendet war, erteilte der Marschall Tavannes die nötigen Befehle. Die Bürgerkompanien sollten beim Ertönen der Sturmglocken die Posten an den Stadttoren und Plätzen beziehen. Alle Katholiken mussten als Erkennungszeichen ein weißes Tuch um den Arm und ein weißes Kreuz auf dem Hut tragen. Das Morden sollte im Louvre seinen Anfang nehmen. Alle Personen der königlichen Familie waren in das Komplott eingeweiht, nur Margarethe hatte man nicht informiert, weil man fürchtete, sie würde ihrem künftigen Ehemann Heinrich von Navarra diesen grausamen Plan verraten. Da man das Leben ihres Bräutigams schonen wollte, befahl man ihm, sich ohne Begleitung in die Gemächer des Königs zu begeben.

Als die Sturmglocken ertönten, begann das Blutbad im Louvre. Alle Protestanten, die sich im Gefolge Heinrichs von Navarra befanden, wurden auf die Gänge des Schlosses und dann in den Hof getrieben, wo man sie brutal ermordete. Dabei spielten sich grauenhafte Szenen ab. Als Heinrich von Navarra das Geschrei, die Hilferufe und den Lärm der Waffen hörte, geriet er in große Aufregung und verlangte vom König eine Erklärung. Er war fassungslos, als er erfuhr, was in diesem Augenblick in Paris geschah. Dann forderte ihn der König nachdrücklich auf, dem Protestantismus abzuschwören, wenn er sein Leben retten wolle. Heinrich von Navarra fügte sich in seiner Todesangst, behielt den katholischen Glauben aber nur bei, solange er sich am königlichen Hof in Paris aufhielt.

Ein Adliger, Gaston Leyran, entkam dem Gemetzel und flüchtete sich blutüberströmt in das Zimmer von Margarethe. Doch die Mörder verfolgten ihn bis ins Zimmer der Königstochter. Nur auf ihr Bitten hin ließen sie dem Schwerverletzten das Leben und duldeten, dass ein Arzt seine Wunden versorgte.

Besonders brutal wurde Coligny ermordet. Ein Trupp von 300 Soldaten unter Führung von Heinrich von Guise machte sich, als das Läuten der Sturmglocken begann, auf den Weg zum Quartier des Admirals. Der Kommandeur der königlichen Schutztruppe, die den verletzten Admiral schützen sollte, machte mit Heinrich von Guise gemeinsame Sache. Man öffnete gewaltsam die Türen und drang in das Zimmer des Verletzten ein. Seine engsten Vertrauten und seine Leibwache versuchten, ihr Leben durch Flucht über das Dach zu retten. Als die Mörder den verlassenen Admiral brutal getötet hatten, ertönten vom Hof aus Rufe, ihn zum Fenster hinauszuwerfen. Heinrich von Guise befahl, ihm zuerst den Kopf abzuschneiden, um ihn Katharina im Louvre zu präsentieren. Dann stürzte sich die Menge auf den Leichnam und riss ihn in Stücke.

In den Straßen von Paris kam es zu einem unbeschreiblichen Blutbad. Aufgehetzt von den Führern der katholischen Partei stürzten sich Männer, Frauen und Kinder, wie es die zeitgenössischen Berichte schildern, auf die echten und vermeintlichen Protestanten oder auf Menschen, die man aus persönlichen Rachegefühlen oder reiner Mordlust umbringen wollte. Bei dieser wilden Treibjagd gab es kein Entrinnen. Der Marschall Tavannes rief lachend aus: „Lasst die Protestanten zur Ader! Die Ärzte sagen, im August sei der Aderlass ein Wundermittel!" Selbst der König, der sich in der nächtlichen Thronratssitzung dem Gemetzel zunächst widersetzt hatte, soll vom Fenster des Louvre aus auf Flüchtende geschossen haben.

In Paris dauerte das Morden drei Tage und griff dann auf die Provinz über. Die Zahl der Toten, die allein in Paris mehr als zweitausend betrug, schätzte man insgesamt auf zwanzig- bis dreißigtausend, weil der königliche Mordbefehl in den größeren Städten wie Lyon, Orléans, Rouen und Toulouse bereitwillig aufgenommen und durchgeführt wurde. Es gab aber auch vereinzelte Proteste. So schrieb der Kommandeur von Bayonne dem König: „Sire, ich habe Euren Befehl der Bevölkerung bekannt gemacht, die lauter gute Bürger sind. Aber ich habe keinen Henker unter ihnen finden können. Ich bitte Sie untertänigst, unser Leben nur zu durchführbaren Unternehmungen, auch wenn sie noch soviel Mut erfordern, einzusetzen." Als Antwort darauf ließ der König ihn und seine Offiziere hinrichten.

Es gibt Berichte, nach denen Katharina zwar im letzten Augenblick den Mordbefehl habe rückgängig machen wollen, als aber die Sturmglocken läuteten und im Louvre das Gemetzel begann, zeigte sie die ganze Brutalität ihres Wesens. In Begleitung ihrer Söhne und des Hofstaates betrachtete sie die Leichen der ermordeten Protestanten, die versucht hatten, aus dem Louvre zu entkommen und von ihren Häschern brutal niedergemetzelt worden waren. Es genügte ihr nicht, dass man ihr den Kopf von Coligny zeigte. Sie ging mit ihrem Hofstaat zum Richtplatz Monfaucon, wo man den verstümmelten Leichnam aufgehängt und in einem Feuer halb geröstet hatte. Der Geruch war so unerträglich, dass man sich die Nase zuhalten musste. König Karl IX., der noch vor wenigen Tagen

Coligny als seinen „Vater" bezeichnet hatte, zitierte den römischen Kaiser Vitellius: „Ein toter Feind riecht immer gut!" Um diese Tat zu rechtfertigen, musste das Pariser Parlament Coligny zum Hochverräter erklären, der geplant habe, die königliche Familie zu ermorden. Nachträglich fand dann Colignys Hinrichtung statt, indem man statt seiner selbst eine Strohpuppe auf dem Richtplatz aufhängte. .

Die Nachrichten von dieser furchtbaren Nacht, die als „Bartholomäusnacht" in die Geschichte einging, wurden in ganz Europa mit großem Entsetzen aufgenommen. Am schlimmsten traf diese Katastrophe den französischen König selbst, der von schrecklichen Gewissensbissen und Alpträumen gequält wurde. Er schreckte nachts auf, holte seine Verwandten und erkundigte sich, ob in Paris alles ruhig sei. Auch sein körperlicher Zustand verschlechterte sich von Tag zu Tag. Immer deutlicher wurden die Zeichen der chronischen Tuberkulose, an der er schon seit Jahren litt. Sein Atem wurde immer schwerer, oft röchelte er nur noch, und ständig spuckte er Blut, so dass jeden Morgen sein Bett von großen Blutflecken bedeckt war.

Da Karl IX. keinen Erben hatte, sorgte sich Katharina, wie sie die französische Krone für ihre Familie retten konnte. Falls Karl starb, stand als Nachfolger der jüngere Bruder Heinrich bereit. Katharina brachte den schwerkranken Karl dazu, dass er seinen Bruder Heinrich auch formell als seinen Nachfolger bestimmte. Selbstverständlich hatte sie Karl auch verfügen lassen, dass notfalls sie selbst übergangsweise die Regentschaft übernehmen sollte.

Man hatte erwartet, Katharina träfe nun alle Vorbereitungen, dass ihr „Herzenskind" Heinrich für den Fall des Todes von Karl IX. sofort als neuer König bereitstehen würde. Merkwürdigerweise entsprach Katharinas Verhalten aber diesen Erwartungen nicht. Vielleicht kamen ihr nach der Bartholomäusnacht Zweifel am Fortbestand eines von den Katholiken geprägten Königtums in Frankreich. Jedenfalls war es für viele Diplomaten eine Sensation, als bekannt wurde, wie hartnäckig sie sich bemühte, ihren Liebling Heinrich auf den polnischen Thron zu bringen. Sie vergrößerte die Zahl der Diplomaten in Polen, deren Aufgabe darin bestand, die Vorzüge ihres Sohnes beim polnischen Adel hervorzuheben. Diese diplomatischen Aktivitäten waren im Jahr 1573 endlich von Erfolg gekrönt. Katharina soll vor Freude geweint haben, als sie von der Wahl ihres Sohnes zum polnischen König erfuhr. Diese Freude war jedoch nicht ganz ungetrübt, weil Heinrich zur Auflage gemacht wurde, sich ständig in Warschau aufzuhalten.

Ein Jahr später schickte sie Eilboten nach Polen, die Heinrich das Ableben seines Bruders mitteilten und ihn aufforderten, sofort nach Frankreich zurückzukehren. Da er feste Verpflichtungen in Polen hatte und fürchtete, der polnische Adel würde ihn zurückhalten, floh er mit wenigen Vertrauten bei Nacht und Nebel aus seinem Königreich. Die erste Station seiner überstürzten Flucht war Österreich, dann reiste er nach Italien, wo er sich eine Zeit lang in Venedig aufhielt und ein ausschweifendes Leben führte. Einen Monat lang erhielt man in Paris von ihm überhaupt keine Nachrichten. Schließlich traf er in Paris ein.

Zwischen Katharina und ihrem Sohn bestand eine klare „Arbeitsteilung": Sie kümmerte sich um die Politik, während Heinrich sich seinen Vergnügungen hingab. Wenn sich seine Minister an ihn wandten, erhielten sie häufig zur Antwort: „Wenden Sie sich doch an meine Mutter; ich nämlich weiß darüber nicht Bescheid!" Um zu verhindern, dass sich ihr Lieblingssohn in eine Frau verlieben und sie ohne Mitsprache seiner Mutter heiraten könnte, wurde von Katharina die Auswahl einer geeigneten Braut und die Vermählung ihres Sohnes auf die Tagesordnung gesetzt. Die Auserwählte war Louise de Vaudemont aus dem Hause Lothringen. Dieses sanfte und devote Mädchen war Katharina als Schwiegertochter gerade recht, da sie sie wie ihren Sohn würde beherrschen können und von ihr nicht den geringsten Widerstand zu befürchten hatte.

Nach der Hochzeit Heinrichs und seiner Krönung im Jahre 1574 herrschte zunächst Ruhe im französischen Königreich, weil eine Finanzkrise, die bis Ende der 80er Jahre dauerte, allen Parteien zu schaffen machte und der chronische Geldmangel die politischen Aktivitäten stark einschränkte. Da Heinrichs Ehe kinderlos blieb, machten sich sowohl Heinrich von Navarra als auch der Führer der katholischen Partei, Heinrich von Guise, Hoffnungen, in ferner Zukunft einmal die Regentschaft in Frankreich zu übernehmen. Besonders die Macht und der Einfluss Heinrichs von Guise wuchs von Tag zu Tag. Er war sehr populär, hatte in Paris eine große Anhängerschaft und wurde von der katholischen Geistlichkeit in jeder Hinsicht unterstützt. Seine politischen Aktivitäten wurden von der spanischen Regierung durch große Geldbeträge unterstützt, die nicht ungern einen Bürgerkrieg zwischen den drei Heinrichen gesehen hätte.

Die sich abzeichnenden Auseinandersetzungen versuchte Katharina nach ihren Wünschen zu steuern. Heinrich III., der bei diesem Ränkespiel eher zu seinem Schwager Heinrich von Navarra neigte, stützte sich zunächst ganz auf seine Mutter und hoffte, sie würde Mittel und Wege finden, den gefährlichen Führer der Katholiken politisch kaltzustellen. Zwar ließ Katharina, die von Gicht und einem Magenleiden gequält wurde, nichts unversucht, um durch geschicktes Verhandeln und Taktieren Heinrich von Guise auf ihre Seite zu ziehen, indem sie ihm Hoffnungen auf ein Regierungsamt machte. Aber 1588 ereignete sich ein Vorfall in Paris, der allen Beobachtern der Ereignisse am Pariser Hof schlagartig zeigte, wie sehr sich die Machtverhältnisse zwischen den drei Männern zugunsten des Führers der Katholiken verschoben hatte. Heinrich von Guise zog, obwohl der französische König ein Verbot erteilt hatte, mit großem Gefolge in die Hauptstadt ein. Als Heinrich III. dies erfuhr und von seiner Mutter gebeten wurde, diesen verhassten Gegner in seinem Palast zu empfangen, tobte er und beriet mit seinen Vertrauten, ob es möglich sei, Heinrich von Guise zu ermorden. Man riet ihm von solchen Plänen ab, weil die Pariser Bevölkerung den Herzog begeistert empfangen habe.

Allein, nur von Katharina begleitet, stattete Heinrich von Guise dem französischen König einen Besuch ab. Doch er verabschiedete sich schnell wieder, um sich nicht länger die Vorwürfe des wütenden Königs anhören zu müssen. Am darauf folgenden Tag führte er dem König dessen Machtlosigkeit vor, indem er mit 400 bewaffneten Adligen zum Königsschloss marschierte. Dieser Marsch wurde von der Pariser Bevölkerung mit den Rufen „Es lebe Guise" begleitet. Als die königliche Garde, 6 000 Mann stark, eine feindliche Haltung einnahm, wurde sie kurzerhand von der Bürgerwehr entwaffnet. Dem König und seiner Mutter war nun klar, dass das Schicksal des französischen Königshauses vom Wohlwollen Heinrichs von Guise abhing, der jederzeit den Louvre hätten besetzen und den König gefangen nehmen können. In dieser schwierigen Lage bewies Katharina noch einmal ihre Kaltblütigkeit und rettete den König vor dem sicheren Untergang. Sie nahm sofort mit Heinrich von Guise Verhandlungen auf und ging auf seine Forderungen ein. Ihm wurde zugestanden, dass er als Generalleutnant des Königreiches die Verwaltung des Kriegswesens und der Finanzen übernimmt. Im Falle des Ablebens des Königs sollte dessen Nachfolger nicht Heinrich von Navarra, sondern der Kardinal von Bourbon sein, der ganz unter seinem Einfluss stand. Als Katharina aber die Meldung erhielt, 15 000 Bürger stünden bereit, um den Louvre von der Rückseite her anzugreifen, riet sie ihrem Sohn, schleunigst zu fliehen, um sein Leben zu retten. Zwar weckte die Flucht des Königs bei dem Herzog Zweifel, ob Katharina ernsthaft eine Vereinbarung mit ihm treffen wolle, aber durch ihre Täuschungskünste brachte sie den Herzog dazu, einen Vertrag zu unterschreiben. Dieser Vertrag sollte auf der Versammlung der Generalstände in Blois am Ende des Jahres endgültig besiegelt werden.

Heinrich III., dem offenbar klar geworden war, dass er nach Unterzeichnung dieses Vertrages durch die Stände Frankreichs nur noch ein Gehilfe von Heinrich von Guise sein würde, veränderte sein Verhalten vollkommen. Unmittelbarer Anlass dazu war auch ein außenpolitisches Ereignis von größter Tragweite. Die spanische Flotte wurde durch einen Sturm vor der französischen Küste so sehr beschädigt, dass 133 Kriegsschiffe entweder sanken oder völlig manövrierunfähig strandeten. Durch diesen schweren Verlust war die Macht Spaniens so geschwächt, dass der spanische König Philipp II. in den nächsten Jahren keine Kriege würde führen können. Damit entfielen auch die reichlichen finanziellen Zuwendungen für Heinrich von Guise, die es ihm ermöglicht hatten, den Machtkampf in Frankreich zu seinen Gunsten zu entscheiden.

Zunächst entmachtete Heinrich seine Mutter Katharina, die ihn 37 Jahre lang unmündig gehalten hatte. Wer von seinen Beratern auch nur im geringsten Verdacht stand, ein Vertrauter seiner Mutter zu sein, wurde entlassen. Sein Entschluss, Heinrich von Guise ermorden zu lassen, stand fest, da sich Heinrich III. nur so die weitere Regentschaft in Frankreich sichern konnte. Der Mordanschlag sollte wenige Tage vor Weihnachten während einer Kronratssitzung stattfinden. Als Attentäter bestimmte der König eine Gruppe von Männern, die als „Die Fünfundvierzig" oder „Gascognische Teufel" bezeichnet wurden. Als Heinrich von Guise am Tag der Sitzung das Schloss betrat und in den Sitzungssaal des Kronrates gehen wollte, stürzten sich diese „Halsabschneider des Königs", wie das Volk sie nannte, auf ihn und erstachen ihn mit zahlreichen Dolchstichen, bevor er auch nur sein Schwert ziehen konnte. Im Sitzungssaal wurden sein Bruder, der Kardinal Guise, und der Kardinal von Bourbon verhaftet, der als Nachfolger Heinrichs III. im Gespräch gewesen war.

Der Mord hatte sich über dem Schlafzimmer der von Krankheit geschwächten Katharina ereignet. Heinrich eilte herunter und berichtete seiner Mutter freudestrahlend von der erfolgreichen Durchführung des Attentats. Überliefert ist folgender Dialog, der daraufhin zwischen Mutter und Sohn geführt wurde:

„Wünschen Sie mir Glück, Madame, ich bin jetzt König von Frankreich! Denn der König von Paris ist tot."

„Wie, mein Sohn, Sie haben den Herzog von Guise ermorden lassen?"

„Ich kam den Schlägen, die mich treffen sollten, nur zuvor!"

„Und was haben Sie mit seinem Bruder, dem Kardinal, und seinem Freund, dem Kardinal von Bourbon, gemacht?"

„Sie sind in Haft, und noch heute Nacht wird über ihr Los entschieden!"

„Oh Gott, ein Kardinal! Welch ein Gewitter wird sich über Ihnen zusammenziehen! Warum haben Sie mir dies alles verschwiegen?"

„Wenn ich es nicht getan habe, so habe ich Sie doch als meine Lehrmeisterin nachgeahmt!"

„Ich bin todkrank und mein Tod ist nahe. Aber ich habe das Gefühl, Sie werden noch vor meinem Ende die Krone verlieren!"

Wenige Tage später nahm sie alle ihr Kraft zusammen und besuchte den Kardinal von Bourbon in seinem Kerker. Er machte ihr schwere Vorwürfe, weil sie Heinrich von Guise in eine Falle gelockt hätte. Nur dreizehn Tage nach dem Mordanschlag verschlimmerte sich ein Lungenleiden, das sie sich zugezogen hatte, und sie starb am 5. Januar 1589. Ihre Ahnungen über das Ende ihres Sohnes erfüllten sich jedoch, denn er starb noch im selben Jahr durch einen Mordanschlag, verübt von einem Dominikanermönch. Vor seinem Tod bestimmte er seinen Schwager, Heinrich von Navarra, als seinen Nachfolger. Seine Ehefrau ließ er zwar nicht umbringen, wie Katharina immer befürchtet hatte, aber er ließ sich von ihr scheiden und heiratete Maria von Medici, eine Frau aus dem Adelsgeschlecht Katharinas.

KAPITEL 8

Bloody Mary – Maria die Blutige

Die englische Königin Maria Tudor (1516–1553) erhielt ihren schrecklichen Beinamen, weil sie sich politische Ziele gesetzt hatte, die sich nur mit Grausamkeit und Unmenschlichkeit erreichen ließen. Bei der Geburt Marias sagte ihr Vater König Heinrich VIII., gleichsam als ob er ihren Lebensweg voraussehen würde: „Bei Gott, dieses Mädchen weint nicht!" Diese hochbegabte, der lateinischen, griechischen, französischen und italienischen Sprache mächtige Königin lebte in einer Zeit, in der durch die Auseinandersetzungen zwischen Katholiken und Protestanten die Menschen die Orientierung verloren und im Namen der von ihnen als richtig angesehenen Religion auch Verbrechen begangen. Marias Anhänger in der englischen Bevölkerung, die nicht sehr zahlreich waren, nannten sie „die Katholische", weil sie mit großem Eifer der katholischen Kirche in England wieder ihre alten Rechte und ihre alte Macht zurückgeben wollte. In ihr floss das Blut der spanischen Könige, die für den christlichen Glauben über Jahrhunderte gegen den Islam gekämpft hatten.

Als ihr Vater Heinrich VIII. mit knapp 18 Jahren den Thron bestieg, folgte er dem letzten Willen seines Vaters und heiratete die spanische Prinzessin Katharina von Aragon, die acht Jahre älter war als er. Sie war bereits mit seinem älteren Bruder Arthur verheiratet gewesen, aber dieser Tudor starb bereits wenige Tage nach seiner Hochzeit. Um seine Schwägerin heiraten zu können, benötigte Heinrich VIII. die Erlaubnis des Papstes. Von den fünf Kindern, die Katharina zur Welt brachte, hatte nur Maria überlebt. Sie verbrachte eine angenehme Kindheit, da ihr Vater sie als den ersehnten Thronerben betrachtete und ihr jeden Wunsch erfüllte. Schon im Alter von zwei Jahren stand sie im Mittelpunkt diplomatischer Verhandlungen. Ihr Vater wollte sie mit dem französischen Thronfolger verheiraten, um auf diese Weise die Freundschaft mit Frankreich zu festigen. Als der erst 19-jährige Karl V., der König von Spanien und deutscher Kaiser war, von der geplanten Verlobung erfuhr, sah er darin eine große Bedrohung für Spanien, da sie die Verbündung seines Erzrivalen Frankreich mit England bedeutet hätte. So hielt Karl V. seinerseits um die Hand von Maria an. Nach monatelangen diplomatischen Verhandlungen wurde Maria 1525 mit dem Kaiser verlobt, womit die geheime Absprache verbunden war, dass zwei Jahre später England an der Seite Karls V. gegen Frankreich in den Krieg zieht. Obwohl Karl V. bald von der Abmachung nichts mehr wissen und sich mit einer portugiesischen Prinzessin verheiraten wollte, empfand Maria ihr ganzes Leben lang eine innige Zuneigung zu dem Kaiser, den sie nur ein einziges Mal als neunjähriges Mädchen gesehen hatte.

Es kam aber noch ein anderes Ereignis hinzu, das Maria spüren ließ, was es bedeutete, nicht mehr in der Gunst des Königs zu stehen. Heinrich VIII. nämlich wurde Vater eines unehelichen Sohnes, den er nicht nur als legitim anerkannte und mit Ehren überhäufte, sondern auch als Thronfolger einsetzen wollte.

Im Jahr 1527 kriselte es in der Ehe ihrer Eltern, weil ihr Vater die Hofdame Anna Boleyn durch eine Ehe an sich binden wollte. Die lebenslustige Anna Boleyn, die sich durch ihren Charakter und ihr Temperament so sehr von der ernsthaften und würdevollen Katharina unterschied, konnte sich ein intimes Verhältnis mit dem leidenschaftlichen Heinrich VIII. nur in einer Ehe vorstellen. Die Rolle einer Geliebten lehnte sie entschieden ab. Eine Trennung von seiner Gemahlin Katharina, mit der er über 18 Jahre in einer mehr oder weniger glücklichen Ehe zusammengelebt hatte, war von Heinrich im Kreis von Vertrauten schon mehrfach erwogen worden. Der in der Theologie sehr kundige König machte sich Vorwürfe, dass er vielleicht durch die Heirat mit der Gattin seines verstorbenen Bruders gegen das göttliche Gesetz verstoßen habe. Seine Berater versuchten ihm diesen Gedanken auszureden, indem sie auf das Alte Testament verwiesen, wo es geradezu zur Pflicht gemacht würde, die Frau des Bruders zu heiraten, wenn die Ehe kinderlos geblieben war. Der Papst, der nicht abgeneigt war, den Wünschen Heinrichs entgegenzukommen, glaubte jedoch, ihm würden große Probleme entstehen, wenn er sich gegen Katharina, die Tante Karls V., stellte. Beide Regenten, der englische König und der deutsche Kaiser, hatten dem Papst zu verstehen gegeben, dass ihr zukünftiges Verhältnis zu ihm von dieser Entscheidung abhinge. Papst Clemens schickte einen Gesandten nach England, der zusammen mit dem englischen Kardinal Wolsey, der zugleich päpstlicher Legat in England war und das Amt eines Kanzlers bei Heinrich VIII. bekleidete, die Angelegenheit entscheiden sollte. Beide, der König und seine Gattin, mussten im Parlamentssaal vor den beiden Richtern erscheinen. Doch Katharina lehnte beide Richter ab, weil sie vom König abhängig seien, und erreichte, dass ihre Scheidung in weite Ferne gerückt war.

Die Scheidungsaffäre, über die der ganze englische Hof sprach, veränderte auch das Verhältnis zwischen Vater und Tochter. Heinrich versuchte, Maria vom Hofklatsch fernzuhalten, indem er sie nach Greenwich schickte. In den folgenden Jahren aber banden sie alle Kränkungen, die ihr Vater Katharina zufügte, noch enger an ihre Mutter.

Von seiner Geliebten Anna Boleyn musste sich Heinrich bittere Vorwürfe anhören, dass er es offenbar nicht ernst mit einer Scheidung gemeint habe. Sie hatte zwar schon längst einen eigenen Hofstaat erhalten und wohnte neben den königlichen Gemächern, aber erst 1531 erhielt Katharina den Befehl, das Schloss Windsor zu verlassen und ihre Residenz in Ampthill zu nehmen. In die Scheidungsaffäre kam erst 1533 Bewegung, als Anna Boleyn schwanger wurde. Da das Kind auf jeden Fall ehelich sein musste, ließ sich Heinrich heimlich trauen und seine Ehe mit Katharina vom Erzbischof von Canterbury, Thomas Cranmer, annullieren. Noch vor der Niederkunft seiner neuen Gemahlin fand unter der Teilnahme des ganzen Adels die Krönung der neuen Königin statt. Durch Parlamentsbeschluss war festgesetzt worden, dass seine Gemahlin Katharina den Titel einer Königin verliert und seine 18-jährige Tochter Maria das Recht der Thronfolge. Aber die Zurücksetzung bestand nicht nur in einem förmlichen Beschluss, sondern der König verfügte, dass sie ihren Hofstaat verkleinern musste und dass sie selbst und ihre Dienerinnen nicht mehr das Wappen der Prinzessin of Wales tragen durften. Wie ihre Mutter verlangte Maria hartnäckig, dass alle königlichen Anordnungen, die sie betrafen, von ihrem Vater unterzeichnet waren.

Als die neue Königin ein Mädchen gebar, das den Namen Elisabeth erhielt, war Heinrich VIII. sehr enttäuscht und sein Verhältnis zu Anna kühlte sich merklich ab. Von Maria, die nach der Scheidung ein illegitimes Kind war, verlangte er, dass sie als Ehrenjungfrau ihre Halbschwester, die neue Thronfolgerin, bei der Taufe begleitete.

Für die zögerliche Haltung von Papst Clemens in seiner Scheidungssache rächte sich Heinrich, indem er dem Papst alle Rechte über die englische Kirche entzog. Der Papst sollte kein Geld aus England erhalten und verlor das Recht auf die Einsetzung der Bischöfe. Gleichzeitig wurden alle Ketzergesetze aufgehoben.

Obwohl diese kirchlichen Reformen dem Adel und der Kirche viele Vorteile verschafften, bildete sich eine Opposition, die lieber ihren Frieden mit dem Papst geschlossen hätte. Das leibhaftige Symbol dieser antipäpstlichen Politik war nicht Heinrich VIII., sondern seine Gemahlin Anna. Für diese dem Papst zugeneigten Kreise des englischen Adels war Maria weiterhin die legitime Thronfolgerin.

Um Maria weiter zu demütigen, ordnete Heinrich an, dass sie mit der ihr verhassten Halbschwester in einem Palais zusammenleben musste. Sie war jetzt nicht nur den Launen der Dienerinnen Elisabeths ausgesetzt, sondern ihre Freiheiten wurden derart eingeschränkt, dass sie von den ihr noch verbliebenen Freunden als eine Gefangene bezeichnet wurde. Dazu kam ein spürbarer Geldmangel, der sie zwang, eine Bittschrift an ihren Vater zu richten.

Das Jahr 1536 wurde zu einem der Wendepunkte im Leben von Maria. Als ihre Mutter schwer erkrankte und das Ende ihres kummervollen Lebens kommen sah, bat sie Heinrich, einmal noch ihre Tochter sehen zu dürfen. Obwohl Heinrich ihr diesen Wunsch abschlug, diktierte sie einen Brief an ihn, in dem sie ihn als ihren „teuersten Herrn, König und Gemahl" bezeichnete und ihm alles Unrecht, das er ihr und Maria zugefügt hatte, verzieh. Hinter dem Wunsch Katharinas stand auch die tiefe Sorge, dass ihrer Tochter etwas zustoßen könnte. Maria war nämlich plötzlich so erkrankt, dass das Gerücht auftauchte, man hätte sie vergiftet. Deshalb wollten ihre Freunde sie in die Residenz ihrer Mutter bringen, weil man deren spanischen Ärzten wohl kaum ein Giftmord unterstellen könnte.

Die Nachricht von Katharinas Tod rief bei Heinrich Trauer und Bestürzung hervor, während seine Gemahlin Anna sich in Gelb kleidete und ihre Freude über das Hinscheiden der ehemaligen Königin und ihrer persönlichen Rivalin nicht verbergen konnte. Aber sie hatte sich gründlich getäuscht. Als sie nämlich wenige Wochen später ein zweites Mal niederkam und eine Fehlgeburt erlitt, verlor sie endgültig die Gunst des Königs. Im vertrauten Kreis erzählte der König, er sei durch die schwarze Kunst veranlasst worden, diese Ehe mit Anna einzugehen. Die königlichen Juristen befragte er, ob bei einer Scheidung bezüglich der Thronfolge wieder die erste Ehe gültig sei. Der wahre Grund der zunehmenden Entfremdung der beiden Ehepartner war eine neue Geliebte, die den König in ihren Bann zog.

Da Heinrich durch eine zweite Scheidung sein Privatleben in den Blickpunkt der europäischen Hofwelt stellen wollte, entschloss er sich, sich Anna Boleyns durch ein Gerichtsverfahren zu entledigen. Seiner schönen und lebenslustigen Gattin Affären mit anderen Männern zu unterstellen, bereitete ihm keine Mühe. Sie wurde angeklagt mit fünf Männern, darunter ihrem eigenen Bruder, ein Verhältnis gehabt zu haben und sofort im Tower, dem Staatsgefängnis in London, gefangen gesetzt. Gleichzeitig verlobte sich Heinrich mit der Hofdame Jane Semour, die schon bei seiner ersten Gattin im Dienst gestanden hatte. Nachdem seine Gemahlin hingerichtet worden war, war für Heinrich der Weg frei für eine neue Ehe. Jane Semour gebar ihm 1537 den lang ersehnten Thronerben, den späteren Eduard VI. Doch sie selbst starb zwölf Tage nach der Niederkunft.

Aber auch Maria geriet in dieser Zeit in große Gefahr, weil sie sich weigerte, ein Schreiben zu unterzeichnen, in dem sie die Oberhoheit des Königs und den Verzicht auf alle Thronrechte anerkannte. Auch sollte sie nicht nur bestätigen, dass allein ihr Vater berechtigt sei, die englische Kirche zu leiten, sondern auch die Nichtigkeit seiner Ehe mit Katharina. Ihr Vater war über ihren Widerstand so erbost, dass er prüfen ließ, ob man juristisch wegen Unbotmäßigkeit gegen sie vorgehen könnte. Maria wusste aus unmittelbarer Erfahrung, wie ihr Vater notfalls den Widerstand seiner Gegner zu brechen wusste. Maria geriet in Panik, und aus Furcht unterschrieb sie das königliche Dokument. Aber es blieb eine tiefe Wunde in ihrer Seele zurück, da sie zeitlebens Gewissensbisse quälten, ihre eigene Mutter und die Kirche verraten zu haben. Nach dieser Unterwerfung besserte sich allerdings ihr Verhältnis zu ihrem Vater, aber sein Vertrauen konnte sie nicht gewinnen, weil er wusste, dass sie im Inneren ihres Herzens auf der Seite der Katholiken stand. Bevor sie von ihm einige Erleichterungen und Freiheiten wie ein Besuchsrecht am königlichen Hof gewährt bekam, musste sie ein Schreiben unterzeichnen, in dem dem Kaiser, dem Papst und dem König von Ungarn ihr

Thronverzicht und die Anerkennung der kirchlichen Reformen ihres Vaters mitgeteilt wurden.

In diesen Jahren verlief das Leben Marias in ruhigen Bahnen, da sich die Beziehungen innerhalb der königlichen Familie entspannten. Sie lebte mit ihrer Halbschwester Elisabeth zusammen, zu der sie ein fast freundschaftliches Verhältnis entwickelt hatte. Auch die Anordnung ihres Vaters, dass sie den kleinen Prinzen Eduard erziehen solle, verrät eine Verbesserung ihres Verhältnisses.

Nach dem Tod von Jane Semour heiratete Heinrich die Prinzessin Anna von Cleve, eine Verwandte des Königs von Sachsen, der zu den führenden Häuptern der Protestanten in Deutschland gehörte. Aber schon 1540 trennte er sich von dieser Frau, die er offenbar nur geheiratet hatte, um sich die Rückendeckung der deutschen Protestanten in seiner Politik gegen den Kaiser und den Papst zu sichern. Seine fünfte Gemahlin war Katharina Howard, mit der er nur ein Jahr zusammenlebte. Sie wurde des Hochverrats angeklagt und wie Anna Boleyn hingerichtet. Mit diesen Frauen kam Maria nicht gut zurecht und sie vermied es, mit ihnen überhaupt zusammenzutreffen, um ihnen nicht die ihnen gebührende Ehre erweisen zu müssen. Nach diesen missglückten Versuchen entschloss sich Heinrich die Witwe Katharina Pfarr zu heiraten, die fast so häufig wie ihr königlicher Gemahl verheiratet gewesen war.

Maria war in den besten Jahren ihres Lebens noch unverheiratet. Dem Hofklatsch nach tauchten immer wieder Freier auf, die sich um ihre Hand bewarben. Im Gespräch waren portugiesische, deutsche und italienische Fürsten oder der Bruder des Königs von Dänemark. Aber alle Welt wusste, diese Namen waren nur Teil der diplomatischen Aktivitäten Heinrichs VIII. Wenn Maria gefragt wurde, ob sie sich für einen Mann entschieden hätte, pflegte sie zu sagen: „Das sind nur Namen! Solange mein Vater lebt, bleibe ich die Lady Maria, die unglücklichste Frau des ganzen Königreiches!"

Als im Jahre 1547 Heinrich VIII. an den Folgen einer Syphilis starb, bestieg sein Sohn Eduard den Thron. Nach dem Willen des verstorbenen Königs führte bis zu Eduards Volljährigkeit ein Staatsrat, ein Gremium von hohen Adligen, die Regierungsgeschäfte. Diese Vorsichtsmaßnahme konnte aber nicht verhindern, dass Lord Eduard Seymour, der Onkel des jungen Königs, eine beherrschende Position im Staatsrat einnahm. Sein schärfster Rivale im Rat war sein eigener Bruder Thomas. Um seine Stellung zu verbessern, suchte Thomas Seymour nach Möglichkeiten, sich enger mit der königlichen Familie zu verbinden. Maria lehnte eine Heirat mit dem protestantischen Adligen aus religiösen Gründen ab. Da ihm eine Ehe mit Marias jüngerer Schwester Elisabeth vom Staatsrat untersagt war, heiratete er Katharina Pfarr, die Witwe des verstorbenen Königs.

Diese Heirat betrachtete Maria als eine Kränkung ihres Vaters, dem sie in dessen letzten Lebensjahren trotz der zuvor erlittenen Demütigungen freundschaftlich zugetan war, besonders weil er durch seine Krankheit ihr Mitleid erregt hatte. Die Veränderung in ihrer Beziehung zu ihrem Vater drückte sich auch in der Thronfolgeregelung aus, die Maria und Elisabeth zu Thronerben machte, falls Eduard kinderlos sterben sollte. Zeitgenossen berichten, sie habe oft mit Sehnsucht an diese starke Persönlichkeit zurückgedacht.

Der Tod von Katharina Pfarr machte alle Pläne von Thomas Seymour zunichte. Sein Versuch, seine Pläne durch eine Heirat mit Elisabeth doch noch zum Erfolg zu führen, machte den Staatsrat misstrauisch, und seine Rivalen setzten seine Verhaftung und Hinrichtung durch.

Der neue starke Mann des Staatsrates war der Graf Warwick, der später den Titel Herzog von Northumberland erhielt. Er herrschte fast mit unumschränkter Macht und setzte mit großem Eifer die von Heinrich VIII. eingeleiteten Reformen fort. Als der Staatsrat weitere Gesetze erließ, die den Katholizismus endgültig vernichten sollten, wurde das Haus Marias eine Zufluchtsstätte für alle Verfolgten. Durch die neuen Gesetze durfte keine Messe mehr nach katholischem Ritus abgehalten werden. Der Staatsrat beobachtete mit großer Aufmerksamkeit, wie sich Maria als Schwester des Königs und mögliche Thronfolgerin verhielt. Rückhalt erhielt Maria vom deutschen Kaiser, der ihr durch seinen Gesandten mitteilen ließ, niemand könne sie zu einem Religionswechsel zwingen. Die Ankündigung neuer Gesetze, die auch die letzten Überbleibsel des Katholizismus aus den Kirchen verbannt hätten, brachten Maria zu der Überzeugung, sie könne nicht länger in England leben, und sie dachte an eine Flucht in ein katholisches Land. Der kaiserliche Gesandte, an den sie sich deshalb wandte, arbeitete einen genauen Fluchtplan aus und holte die Zustimmung des Kaisers ein. Obwohl der Kaiser zur Eile mahnte, wurde die Flucht immer wieder verschoben und war schließlich Gesprächsthema am Hof. Der Kaiser hatte keine andere Wahl, als die Gerüchte von der beabsichtigten Flucht Marias zu dementieren und seine Beteiligung daran schlichtweg zu leugnen.

Im Falle des Todes von König Eduard hoffte Maria, sie würde gemäß der Thronfolgeregelung ihres Vaters Königin werden. Der Herzog von Northumberland hatte aber beim König, als dieser mit dem Tode rang, durchgesetzt, dass Jane

Grey, die Tochter der jüngeren Schwester von Heinrich VIII., Thronerbin wurde. Bei dieser Neuregelung der Thronfolge dachte der Herzog ausschließlich an die Sicherung seiner eigenen Machtposition, denn sein Sohn war mit Jane Grey verheiratet. Im Jahre 1553 starb König Eduard.

Das Volk, dem auf Plakaten die Gründe für die Neuregelung bekannt gemacht wurden, reagierte mit Unmut darauf. Der Plan des Herzogs scheiterte. Er hatte nicht erwartet, dass das Volk eine so feindliche Haltung gegen ihn einnehmen würde. Innerhalb kurzer Zeit hatten sich über 30 000 Freiwillige in Norfolk, wo Maria Zuflucht gesucht hatte, eingefunden, um Marias Anspruch auf den Thron durchzusetzen. Da das gegen Marias Truppen aufgebotene Heer sich schnell durch Fahnenflucht verkleinerte, gab der Staatsrat auf und sein Heer kapitulierte. Maria zog mit ihrer Schwester unter dem Jubel der Bevölkerung in London ein.

Jane Grey, die nur neun Tage regiert hatte, wurde mit ihren Verwandten und weiteren 23 Personen inhaftiert und in den Tower gebracht. Bis auf acht Personen wurden alle, auch die abgesetzte Königin, enthauptet.

Noch bevor das Parlament gesetzliche Regelungen erlassen hatte, wurden alle Voraussetzungen für die Rückkehr zum Katholizismus geschaffen. Maria unterlief bei diesen Maßnahmen ein großer Fehler. Sie glaubte nämlich, dass ihr als einer überzeugten Anhängerin des Papstes der Beifall des Volkes sicher wäre. Der dem Volk verordnete Glaubenswechsel und der plötzliche Bruch mit den überlieferten religiösen Gebräuchen stieß sicherlich auf die Ablehnung bei den einfachen Menschen. Ein größeres Problem aber war die Anerkennung der Oberherrschaft des Papstes und die Rückgabe der Kirchengüter. Denn viele Engländer hielten es als unvereinbar mit einem souveränen Staatswesen, dass eine fremde Macht Entscheidungsrechte in ihrem Land besaß. Und der Adel, dem ein Teil der Kirchengüter zugefallen war, wollte sich von seinem Besitz nicht mehr trennen. Wenn Maria bei ihrer geplanten Rekatholisierung nicht mit Zurückhaltung vorging, würde ihr in kurzer Zeit die Mehrheit der Bevölkerungen feindlich gegenüberstehen.

Den Meinungsumschwung bei der Bevölkerung spürte Maria schon bei ihrer Krönung, die unter starken Sicherheitsvorkehrungen vollzogen wurde, weil man Attentate und Unruhen befürchtete. Auf ihre Getreuen und die gläubigen Katholiken konnte sie sich nicht mehr unbedingt verlassen, weil man ihr vorwarf, im Staatsrat säßen zu viele überzeugte Anhänger der Kirchenreform.

Mehr noch als die geplanten Gesetze zur Aufhebung der Kirchenreform beschäftigte die Verheiratung Marias die Hofkreise und Diplomaten. Man bedrängte sie von allen Seiten, endlich eine Entscheidung zu treffen. Von den Kandidaten, die man ihr vorschlug, blieben schließlich nur der Engländer Courtenay, ein Abkömmling des Hauses York, und Philipp, der Sohn von Kaiser Karl, übrig. Courtenay, der über 15 Jahre im Tower inhaftiert gewesen war, weil er als kritischer und rebellischer Geist aufgefallen war, galt als ungebildet, und man sagte ihm nach, er verkehre in London mit Frauen von schlechtem Ruf. Maria entschied sich für den erst 30-jährigen Don Philipp, der bereits zweimal verwitwet war. Sie hatte die Hilfe des spanischen Königs, als ihre Mutter, eine Spanierin, und sie selbst von ihrem Vater gedemütigt worden waren, noch in guter Erinnerung. Auch war Spanien für sie der Vorposten des Christentums, wo der Ansturm der heidnischen Araber und später der Türken abgewehrt worden war. Sie

glaubte, dass die Verbindung Englands mit der spanisch-habs-
burgischen Monarchie ihr nicht nur Mitspracherechte auf
dem Kontinent eröffnen, sondern auch ihre geplante Rekatholisierung stark fördern würde.

Dieses Heiratsprojekt mit einem Spanier stieß jedoch auf
scharfe Ablehnung bei vielen Engländern, bei Protestanten
wie Katholiken und selbst bei denen, die sich mit der Waffe in
der Hand für ihre Thronfolge eingesetzt hatten. Die Missstim-
mung wurde so groß, dass es für die unterlegenen Protestanten
sehr leicht war, einen Aufstand zu entfachen. 1554 kam es
auch in London zu Straßenunruhen. In Kent organisierte Thomas Wyatts, der Sohn eines bekannten englischen Dichters,
einen Aufstand der Bauern.

Aber Maria und ihr Staatsrat blieben standhaft und gaben
London nicht auf, so dass die königlichen Truppen die Aufstandsbewegung niederschlagen konnten. Maria ging mit aller
Strenge gegen die Aufständischen und ihre Anführer vor. Die
Anhänger des Herzogs von Northumberland und Jane Grey,
die in den Wirren um Marias Thronfolge noch mit dem Leben
davongekommen waren, wurden enthauptet. Da die Gefängnisse Londons überfüllt waren, musste man die Gefangenen in
Kirchen festhalten. An jedem Tag wurden 82 Personen vernommen und meist sofort hingerichtet. Zehn Tage lang sah
man in London überall Galgen mit Gehängten. Einige der
zum Tode Verurteilten wurden nach Kent gebracht, damit
auch die dortige Bevölkerung eingeschüchtert würde. Nach
vierzehn Tagen ließ Maria schließlich die Gefängnisse räumen
und die Inhaftierten, 400 an der Zahl, wurden gefesselt vor
den Westminster Palast geführt, wo die Königin am offenen
Fenster stand und das Schauspiel ansah. Die Inhaftierten
fielen auf die Knie nieder und mussten um Gnade betteln, die

ihnen auch gewährt wurde. Aber noch lange gingen die Verhöre und Hinrichtungen von vermeintlichen Anführern des Aufstands weiter.

Während des Aufstands hatte der Staatsrat angeordnet, dass Elisabeth nach London zurückkommen müsse. Als sie dieser Aufforderung nicht nachkam und mitteilen ließ, dass sie krank sei, wurde sie von Ärzten untersucht und für transportfähig erklärt. Dies nährte bei Maria den Verdacht, dass Elisabeth vielleicht die neue Königin werden sollte, wenn der Aufstand erfolgreich gewesen wäre. Elisabeth wurde in den Tower gebracht, und der Staatsrat nahm eine intensive Untersuchung auf, ob Elisabeth in den Aufstand verwickelt sei. Da sich keine Hinweise fanden, die für eine Anklageerhebung gereicht hätten, wurde Elisabeth aus dem Tower entlassen und unter Hausarrest gestellt. Zwei Monate später landete Philipp von Spanien in England und wurde mit Maria Tudor getraut.

Die Rekatholisierung Englands machte gute Fortschritte. Nachdem man dem Adel zugesichert hatte, er würde das ihm zugesprochene Kirchengut nicht verlieren, wurden alle antipäpstlichen und antikatholischen Gesetze aufgehoben, die zum Bruch mit dem Papst geführt hatten. Der Papst wurde ausdrücklich als kirchliches Oberhaupt anerkannt. 1554 kam der päpstliche Legat Kardinal Pole, der England nach dem Bruch Heinrichs VIII. mit dem Papst verlassen musste, wieder zurück und verkündete in einem feierlichen Akt vor der Königin und dem Parlament die päpstliche Freisprechung von den „Sünden der Reformation".

Ab 1555 begann Maria einen regelrechten Feldzug gegen alle Protestanten. Die erste Maßnahme war die Wiedereinführung der Ketzergesetze, die auch heimliche religiöse Zirkel unter Strafe stellten. Mit dieser Politik hatte Maria ihr Versprechen gebrochen, dass sie nur beabsichtige, die Rechte der alten Kirche wiederherzustellen. Ihr bisheriges Verhalten ihren Gegnern gegenüber kann als hart, aber nicht ungesetzlich bezeichnet werden, wenngleich sie auch beim Aufstand von Wyatt sehr viele Menschen hatte hinrichten lassen. Der hohen Zahl von Todesurteilen standen jedoch viele Begnadigungen von Gegnern gegenüber, die ihre erklärten Feinde waren. Doch plötzlich kam es zu einer regelrechten Hinrichtungswelle. Zuerst fielen dem Feldzug gegen die Protestanten zwei einfache Landpfarrer, dann der Bischof von Gloucester und sein Amtskollege von St. Davis zum Opfer. Im Herbst wurden zwei Bischöfe von Oxford, denen man den Vorwurf machte, ein Jahr zuvor in einem Streitgespräch ihren Glauben verteidigt zu haben, an einen Pfahl gekettet und verbrannt. In den drei Jahren bis zum Tod der Königin mussten über dreihundert Menschen wegen ihres Glaubens als verurteilte Ketzer ihr Leben lassen. Ihr Vater Heinrich hatte in den letzten acht Jahren seines Lebens, als er die kirchlichen Reformgesetze erheblich verschärfte, „nur" 26 Menschen aus religiösen Gründen hinrichten lassen. Jedoch konnten sich auch zahlreiche Andersdenkende durch die Flucht ins Exil retten. Unter den Opfern, die Maria angelastet werden, befanden sich auch zahlreiche Personen, die hingerichtet wurden wegen Aufruhr, öffentlicher Lästerung und anderer Straftaten, die sie im Zusammenhang mit ihrem Kampf gegen die Rekatholisierungspolitik begingen.

Auch sozialer Protest verbarg sich unter dem Deckmantel des Protestantismus. Man deckte eine Verschwörung auf, deren Ziele sich an der Bergpredigt des Neuen Testamentes orientierten. Diese Gruppe sammelte sich unter der Losung „Kampf der Armen gegen die Reichen".

Wenn man diese Fälle von den über dreihundert Hinrichtungen abzieht, bleibt dennoch eine große Zahl von Opfern, die nur aufgrund ihrer religiösen Überzeugung den Tod fanden. Verantwortlich für diese Massenhinrichtungen ist Maria Tudor, der man deshalb später zurecht den Beinamen „die Blutige" gab. Es existieren Briefe von ihr aus dieser Zeit, in denen sie Bischöfe tadelt, weil sie die „protestantischen Ketzer" milde behandeln würden. Der Bischof von London beispielsweise hatte nämlich wochenlang versucht, einen Protestanten, der bereit war, sein Leben für seine Überzeugung zu opfern, von seinem Irrtum zu überzeugen. Aber nicht nur Bischöfe wurden wegen ihrer Zurückhaltung getadelt, Maria kritisiert auch den Polizeichef von Hampshire, weil er einem als Ketzer Verurteilten, der schon auf dem Scheiterhaufen stand, wegen seiner Reue das Leben schenkte.

In diesen Jahren war der einzige Mensch, zu dem Maria Vertrauen hatte, ihr Gemahl Philipp. Auch bei ihrer grausamen Politik wurde sie von ihrem spanischen Ehemann Philipp unterstützt, von dem Aussagen überliefert sind wie: „Ich würde lieber überhaupt nicht regieren, als über Ketzer zu herrschen." Auch hatte Maria zum ersten Mal in ihrem Leben leidenschaftliche Liebe erfahren. Deshalb wünschte sie sich nichts sehnlicher als ein Kind von dem von ihr so verehrten Mann. Schon 1555 kursierte am Hof das Gerücht, die Königin sei schwanger. Im ganzen Land fanden Prozessionen und Bittgebete für eine glückliche Niederkunft der schon im mittleren Alter stehenden Königin statt. Sie selbst nährte noch diesen Hofklatsch, indem sie sich völlig zurückzog und die Öffentlichkeit mied. Alles war aber nur eine Komödie, die sie geschickt inszeniert hatte, um ihren Gemahl Philipp, der schon ungeduldig auf einen Thronfolger wartete, von einer

Rückkehr nach Spanien abzuhalten. Als sich alles nur als eine vorgetäuschte Schwangerschaft herausstellte und die Königin wieder zu den Regierungsgeschäften zurückkehrte, beschloss Philipp abzureisen, um dem Kaiser einen Besuch abzustatten. Jeder wusste, dass er wieder nach Spanien zurückkehren würde. Einer der Gründe für die Trennung war sicher die Weigerung des Parlaments, ihn zum König zu krönen. Als Maria Philipp nach seiner Abreise immer wieder bat, doch endlich nach England zurückzukehren, warf er ihr vor, dass sie nicht die Macht habe, ihn zum König zu krönen. Ein solches Regierungssystem sei unter seiner Würde.

Man gewöhnte sich so sehr an die Ketzerhinrichtungen, dass sie ihre abschreckende Wirkung verloren. Im Gegenteil: Als man zwanzig Ketzer zur Hinrichtung nach London brachte, folgte ihnen eine große Schar von Sympathisanten bis zum Gefängnis. Die königlichen Räte warnten Maria vor einer offenen Rebellion der Bevölkerung. Es kam das Gerücht auf, Maria sei so in Angst, dass sie Tag und Nacht von Wächtern umgeben sei und ein Panzerhemd trage.

Immer wieder wurden neue Anschlagspläne und Umsturzversuche von Emigranten aufgedeckt, die heimlich aus Frankreich in ihre Heimat zurückgekehrt waren. Zu ihnen gesellten sich Offiziere, die aus der Armee unehrenhaft entlassen worden waren. Angeblich sollten in französischen Häfen Schiffe mit Freiwilligen warten, die die Absicht hatten, die Königin zu töten und den Staatsschatz zu rauben. Meist handelte es sich nur um Gerüchte, die die Herrschaft Marias destabilisieren sollten.

1556 wurde eine Verschwörung aufgedeckt, an der Angehörige von Marias Dienerschaft beteiligt waren. Bei einer Hausdurchsuchung in ihrer Londoner Wohnung entdeckte man antikatholische Schriften. Da der Staatsrat in Erwartung eines baldigen Thronwechsels kein Risiko eingehen wollte, sah man von Maßnahmen gegen Elisabeth, auf die der Verdacht fiel, ab. Auf Elisabeth nämlich musste man sich als Nachfolgerin für den Thron einstellen, da die Königin Maria keinen Erben mehr zur Welt bringen konnte.

Noch kurz vor ihrem Tod nahm Maria Rache an Erzbischof Cranmer, der ihrem Vater Heinrich den Weg aufgezeigt hatte, wie er sich von Katharina scheiden lassen konnte. Dieser Erzbischof wurde in Rom auf ihre Veranlassung zum Tode verurteilt und sollte in Oxford hingerichtet werden. Vor seiner Hinrichtung zwang man ihn unter falschen Versprechungen, Unterwerfungsschreiben zu unterzeichnen. Er musste bekennen, dass er für die Scheidung Heinrichs von Katharina verantwortlich war.

Obwohl England wegen seiner leeren Staatskasse dringend den Frieden brauchte, trat sie ihrem Ehemann Philipp zuliebe in den spanisch-französischen Krieg ein. Die Folge dieses Kriegseintrittes war, dass die englische Besitzung Calais von den Franzosen eingenommen wurde. Der Verlust dieser Stadt, die seit 1347 in englischem Besitz war, wurde als nationale Katastrophe angesehen.

Als Maria 1558 starb und ihre Halbschwester Elisabeth den Thron bestieg, hatte sie ein Land zurückgelassen, das gespalten war und in dem jederzeit eine Rebellion ausbrechen konnte. Im Gegensatz zur Regierungszeit ihres Vaters, der durch Sparsamkeit und Frieden die Staatskasse gefüllt hatte, war das englische Königshaus nun verarmt und nicht in der Lage, die öffentlichen und privaten Bedürfnisse seiner Mitglieder zu erfüllen. Als Folge von Königin Marias Ketzerpolitik war in den folgenden Jahrhunderten der Katholizismus diskreditiert und das englische Wort für Papsttum, „popery", wurde als Schimpfwort gebraucht. Die außenpolitische Folge ihrer Herrschaft war, dass durch ihre Ehe mit Philipp Frankreich als nationaler Hauptfeind Spanien ablöste.

KAPITEL 9

Die Herzogin von Montespan –
Eine Satanistin beherrscht Ludwig XIV.

D as ausschweifende Hofleben in den Schlössern des
Sonnenkönigs Ludwig XIV. (1638–1715) erreichte
gegen Ende des 17. Jahrhunderts seinen Höhepunkt.
Man suchte nach immer neuen Reizen und Formen des Ge-
nusses, um sich hemmungslos auszuleben. Besonders beliebt
war es, nicht nur in der höfischen Gesellschaft, sondern auch
im gehobenen Bürgertum, in geheimen Zirkeln anstelle des
Christengottes Satan anzubeten, und zu den makabren Zeremonien dieser zügellosen Zeit gehörten die Schwarzen Messen. 1676 wäre es in Paris beinah zu einem Volksaufstand
gekommen, weil das Gerücht aufkam, bei Schwarzen Messen
würden Kinder durch Hexen getötet. Einige Frauen, die man
der Hexerei und des Diebstahls von Säuglingen verdächtigte,
wurden vom aufgebrachten Volk gelyncht.

Am 4. Januar 1679 kam es in Paris zur Verhaftung einer
Reihe von Zauberern, Hexen und Wahrsagern, die unter dem
Verdacht standen, ihren Kunden bei der Verübung von Gift-
morden geholfen zu haben. Die Pariser Polizei kam diesem
Verbrecherring auf die Spur, weil man seit 1676 eine auffällig

hohe Zahl von plötzlichen und unerklärlichen Todesfällen in den höchsten Gesellschaftskreisen verzeichnete. Die Beichtväter von Notre Dame und den Kirchen anderer vornehmer Viertel von Paris hatten bei der Polizei angegeben, ohne dabei Namen zu nennen, ihnen würden ungewöhnlich viele Giftmorde gebeichtet. Die Herstellung von Gift hatte sich geradezu zu einem Gewerbe entwickelt, das mit seinen Produkten, meist handelte es sich um Arsenikpräparate, jeden, selbst die Mitglieder des französischen Königshofes, versorgte. In Sittenschilderungen aus dieser Zeit wird Paris als „von Giftdünsten geschwängert" bezeichnet. Mit Gift konnte man das Schicksal korrigieren. Die Mutigen, die ihre Ehemänner oder Ehefrauen, Väter, Mütter, Rivalen oder Rivalinnen beseitigt hatten, gingen zur Beichte. Die Furchtsamen von ihnen befreiten sich von etwaigen Gewissensqualen, indem sie anonyme Beichtzettel in den Kirchen hinterlegten. Auf dem Beichtzettel einer gewissen Madame Brinvilliers, die 1676 hingerichtet wurde, wurden folgende Taten eingestanden:

> „Ich bekenne Feuer gelegt zu haben,
> ich habe einer Dame Gift zur Ermordung ihres Ehemannes
> gegeben,
> ich habe meinen Vater vergiftet,
> ich habe meine beiden Brüder vergiften lassen,
> ich hatte versucht meine Schwester zu vergiften ..." etc.

In der Jesuitenkirche von Paris entdeckte man 1677 einen Beichtzettel, auf dem der Plan, den König und den Thronfolger zu ermorden, notiert war. Die Untersuchungen der Pariser Polizei führten zur Verhaftung des ehemaligen Offiziers Vanens und seiner Geliebten Finette. Die bei ihm gefundenen

Papiere wiesen ihn als Mitglied einer Bande von Betrügern, Zauberern, Hexen, Gifthändlern und Falschmünzern aus. Dieser Bande gehörten nicht nur gewöhnlicher Kriminelle an, sondern auch bankrotte Adlige, Kammerdiener aus den vornehmsten Häusern, Geistliche und Freudenmädchen. Die Untersuchungen, die vom Chef der Pariser Polizei, La Reynie, geleitet wurden, zogen sich über ein Jahr hin, bis man durch Zufall an die Köpfe dieser Bande herankam. Der Advokat Perrin gab bei der Polizei zu Protokoll, er habe bei einem Essen, das eine reiche Schneiderin gegeben habe, eine Witwe namens Bosse kennen gelernt. Diese als Hexe bekannte Frau habe im angetrunkenen Zustand damit geprahlt, sie müsse noch drei Giftmorde begehen, dann habe sie ausgesorgt und könne sich vom Geschäft zurückziehen. Diese Anzeige wurde vom Chef der Polizei sehr ernst genommen und weiter untersucht. Man schickte eine als „Kundin" getarnte Detektivin zu dieser Frau, die sich über ihren Ehemann beklagen und nach Mitteln und Wegen fragen sollte, wie sie ihn los werden könnte. Nachdem die Witwe nach einigen Besuchen Vertrauen zu der Detektivin gefasst hatte, bot sie ihr ein wirkungsvolles Gift an, das sie im Scherz „Erbschaftspulver" nannte. Bis in den März des Jahres 1679 dauerte die darauf folgende Verhaftungswelle an, die auch zum Kopf dieses Kreises, einer gewissen Madame Voisin, führte.

Diese Frau war der Pariser Polizei schon seit zehn Jahren bekannt, weil sie mit dem Zauberer Lesage, der wegen Schwarzer Magie zu einer Galeerenstrafe verurteilt worden war, befreundet war. Nach seiner Freilassung lebte er mit Madame Voisin zusammen. Sie selbst hatte sich schon in jungen Jahren in Paris als Wahrsagerin niedergelassen. Sie hatte eine große Zahl von Liebhabern, zu denen der Henker von Paris, der Rektor der Pariser Universität, ein Alchimist und der Zauberer Lesage gehörten. Ihr Einkommen, das über 100 000 Taler jährlich betrug, diente dazu, ihren aufwändigen Lebensstil mit ihren zahlreichen Liebhabern zu finanzieren. Neben der Wahrsagerei und dem Verkauf von Arzneien gegen allerlei Gebrechen verdiente sie auch als Hebamme sehr viel Geld, weil sie, wie sie nach ihrer Festnahme gestand, mehr bei Abtreibungen als bei Geburten half. Über dem Zimmer, wo sie ihren Kunden die Zukunft deutete, befand sich ein eingezogener Boden, auf dem diese Abtreibungen vorgenommen wurden. Dort befand sich ein kleiner Ofen, in dem man viele Menschenknochen fand. In einem schwachen Moment gab sie gegenüber der Polizei zu, sie habe darin mehr als 2500 zu früh geborene Kinder und die Opfer der Abtreibungen verbrannt oder sie in ihrem Garten vergraben. Das Blut und die Asche der Kinder wurden für Liebestränke und für die Schwarzen Messen benutzt. Als die Tochter der Voisin vor ihrer Entbindung stand, floh sie, weil sie ihr Kind vor ihrer Mutter in Sicherheit bringen wollte.

Madame Voisin war äußerlich sehr fromm, denn die neugeborenen Kinder wurden vor ihrer Tötung noch durch einen Priester, der dem Kreis angehörte, getauft. Allen Kunden, die bei ihr Leichenteile erwarben, riet sie, häufig zu fasten und die Heilige Messe zu besuchen.

Bei den Sitzungen mit ihren Kunden trug sie einen Überwurf aus dunkelrotem Samt, der mit 200 goldenen Doppeladlern bestickt war. Wer ihre Dienste in Anspruch nehmen wollte, musste lange in ihrem Vorzimmer warten. Trotz ihres ordinären Wesens und ihrer abstoßenden Manieren behandelte man diese Frau wie eine große Dame, die es sich sogar leisten konnte, einen Erfinder beim Aufbau einer Fabrik finanziell zu unterstützen. Dabei handelte es sich um den ehemaligen Offizier Vanens, der in das Mordkomplott gegen die königliche Familie verwickelt war. Vanens betätigte sich auch als Alchimist, und die Voisin hatte geradezu eine Schwäche für Alchimisten. Das Geld für seine Forschungen, die zur Erfindung des Neusilbers führten, stammte von ihr.

Die Aussagen der Voisin waren so ungeheuerlich, dass der Polizeichef zunächst ernste Zweifel hatte, ob sie ihm die Wahrheit sagte. Einzelheiten der Schwarzen Messen schilderte der ehemalige Priester Guibourg. Für diese grauenhaften Zeremonien ermordete er seine eigenen Kinder, die er von seiner Geliebten namens Chanfrain hatte. Wenn man eine Messe abhalten wollte und eine kurz vor der Entbindung stehende Frau gefunden hatte, so legte man sie in einen aus schwarzen Kerzen gebildeten Kreis. Nach der Entbindung musste die Mutter das Kind dem Teufel weihen. Guibourg tötete es dann durch einen Schnitt in den Hals und fing das Blut in einem Kelch auf, wo es mit dem Blut von Fledermäusen und mit Mehl vermischt wurde. Aus diesem Gemisch wurden die Hostien für die Kommunion bei der Schwarzen Messe hergestellt. Er las die Messe nach kirchlichem Ritus, mit dem Chorhemd, der Stola und der Armbinde bekleidet. Diejenige Frau, auf deren Leib anstelle eines Altars die Messe gelesen und deren Kind geopfert wurde, lag völlig entblößt auf einem Tisch, die Arme ausgestreckt und in jeder Hand eine Kerze. Manchmal zogen diese Frauen, bei denen es sich meist um Dirnen handelte, ihre Kleider nicht aus, sondern streiften sie bis zum Hals hinauf. Der Kelch, der mit dem Blut des getöteten Kindes gefüllt war, wurde der Frau auf den nackten Leib gestellt. Die Nachfrage nach Kindern für diese Schwarzen Messen war so groß, dass die Voisin uneheliche und ausgesetzte Kinder aufkaufen musste. Wenn darüber hinaus noch Bedarf bestand, ließ sie kurzerhand Kinder von den Straßen in Paris entführen.

Nach Bekanntwerden dieser Gräueltaten befahl Ludwig XIV. die Einsetzung einer besonderen Untersuchungskommission, die nach der Tradition der früheren Sondergerichte La Chambre ardente, „die glühende Kammer" hieß. Die Sitzungen, an denen auch La Reynie, der Polizeichef von Paris, teilnahm, fanden im königlichen Arsenal in einem mit schwarzen Stoffen verdunkelten Raum, der durch Fackeln erleuchtet war, statt. Aber schon 1681 musste diese Sonderkommission ihre Arbeit auf Befehl des Königs einstellen und alle Aufzeichnungen vernichten, weil man auf immer mehr hochgestellte Persönlichkeiten stieß, die in diese Affäre verwickelt waren.

Geheime Abschriften von den Verhören haben sich in den Akten des Staatsgefängnisses Bastille erhalten. Nach diesen Dokumenten war die beste Kundin der Voisin die Marquise Françoise Athenais de Montespan, geborene Mortemarte (1641–1707), die mit knapp zwanzig Jahren als Hofdame an den Hof Ludwigs XIV. nach Versailles kam. Diese schöne, stolze und machthungrige Frau hatte sich zum Ziel gesetzt, die Geliebte des Königs, Louise de Valière, zu verdrängen und deren Platz am Hof einzunehmen. Zwar gelang es ihr im Jahre 1666, das Interesse des Königs auf sich zu ziehen und im Laufe der Zeit sein Herz zu erobern, aber sie musste dreizehn Jahre lang um ihre Rolle bangen, weil der König auch immer wieder anderen Frauen vorübergehend seine Gunst schenkte. In dieser Zeit gebar sie dem König acht Kinder, die alle vom Parlamentsgericht als rechtmäßige Kinder anerkannt wurden. Die Tochter der Voisin gab zu Protokoll: „Jedesmal wenn Madame Montespan um ihre Stellung fürchtete, kam sie zu meiner

Mutter, damit sie eine Schwarze Messe liest und ihr ein Liebesmittel gibt, das sie in die Speisen des Königs mischte."

Die erste dieser Satansmessen fand 1667 statt, als die Valière noch die Mätresse des Königs war. Madame Montespan betete folgende Beschwörung: „Ich bitte um die Freundschaft des Königs und des Thronfolgers; ich bitte, dass sie mir erhalten und die Königin kinderlos bleibt, der König die Valière verlässt, ihr keine Beachtung mehr schenkt und ich, nachdem der König die Königin verstoßen hat, an deren Stelle trete."

Noch im gleichen Jahr wurde die Montespan die Geliebte des Königs, und ihr Glaube an die Kraft der Schwarzen Magie war seitdem nicht nur unerschütterlich, sondern stieg noch laufend an. Der König verstieß die Valière, und die Montespan gebar ihm das erste der acht Kinder. Diese geheimen Aktivitäten wurden jedoch entdeckt und auch dem König hinterbracht. Als nämlich Madame Montespan die Dienste von anderen Zauberinnen in Anspruch nahm, die Madame Voisin aus dem lukrativen Geschäft mit der Mätresse des Königs verdrängen wollten, wurden sie von der Voisin denunziert. Nur mit Mühe konnte eine Bekannte der Montespan das Schlimmste verhindern und das Leben der Zauberinnen retten.

Die Geliebte des Königs musste für einige Zeit Paris verlassen, aber dann verzieh ihr der König und machte ihre Leidenschaft und ihre Liebe zu ihm für diese Handlungen verantwortlich. Als sichtbares Zeichen seiner Vergebung erhob er sie zur Herzogin. Sie wurde der Mittelpunkt des französischen Hofes, aber gleichzeitig auch der Schrecken der Minister, der Generäle und des Adels. Dieser stolzen Frau, der der Hof zu Füßen lag, gelang es, besonders in „schwachen Stunden" des

Königs, die Regentschaft zu übernehmen. Ein Zeitzeuge beschreibt sie so:

„Sie war von wunderbarer Schönheit, die schönste Frau von Frankreich, aber leidenschaftlich, hochmütig, boshaft und eigensinnig. Sie nahm sich das Recht heraus, den Sonnenkönig, vor dem die europäischen Mächte zitterten, ihrem Willen zu unterwerfen. Aber sobald sie nur eine Gefahr für ihr Stellung sah, wenn der König eine andere Dame liebte, dann eilte sie sofort zur Voisin."

Nach Aussage des verhafteten ehemaligen Priesters Guibourg fanden für die Herzogin Montespan Schwarze Messen im Schloss von Villebousin nahe dem Ort Mesnil bei Montchery statt. Der Ablauf war folgender: Mit Hilfe der Tochter der Voisin entkleidete sich die Herzogin und legte sich nackt auf den Altar. Ihr Kopf ruhte auf einem Kissen und beide Beine hingen am Ende des Altars herab. Der Priester Guibourg setzte das Kreuz auf die Brust der Montespan, breitete ein Altartuch auf ihrem Körper aus und stellte dort den Kelch hin. Mehrmals küsste der Priester den Leib der Herzogin. Bei der Zeremonie versah die Tochter der Voisin das Amt des Messdieners. Die Herzogin verzog keine Miene, wenn er einem Neugeborenen mit dem Federmesser einen Stich in den Hals versetzte, das Blut entnahm, es in einen Kelch träufelte und damit eine Hostie tränkte. Dabei sprach sie die Worte: „Astaroth, Asmodeus, ihr Fürsten der Liebe, ich beschwöre euch, denen ich euch Teile von diesem Kind opfere, anzunehmen für diese Dinge, die ich von euch erbitte, nämlich dass die Freundschaft des Königs und des Thronfolgers mir erhalten bleibt, dass ich von den Prinzen und Prinzessinnen des Hofs geehrt werde und mir nichts abgeschlagen wird, was ich vom König erbitte, sowohl für meine Verwandten oder für meine

Diener." Damit diese Messen von Erfolg gekrönt wären, mussten sie dreimal hintereinander wiederholt werden.

In den Akten der Bastille ist eine Abschrift des Vernehmungsprotokolls der Tochter der Voisin erhalten, das die Aussagen des ehemaligen Priesters bestätigt und weitere Einzelheiten dieser für die Herzogin Montespan abgehaltenen Messen enthält. Demnach nahm sie an zahlreichen Messen teil, die Guibourg auf dem Leib der Montespan und anderer Personen abhielt. Sie half ihrer Mutter bei der Beschaffung der notwendigen Gegenstände: eine Matratze, die auf zwei Sessel gelegt war, und daneben zwei Fußbänke, auf denen die Leuchter mit den Kerzen standen. Erst als sie älter wurde, erlaubte ihr ihre Mutter, an den Messen selbst teilzunehmen. Guibourg trat in einem Messgewand, mit schwarzen Tannenzapfen behangen, aus einem kleinen Seitenzimmer ein. Hierauf ließ die Voisin die Frau eintreten, auf deren Körper die Messe abgehalten werden sollte. Die Tochter der Voisin konnte sich erinnern, dass 1676 die Herzogin eine solche Messe abhalten ließ. Sie traf eines Abends etwa um zehn Uhr ein und entfernte sich erst um Mitternacht wieder. Beim Weggehen wurde sie von der Voisin daran erinnert, dass noch zwei weitere Messen stattfinden müssten, damit ihre Bitten erfüllt würden. Die Herzogin erwiderte, sie habe keine Zeit und die Voisin solle alle Vorbereitungen dafür treffen. Bei diesen Messen legte sich dann die Voisin auf den Altar. Nachdem Guibourg das Kind getötet und das Blut in einen Kelch geschüttet hatte, schnitt er die Eingeweide des Kindes heraus. Am nächsten Morgen brachte die Voisin die Glasflasche mit dem Blut zu einer ihr bekannten Dame, damit das Blut destilliert würde. Diese Flasche sei dann der Herzogin übergeben worden.

Als bei einer Gegenüberstellung der ehemalige Priester mit diesen Aussagen konfrontiert wurde, versuchte er, die Kindestötung auf die Voisin abzuwälzen und gab an, er habe das Kind schon tot erhalten. Guibourg bestätigte, dass die Dame, auf deren Körper die Schwarze Messe gelesen wurde, die Herzogin war, die auch das Blut des Neugeborenen mit sich genommen habe.

Die Montespan hatte immer Glück und konnte ihre jeweilige Rivalin ausstechen. Das von der Tochter der Voisin beschriebene Ritual galt der Madame Luders, die zu jener Zeit in der Gunst des Königs stand. Sie verlor bei der Geburt ihres Kindes ihre Schönheit und wurde vom König in ein Kloster verbannt. Die Herzogin Montespan, die aus jedem Wochenbett schöner hervorging, feierte einen neuen Triumph.

Als sie einmal für einen Monat vom Hof fernbleiben musste, weil der König wieder einer anderen Frau zugetan war, musste ihr die Voisin noch stärkere Liebespulver verschaffen. Die Mittel schienen zu wirken, denn schon nach kurzer Zeit hob der König die Verbannung auf, weil er sich nach dieser Frau zurücksehnte, die für seine Politik unentbehrlich war.

Die Herzogin hatte sich auch unter den Ministern des Königs einige Vertraute geschaffen. Als der König plante, Madame Maitenon zu heiraten, warf sich der Minister Louvois, der ein Schützling der Herzogin war, dem König zu Füßen und sagte: „Wie, Sire, der größte Monarch auf Erden will diese Frau heiraten? Töten Sie mich, und ich werde sagen, dass Sie sich entehren."

Die Herzogin war auch bereit, bis zum Äußersten zu gehen, um ihre Machtposition am Hof zu behalten. Als Ludwig XIV. ein Fräulein von Fontages zu seiner Mätresse machte, beschloss sie, den König zusammen mit seiner Geliebten umbringen zu lassen. Dies wird auch durch das erhaltene Vernehmungsprotokoll der Tochter der Voisin bestätigt, in dem es heißt, Madame Montespan habe ihrer Mutter Dinge zugemutet, die ihr höchst peinlich waren. Ihre Mutter habe einmal ihr gegenüber erwähnt, die Montespan habe es auf das Leben des Königs abgesehen. Für die Ermordung des Königs sei die Herzogin bereit gewesen, 100 000 Taler als Honorar zu zahlen. Dem König sollte eine mit Kontaktgift versehene Bittschrift übergeben werden. Doch dieser 1679 durchgeführte Mordanschlag scheiterte. Nach der Verhaftung der Voisin nahm die Herzogin Kontakt zu der berüchtigten Giftmischerin Filastre auf, die einen neuen Anschlag gegen die Geliebte des Königs verüben sollte. Doch auch dieser Versuch scheiterte.

Nach der Verhaftung der Voisin flüchteten, teils vom König persönlich gewarnt, die Vertrauten der Herzogin Montespan ins Ausland. Bis zuletzt setzte sich ihr Vertrauter, der Minister Louvois, beim König für sie ein und hielt ihm vor Augen, wie sehr sein Ruf darunter leiden würde, wenn er die Mutter seiner Kinder verhaften ließe. Trotz der in der Öffentlichkeit gegen sie erhobenen Vorwürfe, an den Gräueltaten der Voisin beteiligt gewesen zu sein, wurde sie nicht vom Hof verbannt. Sie musste auf Anweisung des Königs nur eine kleinere Wohnung in der Nähe seiner Gemächer beziehen, wo er sie regelmäßig besuchte.

Die Affäre Voisin führte dazu, dass gegen 442 Personen ermittelt wurde. Gegen 367 von ihnen wurde ein Haftbefehl erlassen und 37 wurden auf dem Schafott hingerichtet. Darunter war auch die Voisin. Für viele hochgestellte Persönlichkeiten der französischen Gesellschaft endeten die Ermittlungen glimpflich: Sie wurden zu lebenslänglicher Festungshaft verurteilt oder entgingen einer Bestrafung ganz.

Die Satanistin Montespan zog sich 1691 in das von ihr gegründete Kloster St. Joseph in Bourbon zurück, wo sie 1707 starb.

KAPITEL 10

Die Blutgräfin Bathory –
Der größte Vampir aller Zeiten

Am 28. Dezember 1610 drang der Graf Thurzo, Reichs-
richter des ungarischen Königs, mit einer bewaffneten Schar in ein Kastell bei Csejte südwestlich von
Vagujhely ein, das der Wohnsitz der Gräfin Bathory war. In
einem unterirdischen Raum entdeckten sie die Gräfin mit
ihren Dienern, die gerade ein junges Mädchen getötet hatten.
Die Gräfin Bathory stand mit entblößtem Oberkörper vor
einem Trog und fing mit ihren Händen das Blut auf, das aus
dem Körper des ermordeten Mädchens strömte. Im Namen des
Königs von Ungarn wurden die Bathory und ihre beiden Dienerinnen Helena und Dordula sowie der Diener Fitzko verhaftet. Aus den Kammern des unterirdischen Gewölbes wurden
zwei Mädchen befreit, denen ein ähnliches Schicksal wie dem
in den Prozessakten als Doritze bezeichneten Mädchen bevor-
gestanden hatte. Ein Kommando von dreißig Soldaten durch-
suchte die Burg auf dem bei Csejte gelegenen Berg, der durch
zahlreiche Kellergewölbe von mehreren Stockwerken ausge-
höhlt war. Dort fand man die Überreste von einigen hundert
dicht nebeneinander liegenden und übereinander geschichte-
ten Mädchenleichen, die teilweise noch nicht verwest waren

und deren Wunden verrieten, dass sie brutal ermordet worden waren.

Die Hauptbeschuldigte, die 1560 geborene Gräfin Bathory, wurde in einem Raum, abgeschirmt von der Außenwelt, gefangen gesetzt, und ihre Gehilfen bei den Morden wurden nach Bisce, dem Wohnsitz des Grafen Thurzo gebracht, wo man sie verhörte. Die Gräfin Bathory wurde mit Schonung behandelt, weil sie zur Elite des ungarischen Königreiches gehörte.

Die Familie Bathory, die durch Reichtum und hohe Ämter groß und mächtig war, hatte seit dem 16. Jahrhundert berühmte Würdenträger des ungarischen Reiches und der Kirche hervorgebracht. Istavan Bathory von Somlyo wurde in der zweiten Hälfte des 16. Jahrhunderts sogar zum polnischen König gewählt. Es kam zwischen den verschiedenen Linien der Bathorys zu Eheschließungen, was zur Degeneration der Familie und deren späterem Abstieg beitrug. Die Chronisten berichten, dass viele Angehörige der Bathorys für ihre Alkoholexzesse bekannt waren. Der polnische König Istavan Bathory soll unter epileptischen Anfällen gelitten haben. Seine Brüder werden von Zeitzeugen als furchtbare Tyrannen geschildert, die teils als Wahnsinnige teils als Verbrecher bezeichnet werden. Eine Verwandte der Gräfin wurde als sexuell abartig beschrieben, weil sie Affären mit ihren Dienern hatte und ihre beiden Ehemänner von ihren Liebhabern ermorden ließ.

Obwohl diese negativen Erscheinungen bekannt waren, war Elisabeth Bathory wegen des Reichtums und der hohen Ämter ihrer Familie eine begehrte Frau im ungarischen Hochadel. Um ihre Hand bewarb sich der Sohn des königlichen Reichsrichters und Heerführers Thomas Nadasdy, der in Sarvar residierte. Elisabeth heiratete diesen Adligen als 15-Jäh-rige. Wie sein Vater erwarb er sich als Heerführer große Ver-dienste in den Kämpfen gegen die Türken. Seine Heldentaten brachten ihm den Beinamen „Türkenschlächter" ein und sind auf Deckengemälden im Schloss von Sarvar dargestellt. Erst mit dreißig Jahren brachte Elisabeth eine Tochter zur Welt, der dann noch zwei Töchter und ein Sohn folgten. Der Sohn und eine der Töchter starben jedoch bereits früh. Einige noch erhaltene Briefe weisen Elisabeth als eine Frau von Bildung und Kultur aus, da an sich schon die Kunst des Schreibens bei Frauen, selbst wenn sie dem Hochadel angehörten, wenig ver-breitet war. Von ihrer Jugend ist nur bekannt, dass sie es liebte, sich wie ein Mann zu kleiden, zu reiten und auf die Jagd zu gehen.

Schon in den ersten Jahren ihrer Ehe zeigte sich ihr späterer Hang zur Grausamkeit. Aber weder ihr Mann noch die ande-ren Personen in ihrer unmittelbaren Umgebung wagten, etwas dagegen zu unternehmen. So ließ sie eine Dienstmagd, die von etwas genascht hatte, vollkommen entkleiden, mit Honig bestreichen und im Freien den Fliegen aussetzen. Einem Die-ner, der an Epilepsie litt, steckte sie mit Öl getränkte Papier-streifen zwischen die Zehen und zündete sie an. Hinter vorge-haltener Hand erzählte man sich, dass die Schlossherrin von Sarvar und Gattin des berühmten Nadasdy heimlich Mädchen folterte und tötete. Der Geistliche und Gelehrte Istvan Magy-ari, der in Sarvar lebte, prangerte die ihm bekannten Grau-samkeiten der Elisabeth Bathory an. Zusammen mit seinen Amtskollegen aus der Umgebung von Sarvar suchten sie den Grafen Nadasdy auf und baten ihn, weitere Grausamkeiten und Gewalttaten seiner Gemahlin zu verhindern. Sie behaup-teten, die Gräfin würde die Hilfe einer Frau in Anspruch nehmen, von der bekannt sei, dass sie die Bediensteten foltere, in kaltem Wasser baden lasse und dann brutal auspeitschen würde. Die Geistlichen erwogen, diese unter dem Namen Dordula und als Kurpfuscherin Bekannte beim nächsten Abendmahl auszuschließen. Um zu verhindern, dass sie durch eine solche Maßnahme den Zorn der Gräfin auf sich zogen, beschlossen sie, auch das Ehepaar Nadasdy zu ermahnen. Im Beisein der gesamten Gemeinde wurde dem Ehepaar bei der nächsten Abendmahlsfeier vorgehalten, dass zwei in ihren Diensten stehende Mädchen eines unnatürlichen Todes gestorben seien. Bei der Beerdigung seien Spuren von schweren Misshandlungen festgestellt worden. Das Ehepaar Nadasdy war über diesen öffentlichen Tadel sehr empört.

Nach dem Tod ihres Mannes im Jahre 1604 zog Elisabeth Nadasdy mit ihren Kindern nach Csejte, wo sie aber nicht die Burg bewohnte, sondern in einem neben der Kirche gelegenen Kastell Quartier bezog. Ihr besonderes Vertrauen unter der zahlreichen Dienerschaft hatten ein missgestalteter Zwerg, der schon erwähnte Fitzko, und vier Frauen, die sich teils durch ungewöhnliche Körperkraft, teils durch große Hässlichkeit auszeichneten. Eine ihrer Kammerzofen war Dordula, deren Grausamkeit schon die Geistlichen in Sarvar zu kirchlichen Maßnahmen veranlasst hatte.

Für die Mädchen im Schloss begann nun eine schlimme Zeit, weil die Gräfin auch die geringste Nachlässigkeit hart bestrafte. Wenn ein Mädchen eine Halskrause nicht ordentlich gebügelt hatte, stieß sie ihr das heiße Bügeleisen ins Gesicht. Eine andere Strafe bestand darin, dass sich das betreffende Mädchen nackt ausziehen und Reisig sammeln musste. Oder man stellte eine Missetäterin im Winter nackt in den Schlosshof und übergoss sie mit eiskaltem Wasser, bis sie erfroren war. Wenn man keine Übeltäterin unter dem Personal ausfindig machen konnte, wählte man willkürlich eines der Mädchen aus, band ihm die Arme auf den Rücken und zog die Schnüre so lange zu, bis der Körper des Mädchens schwarz anlief. Dann trat die Gräfin in Aktion und peitschte das Mädchen bis zur Bewusstlosigkeit aus. Die Martern, die auch von ihrer Vertrauten Dordula ausgeführt wurden, bereiteten der Gräfin ein so großes Vergnügen, dass sie die Zeit maß, bis eines ihrer Opfer tot zusammenbrach. Elisabeth fand auch Spaß daran, ihren Näherinnen, wenn ihr ein Kleid nicht gefiel, einfach den Mund mit Nadeln zuzustecken. Sie verlangte von ihren Mägden, dass ihr Geschlecht rasiert war. Wenn sie ein Mädchen ertappte, das gegen diesen Befehl verstieß, wurden ihr alle Haare abgesengt. Als sie erfuhr, dass eine ihrer Dienstmägde zum wiederholten Mal krank im Bett lag, musste man dieses Mädchen in das Zimmer der Gräfin bringen. Mit ihren eigenen Zähnen zerfleischte sie die Brüste des gefesselten und geknebelten Mädchens, während sie den restlichen Körper auf grausame Weise durch zahllose Messerstiche verstümmelte. Die Strafen für die im Schloss beschäftigten Mädchen wurden ständig verschärft, und selbst für die kleinste Verfehlung wurden ihnen Stecknadeln unter die Nägel geschoben, ihre Körper mit 500 Schlägen einer Dornenpeitsche misshandelt oder durch Schnitte von Scheren und Messern entstellt. Die Originalakten beschreiben die Misshandlung eines ihrer letzten Opfer folgendermaßen: Einem Mädchen wurde unterstellt, es habe eine Birne gestohlen. Sofort befahl die Gräfin Bathory, dieses Mädchen in die Waschküche zu schleppen, um es der üblichen Bestrafung zu unterziehen. Man entkleidete es, band ihm die Hände auf dem Rücken zusammen und verprügelte es ohne Unterbrechung mit einem Stock. Dabei wechselten sich die Peiniger ab, wenn ihnen die Hände oder Arme schmerzten. Die Gräfin, die auch selbst den Stock führte, reagierte auf die Schreie des Mädchens mit Wohlgefallen und weidete sich an dem Anblick des blau geschlagenen, blutenden Körpers des stöhnenden Opfers. Da ihr Opfer von kräftiger Statur war und sich vielleicht wieder von der Folterung erholt hätte, erteilte sie den Befehl, ihr mit einer Schere den Unterarm aufzuschneiden. Am Ende war die Gemarterte nur noch ein verstümmelter Fleischklumpen. Aber sie tötete ihre Opfer auch, ohne dass ein Tropfen Blut floss. Sie verurteilte einmal sechs Mädchen zu einer Hungerstrafe, welche die Verurteilten im Schloss erdulden sollten, weil sie in ihrem Kastell ihre Tochter und ihren Schwiegersohn empfing. Als sie beabsichtigte, mit ihrem Besuch in einen nahe gelegenen Ort zum Baden zu reisen, verlangte sie, dass einige der Verurteilten sie begleiten. Aber die Mädchen waren schon so entkräftet, dass nur eine überhaupt fähig war, vom Schloss ins Kastell zu gehen. Die anderen sollen kurze Zeit später an Erschöpfung und Hunger gestorben sein.

Große Sorge bereitete der Gräfin, dass sie mit zunehmendem Alter den Verlust ihrer körperlichen Reize beklagen musste und besonders ihre Haut schon frühzeitig zu welken begann und runzlig wurde. Mehr noch als an die Erfindung neuer Foltermethoden dachte sie Tag und Nacht daran, wie sie ihre einstige jugendliche Schönheit wieder herstellen könnte. Ihre Dienerinnen waren stundenlang damit beschäftigt, ihre Haare immer wieder in andere Formen zu frisieren. Jede Stelle ihres Körpers wurde mit irgendeinem neuen Schönheitsmittel eingerieben, das sie sich auf einer ihrer Reisen besorgt hatte. Die Quellen berichten, ein Mädchen habe sie einmal etwas ungeschickt frisiert, so dass die Gräfin vor Wut schäumte und ihr einen kräftigen Schlag ins Gesicht versetzte. Als die Gräfin die Blutspritzer aus ihrem Gesicht wischte und sich im Spiegel betrachtete, soll sie entdeckt haben, dass die zuvor mit Blut befleckten Stellen in ihrem Gesicht blendend weiß leuchteten und ihre Haut so schön wie in ihrer Jugend aussah. Möglicherweise keimte in ihr nach diesem Ereignis der Gedanke auf, ihren ganzen Körper in Blut zu baden, um ihm seine frühere Schönheit wiederzugeben.

Ab jetzt begann ein kannibalisches Abschlachten von jungen Mädchen, teils auch von adliger Herkunft, die sie sich zunächst aus ihrer Umgebung und dann aus ganz Ungarn und sogar aus dem Ausland beschaffte. Elisabeth sandte überallhin Einladungen, damit man ihr junge Mädchen schickte, die in ihrem Schloss eine feinere Erziehung bekommen sollten. Wegen ihrer hohen Stellung in der ungarischen Gesellschaft hatte sie mehr Bewerberinnen, als sie für ihre „Schönheitsbäder" benötigte. Viele der Eltern machten sich Hoffnungen, dass ihre Töchter am Hof der Gräfin vielleicht eine gute Partie machen könnten.

Was diese Mädchen dann im Schloss erwartete und wie diese „Schönheitsbäder" der Gräfin abliefen, berichten die Prozessakten sehr ausführlich. Wenn ein Mädchen ermordet werden sollte, herrschte im Schloss und dem benachbarten Kastell eine ungewöhnliche Stille. Gäste und Besucher, welche die Gräfin zu sprechen wünschten, wurden weggeschickt mit der Begründung, dass sich die Hausherrin nicht wohl fühle. Sobald die Nacht hereingebrochen war, schickte man das ausgewählte Opfer in den Keller, um Wein zu holen. Die Kellertür stand meist schon offen und der Raum war durch eine Lampe erleuchtet. Wenn sich das Mädchen niederbeugte, um Wein aus dem Fass zu schöpfen, wurde sie hinterrücks von dem Zwerg Fitzko erstochen. Elisabeth eilte dann sofort mit ihren Dienerinnen herbei und sie hoben das ermordete Mädchen in einen bereitgestellten Trog. Schnell wurde sie entkleidet und man fügte ihr zahllose Stiche zu, damit das Blut schnell aus ihrem Körper herausfloss. Die Gehilfen der Gräfin mussten den zuckenden Körper mehrmals umdrehen und hin und her wälzen, damit genügend Blut für das Bad im Trog war. Dann beugte die Gräfin ihren entblößten Oberkörper über den Trog und wusch zunächst ihre Arme, dann Brüste und am Schluss ihr Gesicht mit dem warmen Blut des Mädchens. Anschließend zog sie sich in ihre Gemächer zurück, während ihre Gehilfinnen noch Klumpen des trocknenden Blutes einsammelten, die der Herrin dann auf den nackten Körper gelegt wurden. Die ganze Nacht über saßen Helena und Dordula, ihre Vertrauten, am Bettrand und achteten darauf, dass die Blutklumpen nicht vom Körper herunterfielen. Die Aufgabe des Dieners Fitzko bestand darin, in einem der zahlreichen unterirdischen Gänge und Gewölbe den Leichnam des Mädchen zu verscharren. Am nächsten Morgen nahm Elisabeth dann ein Bad, und ihre Vertrauten mussten ihr bestätigen, dass sie so schön wie früher aussah. Besonders hatte es die Gräfin auf Mädchen adliger Herkunft abgesehen, weil sie glaubte, deren Blut sei durch die bessere Ernährung geeigneter, ihre Schönheit wiederherzustellen.

Um die Leichen der Ermordeten zu beseitigen, reichten die unterirdischen Gewölbe bald nicht mehr aus. Sie einfach in einen der Flüsse oder in den benachbarten Kanal zu werfen, erwies sich als zu gefährlich, denn es passierte gelegentlich, dass ein solcher verwester Leichnam von einem Hund aus dem Wasser gezogen wurde. Manchmal waren so viele Leichen im Schloss, dass sie unverscharrt in den Gewölben liegen blieben und der Verwesungsgeruch bis in den Schlosshof drang. Schließlich wurden sie in Gruben verscharrt oder in den Schlossgraben geworfen, wo sie dann doch wieder von den Hunden aufgespürt wurden.

Sehr viel Erfindungsreichtum wandten die Gräfin und ihre Vertrauten darauf, die Eltern und Verwandten der getöteten Mädchen zu täuschen. Kurze Zeit nachdem die Gräfin und ihr Personal von Sarvar nach Csejte gezogen waren, fiel den Dorf-bewohnern auf, dass ungewöhnlich viele Särge aus dem Kas-tell und dem Schloss getragen wurden. Alle Gerüchte konnte man in der ersten Zeit zerstreuen, indem man plötzliche Erkrankungen für die Todesfälle verantwortlich machte. Wenn Eltern nach ihrer Tochter fragten, weil sie schon lange Zeit keine Nachricht von ihr erhalten hätten, teilte man ihnen mit, sie sei verstorben und schon beerdigt worden. Wer sich mit diesen Auskünften nicht zufrieden gab und wissen wollte, an welcher Krankheit die Tochter verstorben sei oder welcher Arzt das Mädchen behandelt habe oder sogar das Grab sehen und öffnen wollte, wurde von der Gräfin barsch zurückgewiesen, weil er sie durch solche Nachfragen beleidi-gen würde. Einige Eltern versuchten auch die Bediensteten der Gräfin durch Geschenke zu bestechen, damit sie ihnen die näheren Umstände des Todes ihrer Tochter mitteilen würden. Doch nur die wenigen Vertrauten der Gräfin wussten, welche Verbrechen im Schlosskeller und im Kastell geschahen.

Als es zu hartnäckigen Nachforschungen kam und zu Dro-hungen, sich an die Gerichte zu wenden, kam die Gräfin auf den Einfall, einen Selbstmord des Mädchen oder eine Flucht vorzutäuschen. Sie zeigte den Eltern einen Abschiedsbrief, den man angeblich im Zimmer ihrer Tochter gefunden hätte. Während das Mädchen schon in den unterirdischen Gängen des Schlosses vergraben war, schickte die Gräfin Suchtrupps aus, die tagelang in der Umgebung des Schlosses nach der Vermissten suchen mussten. Häufig machte sie für den Tod auch einen Jagdunfall verantwortlich und ließ es sich nicht nehmen, den bestürzten Eltern die Tote zu zeigen. Die fürchterlichen Wunden, die sie dem Mädchen zugefügt hatte, waren dann von den Zähnen eines Ebers verursacht worden.

Als ein Dienstmädchen, das nicht zu dem engeren Kreis der Eingeweihten gehörte, zufällig eine fürchterlich verstümmelte Tote entdeckte, stellte sich die Gräfin ahnungslos und versprach demjenigen, der den Täter finden würde, 2000 Gulden. Ihr Mordgehilfe Fitzko bezeugte, er habe einen ihm namentlich bekannten Burschen in das Zimmer des Mädchens schleichen sehen. Sofort wurde dieser Mann aus dem Dorf herbeigeholt und durch Rädern hingerichtet. Das versprochene Geld musste Fitzko der Kirchengemeinde schenken, um das Misstrauen des Geistlichen zu zerstreuen.

Eine andere Ausrede war, einfach zu leugnen, dass eine Vermisste überhaupt den Dienst bei ihr angetreten habe. Damit den Dorfbewohnern die große Zahl von Mädchen, die in das Schloss und das Kastell kamen, nicht auffiel, wurde vielen Mädchen schon bei ihrer Anreise in der Nähe von Csejte aufgelauert. Anschließend wurden sie heimlich in die unterirdischen Verstecke in den gräflichen Anwesen gebracht, wo sie dann brutal ermordet wurden.

Aus den Prozessunterlagen geht auch hervor, dass die Gräfin Bathory zahlreiche Reisen unternahm. Sie besuchte Mähren, Böhmen, Österreich und Polen. Es bestehen nicht die geringsten Zweifel, dass sie auch auf diesen Reisen ihre Mordlust befriedigte und sich im Blut ihrer Opfer badete. Wo auch immer sich die Gräfin längere Zeit aufhielt, verschwanden plötzlich Mädchen, die später, verstümmelt durch zahllose Stichwunden, in den Feldern aufgefunden wurden. Die Behörden tappten im Dunkeln und konnten sich die Vermisstenmeldungen und Mädchenmorde nicht erklären. Niemand kam auf dem Gedanken, diese Verbrechen mit einer so berühmten Dame des Hochadels in Verbindung zu bringen, die zusammen mit ihrem Gefolge eine Stadt mit ihrem Besuch beehrte. Oft war sie ein ganzes Jahr von Csejte abwesend. Aber sie verschwand sofort aus einer Gegend, wenn ihr gemeldet wurde, dass die Bevölkerung wegen der Morde in Unruhe gerate. Wo auch immer sie auftauchte, erregte sie die Aufmerksamkeit der vornehmen Gesellschaft. Man überhäufte sie mit Einladungen, und alle bekannten adligen Familien wetteiferten darum, diese berühmte Dame einmal in ihrem Schloss zu empfangen.

In einem Grafenschloss in Wien, wo sich ungarische Adlige zu treffen pflegten, feierte einmal die Gräfin das Wiedersehen mit vielen alten Bekannten. Ein bildhübsches Mädchen war der Mittelpunkt dieser Gesellschaft. Die jungen Kavaliere, die auf einen Tanz warteten, umringten sie, um sich mit ihr zu unterhalten. Als die Gräfin nach dem Namen dieser jungen Dame fragte, erschrak sie, weil das Mädchen mit einem Verwandten der Gräfin verlobt war. Aber sofort beschäftigte sie der Gedanke, wie sie dieses wunderschöne Mädchen in ihre Macht bringen könnte, um in ihrem Blut zu baden, von dem sie sich eine Wunderwirkung auf ihren welken Körper versprach. Es kostete sie keine Mühe, die junge Adlige in ein Gespräch zu verwickeln und sie unbemerkt von den übrigen Gästen unter einem Vorwand in einen der Nebenräume des Ballsaales zu führen, wo ihre Vertrauten nur auf ein Zeichen von ihr warteten, um das Mädchen zu fesseln, zu knebeln und in eine Kutsche zu schleppen. Man brachte sie eiligst in eine

Villa in einer Vorstadt von Wien, welche die Gräfin für ihre Verbrechen gemietet hatte. Nachdem man das vor Schreck und Furcht halbtote Mädchen wieder zum Leben erweckt hatte, zog man ihr die Kleider aus, badete es und gab ihr wieder den Glanz seiner Schönheit zurück. Nackt führte man sie in ein hell erleuchtetes Zimmer, wo die Gräfin sie schon erwartete. Ihre Dienerin Dordula zog den Teppich beiseite, und zum Vorschein kam ein im Parkett eingelassener Deckel, unter dem sich eine Badewanne verbarg. Ehe sich das Mädchen von seiner Überraschung und dem neuen Schrecken erholen und ein Wort sagen konnte, stieß ihr der Zwerg Fitzko ein Messer in den Rücken. Sie sank über die Badewanne, und durch weitere Stiche brachte man blitzschnell ihren Körper zum Ausbluten. Kaum war die Wanne mit dem warmen Blut des Opfers gefüllt, da stieg die Gräfin schon hinein und saß bis zum Hals darin, um ihren Körper mit den geheimen Kräften des Blutes zu verjüngen.

Neben diesen Morden, die sie zur Befriedigung ihrer Neigung zur Grausamkeit beging oder um im Blut ihrer Opfer ihre frühere Schönheit wiederzugewinnen, hatte sie auch keine Hemmungen, Menschen, die ihr feindlich gesinnt waren oder mit denen sie aus finanziellen Gründen Streit hatte, durch einen Mordanschlag zu beseitigen. Drei Menschen hasste sie aus tiefstem Herzen: den König von Ungarn, der ihrem Mann Geld schuldete, Thurzo, den Oberrichter von Ungarn, und den ehemaligen Vormund ihres verstorbenen Sohnes Paul. Diese drei Personen sollten durch Zauberei beseitigt werden. Eine als Hexe bekannte Frau aus einem Nachbardorf bekam von der Gräfin den Auftrag, einen Kuchen zu backen, dessen Genuss tödlich sein sollte. Die Hexe aber verlangte zunächst, sie müsse in einem Trog baden, den sie mit einer geheimnisvollen Flüssigkeit angefüllt hatte, damit ihre zauberischen Kräfte in diese Flüssigkeit übergingen. Mit diesem Zauberwasser stellte die Hexe einen Kuchen her, der die drei Personen töten sollte. Vorsichtshalber ließ die Gräfin das Gebäck von Unwissenden testen, aber außer heftigen Magenschmerzen war keine weitere Wirkung festzustellen. Dieser Mordanschlag misslang zwar, aber die von Zeitzeugen geäußerte Vermutung, sie habe ihren Gatten 1604 ermordet, weil er sie nach den Beschwerden der Geistlichen ernsthaft ermahnt habe, die Misshandlung des Dienstpersonals zu unterlassen, ist vielleicht nicht frei erfunden. Eine solche Tat wäre ihr jedenfalls zuzutrauen.

Der Verdacht, dass in den unterirdischen Gängen und Gewölben der Burg und des Kastells unheimliche Dinge geschähen, ließ sich nicht mehr wegreden. Diener, die nicht zu den engsten Vertrauten der Bathory gehörten, versicherten hoch und heilig, sie hätten ein nun vermisstes Mädchen gesund in die Kellergewölbe gehen sehen, von da an würde sich jede Spur von ihr verlieren. Der Schmerz und die Empörung von Eltern, Verwandten und Freunden dieser Mädchen erreichten solche Ausmaße, dass man den Oberrichter Thurzo in Bisce mit Klagen und Eingaben überhäufte, den Verdacht zu überprüfen, dass den vermissten Mädchen etwas im Schloss oder im Kastell zugestoßen sei. Diese Vermutung wurde auch bestärkt durch das Verhalten der Bevölkerung in der unmittelbaren Umgebung von Csejte. Niemand schickte seine Töchter als Dienstmagd in das Schloss, weil man um deren Leben fürchtete. Man hatte schon zu viele Särge mit den Leichen junger Mädchen gesehen, die aus den gräflichen Besitzungen in Csejte getragen wurden.

Im Frühjahr 1610 wies der Oberrichter Thurzo vom Pressburger Gericht seine Beamten an, geheime Untersuchungen anzustellen und Zeugen zu vernehmen. Im Herbst desselben Jahres wurden ihm die Zeugenaussagen übergeben. Diese Aussagen bestätigten die schlimmsten Vermutungen, dass nämlich auf den Anwesen der Gräfin Bathory in Csejte an jungen Mädchen ein Massaker ungekannten Ausmaßes stattgefunden hatte. Abgesehen von den bereits beschriebenen grausamen Folterungen und Morden an den Mädchen berichteten Zeugen auch von Kannibalismus: Die Gräfin schnitt einer Frau eigenhändig ein Stück Fleisch aus ihrem Po und zwang sie dann, davon zu essen.

Die weitere Behandlung dieses Falles zeigte, dass der ungarische Hochadel zusammenhielt und den Fall so löste, dass die Machtposition der Elite keinen Schaden nahm. Der Oberrichter Thurzo wusste, wenn er die Gräfin Bathory vorladen und sie durch die Zeugenaussagen ihrer Taten überführen würde, dann würde ihr riesiger Landbesitz eingezogen. Der größte Teil würde dem König von Ungarn zufallen. Thurzo vereinbarte mit den Erben der Gräfin Bathory eine andere Vorgehensweise: Die Gräfin sollte auf frischer Tat ertappt werden, damit einem Leugnen ihrer Verbrechen von vornherein die Grundlage entzogen würde, und dann den Rest ihres Lebens als Gefangene in ihrem Schloss verbringen. Auf diese Weise verbliebe ihrem Sohn und ihren Schwiegersöhnen der Großteil ihrer Ländereien.

Diesen Plan führte Thurzo in den stillen Tagen zwischen Weihnachten und Neujahr aus. Die Gräfin wurde unter scharfer Bewachung in ein Gemach des Schlosses gebracht, das sie fortan nicht mehr verlassen durfte. Ihre Mittäter Helena, Dordula und der Zwerg Fitzko brachte man nach Bisce, das zu den Ländereien des Oberrichters gehörte. Sie wurden einem strengen Verhör unterzogen. Fitzko sagte aus, seine Herrin habe schon zu Lebzeiten des Grafen Nadasdy Mädchen misshandelt und sei von ihrem Mann deswegen des öfteren zur Rede gestellt worden. Als sie aber Dordula in ihre Dienste genommen habe, habe sie begonnen ihre Opfer auch zu töten und anschließend zu beseitigen. Den Mordanschlag gegen den König, den Oberrichter selbst und den Vormund ihres Sohnes bestätigte er ebenfalls. Die Verhöre führten zu keinem eindeutigen Ergebnis über die Zahl der Opfer. Die Zahl schwankt zwischen 30 und 600. In einem Tagebuch, das verschwunden ist, soll die Gräfin Bathory alle Opfer eingetragen haben. Nach Zeitzeugen, welche diese Aufzeichnungen gesehen haben, betrug die Zahl der Opfer etwa 600. Ihr Vertrauter Fitzko schätzte die Zahl auf 31, die beiden beschuldigten Dienerinnen auf ungefähr 51 Opfer.

Nachdem die Verhöre der Mittäter abgeschlossen waren, erging bereits am 7. Januar 1611 ein Urteil des Strafgerichts, das aus 14 Mitgliedern unter dem Vorsitz des Oberrichters Thurzo bestand. Die Gräfin Bathory wurde zu lebenslanger Kerkerhaft in ihrem Schloss verurteilt. Ihre Vertrauten, die ihr bei ihren Morden halfen, sollten hingerichtet werden. Wegen der Schwere ihrer Taten sollten die Mittäter vor ihrer Hinrichtung die Folter erleiden. Den Dienerinnen Helena und Dordula sollten zuerst die Hände abgeschnitten und beide dann bei lebendigem Leib verbrannt werden. Fitzko, dessen jugendliches Alter als strafmildernd gewertet wurde, sollte geköpft und sein Leichnam dann öffentlich verbrannt werden. Drei Tage nach Verlesung dieses Urteils wurde es in Bisce vollstreckt.

Elisabeth Bathory protestierte in zahlreichen Briefen gegen dieses Urteil, das ihr lebenslänglich die Freiheit nahm. Diese Briefe zeigen, dass ihr jedes Schuldbewusstsein und jede Reue fehlten.

Auch der ungarische König Matthias II. erhob Einspruch gegen das Urteil und verlangte eine Neuverhandlung des Falles, nachdem weitere Verhöre von Beteiligten an den Taten durchgeführt und weitere Zeugen vernommen worden waren. Durch geschickte Taktik und mit fadenscheinigen Argumenten verschleppte der Oberrichter Thurzo eine Wiederaufnahme des Verfahrens, indem er den vertraulichen Bittschreiben der Angehörigen der Bathory nachgab. Eine Wiederaufnahme hätte die Angehörigen den größten Teil ihres Familienvermögens gekostet.

Am 21. August 1614 starb die Gräfin in ihrem Schloss. Es entstanden Gerüchte über ihren Tod. Die einen behaupteten, sie habe sich vergiftet, andere wiederum wollten erfahren haben, sie sei verhungert, weil man sie eingemauert hätte. Sicher ist nur, dass sie in der Kirche von Csejte beerdigt wurde.

Der Anblick des Leichnams des „größten Vampirs aller Zeiten" wird in den Legenden, die nach dem Tod dieser grausamen Frau noch lange in der Bevölkerung kursierten, so beschrieben: Ihre Gestalt war nicht mehr zu erkennen, denn aus den Armen und Beinen waren Fleischstücke herausgerissen. An ihren Armen fand man noch die Spuren ihrer Zähne. Der Boden um sie herum war mit Blutflecken bedeckt.

KAPITEL 11

Christine von Schweden – Eine „barbarische Fürstin"

Christine von Schweden, das einzige Kind des Königs Gustav Adolf von Schweden, erbte schon im Alter von sechs Jahren den Thron ihres in der Schlacht von Lützen gefallenen Vaters. Die blasse, junge Frau mit langen, auf die Schultern fallenden Haaren, deren vorspringende Nase und breite Stirn die Erinnerung an ihren Vater wachrief, übernahm im Jahre 1644 die Regierung aus der Hand des Vormundschaftsrates. Auf ihre Regierungsaufgabe war sie gründlich vorbereitet worden. An ihrem Stockholmer Hof versammelten sich die bedeutendsten Gelehrten Europas, was ihr den Ruf einer „Sibylle des Nordens" oder „die zehnte Muse" einbrachte. Überall in Europa ließ die junge Monarchin, die geradezu besessen war von einer Leidenschaft zur Kunst und zur Wissenschaft, wertvolle Gemälde und Kunstsammlungen aufkaufen, die dann die Säle ihres Schlosses schmückten.

Doch plötzlich veränderte sich ihr Leben. Als sie erkrankte und die schwedischen Ärzte ihr nicht helfen konnten, holte man den französischen Arzt Bourdelot an den Königshof. Dieser Mann, der im Ruf stand, sich durch die Ausstrahlungskraft seiner Persönlichkeit sehr schnell die Sympathien seiner

Patienten zu erwerben, macht Christine klar, ihr Leiden sei durch die Beschäftigung mit der trockenen Materie der Wissenschaften verursacht worden. Eine Frau von 26 Jahren benötige die Freuden des Lebens und sollte sich nicht mit Dingen beschäftigen, die ihrem Temperament nicht entsprächen. Christine fand nun in der Beschäftigung mit der Wissenschaft keine Befriedigung mehr und suchte nach Abwechslung.

Christine folgte dem Rat ihres neuen Leibarztes und stürzte sich in einen wahren Vergnügungsrausch. Die konservativen Protestanten von Stockholm schüttelten den Kopf, als sie hörten, auf welche Weise sich die junge Königin die Zeit vertrieb. Dem Rat des französischen Arztes folgend, von dem sie behauptete, nach Gott würde sie ihm ihr Leben verdanken, griff sie tief in die Staatskasse und verschwendete ungeheure Summen für das Ballett und das Theater. Für ihre Umgebung gab es keinen Zweifel, dass dieser Arzt auch ihr Geliebter war. Das Volk, das unter hohen Steuern litt, und der Adel empörten sich über diese Ausschweifungen. Noch schärfer war die Kritik der protestantischen Geistlichkeit an ihrer Lebensführung.

Die Gelehrten, die einst zu ihren Vertrauten gehört hatten, verhöhnte und verspottete die Königin nun. Einmal kam sie bei einer Hofgesellschaft auf den Gedanken, zwei bekannte Altertumsforscher vor der ganzen Gesellschaft aufzufordern, Tänze nach der Art der Griechen und Römer vorzuführen. Die Gelehrten protestierten dagegen. Aber vergeblich. Der gesamte Hof amüsierte sich lautstark, wie die alten und würdigen Männer, die unter den Wissenschaftlern Europas einen großen Namen hatten, wie Clowns vor der Königin tanzen mussten. Christine erlangte an den europäischen Höfen einen zweifelhaften Ruf. Diplomaten berichteten ihren Regierungen, dass die Königin sich betrank und sich Männer bei Maskenspielen bis auf die Unterwäsche auskleiden mussten.

Aber auch in der Liebe suchte sie Abwechslung. Günstlinge, die sich um die Zuneigung der schönen Königin bemühten, hatte sie genug. Frauen hingegen hatten an ihrem Hof einen ungemein schlechten Stand. Sie äußerte einmal: „Ich habe eine maßlose Abneigung gegen alles, was Frauen tun und sagen. Ich ziehe Männer vor, nicht weil ich die Männer liebe, sondern weil sie keine Frauen sind." Eine Ausnahme machte nur ihre Hofdame Ebba Spare, eine blonde Frau von großer Schönheit, die der Königin ebenbürtig war. Am Hof ging das Gerücht um, dass sie mit dieser Hofdame ein Verhältnis habe und mit ihr das Bett teile.

Gesprächsthema an den europäischen Höfen war der Aufstieg und der Fall ihres Günstlings Graf Magnus de la Gardie. Er konnte als einer der zahlreichen Geliebten der Königin behaupten, ihre Gunst am längsten genossen zu haben. Als Belohnung für seine Liebesdienste übertrug ihm Christine den Posten des Gesandten in Frankreich. Unter den Diplomaten und Hofkreisen in Paris nahm er bald eine Sonderstellung ein, weil sich herumgesprochen hatte, er sei der Liebling der schwedischen Königin und habe den Auftrag, die Krone von Frankreich und die von Schweden zu vereinigen. Um sein extravagantes Leben finanzieren zu können, lieh er sich in Paris 100 000 Taler, die später der schwedische Königshof zurückzahlen musste. Als Christine erfuhr, dass er in der Pariser Lebewelt eine bekannt Erscheinung sei und von den Frauen umschwärmt würde, enthob sie ihn seines Postens und rief ihn unverzüglich nach Schweden zurück. Seiner Karriere tat dies keinen Abbruch, obwohl es Christine immer schwerer fiel, seine maßlose Verschwendungssucht zu rechtfertigen. Trotz der heftigen Kritik der schwedischen Reichsstände wurde er immer mächtiger am Stockholmer Hof, bis er schließlich wegen einer Geringfügigkeit in Ungnade fiel und vom Hof verbannt wurde. Magnus de la Gardie, der sehr eitel war, hatte sich eine Zeit lang vom Hof zurückgezogen, weil er die Gunst der Königin nicht mit dem Arzt Bourdelot teilen wollte. Erst nach dem Abschied Bourdelots, der mit Geld und Schätzen reichlich ausgestattet nach Frankreich zurückkehrte, suchte Magnus de la Gardie wieder Christines Gesellschaft. Er war enttäuscht über ihre ablehnende Haltung und gab am Hof als Grund an, die Königin hätte ihn des Hochverrats verdächtigt und würde ihm nie wieder ihre Gunst schenken. Als Christine dies hinterbracht wurde, war sie maßlos zornig und stellte ihren ehemaligen Geliebten zur Rede. Er geriet in Verlegenheit und versuchte sich aus der Affäre zu ziehen, indem er zwei Beamte des königlichen Hofes als seine Zeugen nannte. Als Christine Nachforschungen anstellte und Magnus de la Gardie in ihrem Beisein einem der benannten Zeugen gegenüberstellte, verwickelte sich ihr Liebhaber in Widersprüche. Christine bekam den Eindruck, dass sie von ihm von Anfang an belogen worden sei. Sie wies ihn für so lange vom Hof, bis er seine Behauptung würde beweisen können.

Die Verschwendungssucht der Königin, die eine schwere Finanzkrise hervorgerufen hatte, rief eine Unzufriedenheit hervor, die den idealen Nährboden für Verschwörungen bot. Vor ihrem Regierungsantritt mussten nur drei Prozent vom nationalen Einkommen für den Unterhalt des Hofes abgeführt werden. Obwohl der aufwändige Lebensstil jetzt ein Viertel der Staatseinnahmen verschlang, litt die Königin ständig unter Geldmangel und wusste nicht, wie sie ihre Truppen bezahlen sollte.

1647 kam es zu einem Attentat auf die Königin. Der Täter galt zwar als geistesgestört, ging aber bei seinem Anschlag sehr geschickt vor. Während der Sonntagsmesse konnte der Mann bis in die Nähe der Königin vordringen, weil die meisten Männer des Hofes beim Gebet ihr Gesicht mit dem Hut bedeckten. Im letzten Augenblick wurde der Attentäter von einem Hofmeister entdeckt, der die Wache herbeirief. Da dieser Mann aber über große Kraft verfügte, konnte er die Soldaten beiseite stoßen und stürmte auf die ahnungslose Königin zu. Ein Hauptmann ihrer Garde warf sich auf den Mann, bevor er die Königin angreifen konnte. Bei der Untersuchung fand man zwei Dolche bei ihm. Als Begründung für sein Verhalten gab er an, er habe nur den Priester töten wollen. Da im Verhör deutlich wurde, dass er an Geistesverwirrung litt, verzichtete man auf eine Hinrichtung und sperrte ihn in ein Irrenhaus.

Ein Jahr später entdeckte die Königin einen Brand in dem Treppenhaus, das zu ihren privaten Gemächern führte. Es dauerte über sechs Stunden, bis das Feuer gelöscht werden konnte. Wahrscheinlich trachteten die Brandstifter nicht nur nach dem Leben der Königin, sondern wollten auch ihr geheimes Archiv vernichten. Die Königin verließ das ausgebrannte Gebäude erst, nachdem sie sich überzeugt hatte, dass ihre privaten Akten unbeschädigt waren. Wer hinter der Tat stand, konnte nie ermittelt werden.

Die allgemeine Unzufriedenheit im Lande griffen die Verfasser einer Schmähschrift gegen die Königin auf, der sie ihren liederlichen Lebenswandel und ihre Verschwendungssucht vorwarfen. Darin wurde Karl Gustav, ein Verwandter der Königin, der häufig als zukünftiger Gemahl der Königin im

Gespräch war, aufgefordert, die Königin zu töten und selbst die Regierung zu übernehmen. Dieses Pamphlet, das auch Karl Gustav zugestellt wurde, wirbelte einen gewaltigen Staub auf. Sofort ordnete die Königin eine Untersuchung an. Einer ihrer Sekretäre erkannte auf dem Umschlag die Handschrift des Verfassers. Im Verhör gestand dieser Mann, dass er vom Sohn des königlichen Chronisten Messenius den Auftrag erhalten habe, dieses Päckchen zu adressieren. Der Chronist Messenius und sein Sohn wurden insgeheim verhaftet, weil man den Verdacht hatte, dass an der Abfassung und Verbreitung der Schmähschrift noch andere Personen beteiligt waren. Die Familie Messenius hatte keinen guten Ruf bei der Königin, weil der Vater des königlichen Chronisten wegen Hochverrats zum Tode verurteilt worden war. Die aufrührerische Gesinnung war in dieser Familie vom Vater auf den Sohn übertragen worden. Als nach langen Verhören nicht geklärt werden konnte, ob der Vater oder der Sohn der Verfasser dieses Pamphletes war, entschied man sich zur Anwendung der Folter. Doch bei der Aufstellung der Foltergeräte brach der Vater zusammen und legte ein Geständnis ab. Verfasser der Schrift war sein Sohn, der bei der Abfassung durch hochgestellte Persönlichkeiten wie dem Bürgermeister von Stockholm unterstützt worden war. Durch die Andeutung, dass auch hohe Adlige in diese Affäre verwickelt waren, wollte er verhindern, dass man ihn folterte. Er drohte, er würde die Namen der beteiligten Adligen preisgeben und die Königin in große Schwierigkeiten bringen. Der Bürgermeister von Stockholm, der bei der Bevölkerung sehr beliebt war, wurde begnadigt. Die beiden Messenius wurden zum Tode verurteilt und enthauptet. Die Leiche des Sohns wurde zudem nach der Hinrichtung gerädert.

Christine galt bei ihren Untertanen als sehr streng, und nur selten hat sie einen Verbrecher, der zum Tod verurteilt worden war, begnadigt. Einen dieser seltenen Fälle, bei denen sie einem Täter das Leben schenkte, berichtet der französische Schriftsteller Tallement des Reaux in seiner Sammlung von Geschichten mit dem Titel „Histoirettes“:

„Ein aus Stockholm gebürtiger Mann geriet mit einem Trompeter des Prinzen Karl Gustav in Streit und tötete ihn. Er kam in das Gefängnis des königlichen Schlosses. Nach seiner Verurteilung zum Tode wird er von einer Witwe, mit der er verlobt war, besucht, weil man ihm eine gewisse Frist bis zu seiner Hinrichtung einräumen wollte, um sich von seinen Bekannten zu verabschieden. Unter Tränen teilte er der Witwe mit, dass er sie nun nicht mehr heiraten könnte, weil er hingerichtet würde. Doch wollte er versuchen, von der Königin die Genehmigung zu erhalten, seine Verlobte vor seinem Tod zu heiraten. Seine Braut war damit einverstanden. Sofort legte er eine Bittschrift den Richtern vor, in der er die Königin um die Zustimmung zu seiner beabsichtigten Eheschließung bat. Da sich das Gefängnis im Schloss befand, wollte die Königin Christine sich persönlich von der Gemütsstimmung des Bittstellers überzeugen. Sie war nämlich neugierig zu erfahren, wie sich ein Mensch in dieser Lage benahm. Sie gewann den Eindruck, dass dieser Junge überhaupt nicht so aussah, als ob er bald sterben würde. Als er die Königin an dem Fenster seiner Zelle erkannte, bedankte er sich für ihre Güte, ihm erlaubt zu haben, an sie eine Bittschrift zu richten. Die Königin war von dem Verhalten des Mannes gerührt und gewährte ihm noch einen weiteren Aufschub von vier Tagen über die üblichen acht Tage hinaus bis zu seiner Hinrichtung. Der junge Mann heiratete seine

Braut. Als der Tag der Hinrichtung nahe rückte, baten russische Gesandte, die sich zu einer Abschiedsaudienz bei der Königin befanden, um das Leben des jungen Mannes. Weil sie den ausländischen Diplomaten einen Gefallen tun wollte, gab sie nach langem Zögern ihrer Bitte nach und begnadigte den Häftling."

Ein französischer Gesandte, der über diesen Fall auch berichtete, bemerkte, dass diese Begnadigung, um die sich auch schwedische Hofkreise bemüht hätten, nicht aus Mitleid geschehen sei, sondern aus der politischen Überlegungen, dass sie einem guten Verhältnis zur russischen Regierung dienen würde.

Als Magnus de la Gardie vom Hof verbannt wurde und Bourdelot Schweden verließ, machte die Königin ihren Stallmeister eine Zeitlang zu ihrem Favoriten, weil er sie nach einem Sturz ins Wasser gerettet hatte. Christine hatte in Begleitung ihres leitenden Admirals einige neu ausgerüstete Kriegsschiffe besichtigt. Plötzlich fiel der Admiral ins Wasser und riss die Königin, die neben ihm stand, mit sich. Sofort sprang der Stallmeister nach und rettete die beiden. Lächelnd sagte er zur Königin: „Gott sei Dank, dass ich nur Wasser trinke. Deshalb hat mir der Unfall nicht geschadet. Peinlich ist dies für den Herrn Admiral, der ja ein bekannter Bier- und Weintrinker ist!" Der Retter wurde nicht nur reichlich mit Geschenken belohnt und in den Adelsstand erhoben, sondern durfte auch das Bett mit Christine teilen.

Für Schmeichler hatte sie immer offene Ohren. Politische Flüchtlinge fanden bei ihr bereitwillig Aufnahme, wenn sie ihr bei der Bewältigung ihrer finanziellen Probleme halfen. Der dänische Graf Ulfield, der aus politischen Gründen in seiner Heimat in Ungnade gefallen war, legte ihr sein gesamtes

Vermögen zu Füßen und erhielt als Gegenleistung die höchsten schwedischen Ehren.

Eine Wende im Leben Christines trat ein, als der spanische Gesandte Don Antonio Pimentel in Stockholm erschien. Er hatte vom spanischen König Philipp IV. den Auftrag erhalten, die enge Verbindung zwischen Schweden und Frankreich zu lockern, da sich Spanien seit geraumer Zeit mit Frankreich im Kriegszustand befand. Pimentel, ein Soldatentyp, schlank und hochgewachsen, benötigte nicht viel Zeit, um die Zuneigung der Königin zu gewinnen. In kurzer Zeit berichtete der Hofklatsch, Christine sei in den spanischen Botschafter verliebt. Diese Liebesaffäre war an allen Höfen Europas das wichtigste Gesprächsthema, weil man dahinter vielleicht einen Wechsel in der Politik Schwedens vermutete, der das Gleichgewicht in Europa ins Wanken bringen konnte. Zu einem ungeheuren Skandal kam es, als Christine bei einem Ball vor dem spanischen Gesandten einen Diamanten fallen ließ und ihn bat, den wertvollen Juwel als Zeichen ihrer Zuneigung aufzuheben. Beim schwedischen Adel verbreitete sich die Ansicht, dass Christine das Land nicht mehr regieren könne, weil ihre Verschwendungssucht jedes Maß überschreite. Die Gerüchte über ein intimes Verhältnis der Königin mit dem spanischen Gesandten bereiteten den schwedischen Diplomaten große Sorge. Auch Pimentel, der als glücklich verheiratet galt, versuchte vergeblich vom spanischen König seine Abberufung zu erreichen, um seine Ehe zu retten.

Das Gerede über ihre Affäre versuchte Christine dadurch zu entkräften, dass sie demonstrativ einen der jungen Männer, die zu ihrer Gesellschaft gehörten, zu ihrem Günstling machte. Der junge Claes Tott, der wegen seiner Streitsucht und Rauflust gefürchtet war, wurde ihr neuer Geliebter, wie sie öffentlich verkündete. Sie ernannte ihn zum Grafen Karlberg und beschenkte ihn mit ausgedehnten Ländereien. Aber Christine erreichte eher das Gegenteil. Von den ausländischen Diplomaten wurden die Verhältnisse am schwedischen Hof als undurchsichtig und verworren bezeichnet.

Die schlimme wirtschaftliche Lage ihres Königreiches, die feindliche Stimmung in ihrem Volk und die ablehnende Haltung des Adels und der Geistlichkeit ließen in ihr den Entschluss reifen, dass es für sie besser sei, zugunsten ihres Vetters Karl Gustav auf den Thron zu verzichten. Die europäischen Monarchen waren von ihrer Entscheidung überrascht. Der spanische König äußerte sich so: „Es ist etwas Ungewöhnliches, dass eine so geistreiche Fürstin, eine so erhabene Seele sich entschließen kann, ihr Königreich, Vaterland und ihre Untertanen zu verlassen."

Diesem Schritt der Königin war ein innerer Wandel gegenüber dem Protestantismus vorausgegangen. Während sie noch an den protestantischen Messen teilnahm, beschäftigte sie sich mit dem Gedanken zum Katholizismus überzutreten. Der Beichtvater des portugiesischen Gesandten Macedo in Stockholm musste für sie geheime Botendienste zum Papst übernehmen, weil sie vor dem offiziellen Übertritt zur katholischen Kirche dessen Meinung hören wollte. Ihr ehemaliger Geliebter Pimentel erreichte beim spanischen König, dass er sich beim Papst für Christine einsetzte und dieser ihr nach ihrem Glaubenswechsel erlaubte, sich im Vatikan niederzulassen.

1654 wurde der schwedische Reichstag einberufen, um die Einzelheiten ihrer Abdankung festzulegen. Neben einer lebenslänglichen Rente wurden ihr alle Kronjuwelen überlassen. Christine legte den Begriff Kronjuwelen ganz im Sinne ihres bisherigen aufwändigen Lebensstiles aus und nahm alle Kostbarkeiten aus den königlichen Schlössern. In einer feierlichen Zeremonie wurde die Abdankung vor den versammelten Reichsräten vollzogen. Christine übergab im Thronsaal des königlichen Schlosses, das der Sitz ihrer Vorfahren war, das Zepter, das Symbol ihrer Macht, an ihren Vetter Karl Gustav. Sodann schritt sie mit dem Reichsapfel in ihrer linken Hand zum Thron empor. Nach einer kurzen Ansprache wurde sie von dem Vorsitzenden des Reichsrates von ihrem Königseid entbunden. Auf ihr Zeichen hin sollte der Graf Brahe ihr die Krone vom Haupt nehmen. Aber der Graf weigerte sich, den Akt rückgängig zu machen, den er vor einigen Jahren vollzogen hatte. Christine musste sich selbst die Krone vom Haupt nehmen, was symbolisch ihrer Entscheidung entsprach. Noch am selben Tag wurde ihr Vetter als neuer König im Dom von Uppsala gekrönt.

Mit über 200 Personen im Gefolge verließ Christine Schweden und reiste quer durch Europa. Als sie zum ersten Mal in Dänemark auf fremdem Boden stand, soll sie gesagt haben: „Nun bin ich endlich frei und außerhalb Schwedens, wohin ich niemals mehr zurückkehren werde."

Ihre Wahlheimat wurde Italien, das sie aber 1656 verlassen musste, weil die Pest ausgebrochen war. Sie besuchte Frankreich, was für sie die Verwirklichung einer ihrer größten Wünsche war. Ihr Einzug in Paris war ein wahrer Triumphzug. Vor dem Stadttor wurde sie von einer 15 000 Mann starken Truppe erwartet. Über 1 000 französische Reiter begleiteten sie, als sie in die Stadt einzog. Christine fühlte sich wieder als Königin. Aber je länger sie in der Stadt blieb, desto mehr häufte sich die Kritik an ihr. Man warf ihr nicht nur vor, dass ihre Kleidung nicht standesgemäß sei, sondern tadelte besonders ihr männliches Auftreten. Sie rief geradezu einen Skandal hervor, als sie zum König Ludwig XIV. sagte: „Wenn ich an Ihrer Stelle wäre, würde ich eine Frau heiraten, die ich liebte." Die Mutter des Königs war so entsetzt über diese Äußerung, dass sie alles daransetzte, den Aufenthalt der einstigen schwedischen Königin in Frankreich zu beenden.

Vor ihrer Abreise in den Vatikan versuchte sie den einflussreichen Kardinal Mazarin davon zu überzeugen, dass es für die französischen Interessen sehr vorteilhaft sei, wenn Neapel dem spanischen Machtbereich, der sich zu jener Zeit über Italien erstreckte, entrissen würde und sie die Königswürde von Neapel erhielte. Als Gegenleistung versprach sie ihm, nach ihrem Tod die Königswürde an einen französischen Fürsten zu vererben. Mazarin nahm zunächst eine abwartende Haltung ein und riet ihr, über diesen Plan mit dem Papst zu verhandeln und seine Zustimmung zu erreichen.

Christine hatte, seitdem sie sich im Vatikan niedergelassen hatte, die beiden Italiener Santinelli und Monaldeschi zu ihren Vertrauten gemacht. Von Monaldeschi war bekannt, dass er enge Kontakte zu einflussreichen Persönlichkeiten in Neapel unterhielt, die eine Änderung der politischen Verhältnisse wünschten. Dieser Vertraute, der bei Christine das Amt eines Stallmeisters hatte, bot ihr an, ihre Umsturzpläne in Neapel durch bewaffnete Banden zu unterstützen, die er in den Abruzzen zusammenstellen wollte. Da Christine wusste, dass dieses Vorhaben nicht ohne die Unterstützung der französischen Truppen durchgeführt werden konnte, ging sie 1657 wieder nach Paris. Als Grund für ihre Reise gab sie an, sie wolle in Paris den Karneval genießen. In Wirklichkeit wollte sie den Kardinal Mazarin für ihre politischen Pläne gewinnen. Wegen des Eklats, den sie bei ihrem letzten Aufenthalt am französischen Königshof verursacht hatte, nahm man sie kühl und zurückhaltend auf. Begleitet wurde sie von ihren beiden italienischen Vertrauten, zwischen denen es ständig Rivalitäten um die Gunst der ehemaligen Königin gab. Sie waren eifersüchtig aufeinander, wenn Christine einen von beiden bevorzugte und ihm mehr Beweise ihre Zuneigung gab.

Ihren geheimen Verhandlungen mit Mazarin war Erfolg beschieden. Sie erhielt die Zusage, dass nach dem Abschluss eines Feldzuges der französischen Armee in Flandern die Vorbereitungen für das Unternehmen in Neapel beginnen sollten. Im Mittelmeer wurden schon Schiffe zusammengezogen, und in der Provence stellte man Truppen auf. Alles musste unter größter Geheimhaltung geschehen. Als Christine während dieser Vorbereitungen, die sie als Erledigung ihrer privaten Angelegenheit zu tarnen wusste, die Information erhielt, Monaldeschi sei wahrscheinlich ein Spion, der all ihre Machenschaften überwache, fing sie seine Briefe ab, um sich Gewissheit zu verschaffen. Der Verdacht bestätigte sich. Sie vermutete, dass Monaldeschi die Spanier über all ihre Pläne informierte. Nun musste sie schnell handeln, wenn das ganze Unternehmen nicht gefährden werden sollte. Als Monaldeschi zur Rede gestellt wurde, bezichtigte er Santinelli, ein Verräter zu sein. Als Beweis für seine Behauptung legte er Briefe vor, die er durch Nachahmung der Handschrift Santinellis gefälscht hatte. Obwohl Christine überzeugt war, dass nur Monaldeschi als Verräter in Frage kam, sammelte sie weiteres Beweismaterial gegen ihn. Monaldeschi geriet in immer größere Unruhe, weil er merkte, dass Briefe an ihn ausblieben, und bereite seine Flucht vor. Christine, die sich bei ihrer Abdankung ausbedungen hatte, dass sie die Gerichtsbarkeit über ihre Diener behielt, war entschlossen, Monaldeschi wegen Spionage hinrichten zu lassen, obwohl sie sich als Staatsgast in einem fremden Land aufhielt. Das Beweismaterial übergab sie dem Prior eines Klosters, das sich in der Nähe ihres Palais' in Fontainebleau befand. Ihr italienischer Vertrauter wurde zu ihr in die Galerie des Schlosses bestellt. Dann ließ sie sich von dem Prior das Beweismaterial bringen und breitete es vor Monaldeschi aus. Er musste eingestehen, dass einige Briefe eindeutig seine Handschrift aufwiesen. Fast eine Stunde lang versuchte er sich zu verteidigen, indem er alles auf andere abwälzte. Schließlich sah er keinen anderen Ausweg mehr, als sich Christine zu Füßen zu werfen und sie um Gnade zu bitten. Christine blieb aber hart und lehnte seine Bitte, ihm doch das Leben zu schenken, mit den Worten ab: „Er hat mich verraten, er muss sterben!" Während Monaldeschi bei dem Pater die Beichte ablegte, erschienen bewaffnete Männer, die die Ausgänge der Galerie besetzten. Vergeblich versuchte der Pater, die Königin noch umzustimmen. Sie gab ihm zur Antwort, sie habe in Schweden Menschen wegen viel geringerer Taten durch das Rad hinrichten lassen. Nun kam es zu einer furchtbaren Szene: Die bewaffneten Männer drängten Monaldeschi, der um sein Leben flehte, in eine Ecke der Galerie und schlugen mit ihren Schwertern auf ihn ein. Da er vorsorglich unter seiner Kleidung ein Panzerhemd trug, konnten sie ihn nur an den Armen verletzen. Er versuchte zu fliehen und rief in seiner Verzweiflung den Priester herbei, weil er noch etwas beichten wolle. Nachdem ihm der Prior die Absolution erteilt hatte, warfen ihn die Wächter der Königin zu Boden und töteten ihn durch einen Stich in die Kehle. Man schleppte den Ermordeten in die Klosterkirche, wo er bestattet werden sollte. Christine gab dem Prior noch einen Geldbetrag, damit er für Monaldeschi die Totenmesse lese.

Als dieses Geschehen am französischen Königshof bekannt wurde, war man entsetzt und bezeichnete Christine als eine „barbarische Fürstin", die sofort das Land verlassen müsse. Ganz Paris sprach davon, dass Christine bei der Ausführung der Tat gelacht und gescherzt habe. Der Philosoph Voltaire kommentierte diesen Mord so: „Diese Frau hat ein galantes Abenteuer mit einem Mord beendet. Ein Italiener wurde von einem Landsmann in einem Palast des französischen Königs auf Befehl einer schwedischen Königin ermordet!" Ihre Lage in Paris wurde immer schwieriger. Es erschienen Flugschriften, in denen sie mit der assyrischen Königin Semiramis verglichen wurde. Sie wurde überall gemieden. Der französische Hof bat sie, sich zu ihrer eigenen Sicherheit nicht in der Öffentlichkeit zu zeigen.

Heute weiß man, dass es nicht nur ein grausames, sondern auch ein sinnloses Verbrechen war. Ihr Plan nämlich, in Neapel mit französischer Hilfe die Macht zu übernehmen, war längst dem Vizekönig in Neapel bekannt. Die Spanier, die Italien beherrschten, hatten die nötigen Vorbereitungen getroffen, um Neapel gegen einen Flottenangriff der Franzosen zu verteidigen. Dass Christines Vorhaben ohne Erfolg war, wusste auch der Kardinal Mazarin. Da Christine sehr viel über die französischen Kriegspläne gegen Spanien wusste, hielten es ihre Gesprächspartner in Frankreich für ratsam, sie nicht über den letzten Stand der Dinge zu informieren. Sie sollte ruhig weiter an ihrem Feldzug gegen Neapel arbeiten. Dass ihre Pläne den Spaniern von Monaldeschi verraten worden waren, verschaffte Frankreich den Vorteil, dass die Spanier in Unruhe versetzt waren. Der Papst war so in Furcht geraten, dass er sogar einen Angriff der spanischen Truppen in Italien auf Rom befürchtete. Nur mit Mühe konnte er davon abgehalten werden, Christine die Wiedereinreise in den Kirchenstaat zu verbieten.

Nachdem der Traum vom Königreich Neapel sich aufgelöst hatte und Christine wieder zur Realität zurückgebracht war, musste sie nach anderen Mitteln und Wegen suchen, wie sie ihre heikle finanzielle Situation verbessern konnte. Nachdem ihr Vetter Karl Gustav 1660 gestorben war und als Thronfolger einen minderjährigen Sohn hinterließ, reiste sie nach Schweden und versuchte ihre Ansprüche auf den Thron geltend zu machen. Als sie damit scheiterte, bemühte sie sich vergeblich um die Regentschaft für den Thronfolger. Auch ihrem Versuch, Königin von Polen zu werden, war kein Erfolg beschieden.

Ihre letzten Lebensjahre verbrachte sie mit Erlaubnis des Papstes im Vatikan. Im Alter war sie eine schwerfällige, beleibte Frau geworden, die mit ihrem aufgequollenen Gesicht und den kurzen struppigen Haaren eher Mitleid als Zuneigung hervorrief. Trotzdem setzte sie ihr ausschweifendes Leben fort und bekannte offen ihre lesbischen Neigungen. In ihrem Todesjahr war ihr erklärter Liebling eine römische Sängerin namens Angelina Georgini, die keinen besonders guten Ruf hatte. Christine duldete nicht, dass eine andere Person, besonders aber kein Mann, mit dem jungen Mädchen zusammen war. Als sich ein junger Abt in die Sängerin verliebte und das Mädchen mit Gewalt aus dem Palais ihrer mütterlichen Freundin zu entführen versuchte, kam es zu einem Tumult. Das junge Mädchen wehrte sich mit Händen und Füßen gegen ihren Entführer und weckte Christine durch ihr Geschrei auf. Sie verlangte eine Erklärung für den Lärm in ihrem Palast. Als sie den Grund dafür erfuhr, eilte sie dem fliehenden Abt hinterher. Aber diese Aufregung war zuviel für sie. Es ging mit ihr seit diesem Vorfall gesundheitlich bergab, und im Jahre 1689 verstarb sie. Der Papst bereitete ihr ein ehrenvolles und feierliches Begräbnis.

KAPITEL 12

Katharina II. –
Zarin der Lust und zynische Despotin

In einer warmen Sommernacht des Jahres 1762 ritt im Galopp die 34-jährige Großfürstin Katharina von der Sommerresidenz der Zaren in das nahe gelegene Petersburg. Ihr Aufbruch war so überstürzt, dass sie nicht einmal Zeit hatte, ihre Toilette zu machen. In Petersburg standen die Garden bereit, sie zur Kaiserin auszurufen. Ihr Liebhaber, der Gardeoffizier Gregori Orlow, führte sie sofort in die Kaserne seines Regiments. Er und sein Bruder Alexej, zwei kaltblütige und grobschlächtige Landsknechte und Kriegshelden, spielten eine Schlüsselrolle bei der Durchführung dieses Staatsstreiches, mit dem sie den Zaren Peter III. und Gemahl Katharinas von der Macht verdrängen wollten. Der Staatsstreich war gut vorbereitet worden. In einem Manifest wurde Katharina als Kaiserin und Selbstherrscherin von ganz Russland bezeichnet. Der weitere Verlauf hing davon ab, ob man die Masse der Soldaten in Petersburg für sich gewann. Die Chancen standen gut, weil Zar Peter III. den Befehl erteilt hatte, einen großen Teil der Garderegimenter zu einem Feldzug gegen Dänemark einzuschiffen.

Vor den versammelten Gardesoldaten rief Katharina: „Mein Mann hat den Befehl erteilt, mich und mein Kind töten zu lassen!" Die Soldaten riefen ihr zu: „Es lebe unser Mütterchen Katharina!" Dasselbe Schauspiel wiederholte sich in den anderen Kasernen. Ihrem Siegeszug durch Petersburg schlossen sich auch viele Geistliche an. Am nächsten Morgen wurde Katharina von den führenden Kirchenvertretern in der Kasan-Kathedrale als neue Zarin gesegnet. Den Treueeid der Würdenträger des russischen Reiches nahm sie im Winterpalais, dem Sitz der Zaren, entgegen.

Nun begann die zweite Phase des Staatsstreiches. Zar Peter III. musste förmlich abgesetzt werden. An der Spitze der ihr ergebenen Garden ritt Katharina gemeinsam mit der Fürstin Daschkowa zu dem vermuteten Aufenthaltsort des Zaren. Unterwegs nahm Katharina die Huldigung der wichtigsten Beamten Peters III. entgegen, die sich unter Vorwänden aus seiner Umgebung entfernt hatten. Von seinen Vertrauten im Stich gelassen und fast wahnsinnig vor Angst, unterzeichnete der Zar seine Absetzungsurkunde, die seine Gemahlin entworfen und eigenhändig niedergeschrieben hatte. Darin musste er eingestehen, die Schwere und die Last der Regierungsgeschäfte nicht tragen zu können und für alle Zeiten auf seinen Anspruch auf den Zarentitel zu verzichten. Es wäre ein nahezu unblutiger Staatsstreich gewesen, wenn nicht der gestürzte Zar selbst den Tod gefunden hätte.

Peter III., dem seine Uniform, der Degen und alle Orden abgenommen worden waren, wurde in einem Arrestwagen unter dem Kommando von neun Offizieren in das bei Petersburg gelegenen Schloss Ropscha gebracht, wo er sich so lange aufhalten sollte, bis in der Festung Schlüsselberg ein Gemach für ihn hergerichtet sei. Seine Bitte, dass ihm seine Geliebte

Woronzowa, deren Vater sein Kanzler gewesen war, Gesellschaft leisten dürfe, wurde abgelehnt. Bereits eine Woche später wurde in einer Erklärung Katharinas der Tod des ehemaligen Zars bekannt gegeben. Es hieß, er sei an einer schweren Kolik gestorben. Schon kurz danach tauchten aber Gerüchte auf, er sei auf Veranlassung der neuen Zarin ermordet worden. Ein Giftmord wurde ausgeschlossen, wie eine von Katharina angeordnete Obduktion ergab. Um sich von jedem Verdacht zu reinigen, ließ sie seine Leiche sogar öffentlich ausstellen. Sein Gesicht war vollkommen schwarz und der Hals bis an die Ohren verdeckt, damit man, wie Zeitgenossen vermuteten, die Spuren einer Strangulation nicht sehen konnte. Selbst Katharinas Sohn Paul glaubte bis zum Tod seiner Mutter, sie habe seinen Vater umbringen lassen. Eine Version des Tathergangs schildert ein Brief von Alexej Orlow:

„Mütterchen, gnadenreiche Kaiserin!

Was soll ich aussprechen und beschreiben, was geschehen ist? Du wirst Deinem getreuen Sklaven keinen Glauben schenken. Aber ich werde die Wahrheit sagen, wie vor Gottes Angesicht. Mütterchen, ich bin bereit zu sterben, aber ich weiß nicht, wie das Unglück geschehen ist. Wir sind verloren, wenn du mir nicht Gnade schenkst. Mütterchen – er ist nicht mehr. Aber niemand hat es gedacht. Wie sollten wir es ausdenken, die Hand gegen den Zaren zu erheben. Aber, Zarin, das Unglück ist geschehen. Es kam bei Tisch zu einem Streit mit dem Fürsten Feodor, und ehe wir sie auseinander bringen konnten, war er nicht mehr."

Aus anderen Berichten geht allerdings hervor, dass die Gardisten, die den Zar bewachten, versuchten hatten, ihn zu vergiften. Da der Zar aber vorher warme Milch getrunken hatte, wirkte das Gift nicht. Deshalb erdrosselte ihn Alexej Orlow, was die einzige Todesart war, welche die wenigsten Spuren hinterlassen würde. Auch der englische Botschafter bestätigt in einem Schreiben an seine Regierung diesen Tatablauf.

Die Gebrüder Orlow, die für Katharina die Petersburger Garden aufgewiegelt und ihren verhassten Gemahl ermordet hatten, wurden fürstlich belohnt. Sie wurden in den Grafenstand erhoben, erhielten 800 Leibeigene als Geschenk und stiegen in die höchsten Offiziersränge bei den Garden auf.

Katharina hatte ihr Ziel erreicht. Sie war nicht Regentin auf Zeit für ihren Sohn Paul, sondern regierende Zarin. Mit unbeschreiblichem Eifer machte sie sich an die Arbeit, um diese Machtposition abzusichern. Ihre vordringlichste Aufgabe war es, die Fehler und falschen Entscheidungen ihres Mannes zu korrigieren. In dem halben Jahr seiner Regierungszeit hatte Peter III. die Sympathien des Militärs und der Geistlichkeit verloren und die allgemeine Stimmung auch der einfachen Menschen in Russland so gegen sich aufgebracht, dass sich beim Staatsstreich keine Hand für ihn rührte. Peter III., der bis zur Aufnahme in die Zarenfamilie Klaus-Peter Ullrich von Holstein-Gottorp hieß und der Sohn des Herzogs von Holstein war, machte aus seiner Verachtung für Russland und die russische Lebensart keinen Hehl. Seine ersten Erlasse richteten sich gegen die Privilegien der Kirche. So beschlagnahmte er die Kirchengüter, schaffte die Ikonen ab, die Priester mussten ihre Bärte abschneiden und die Riten der Gottesdienste wurden geändert. Dem zweiten Pfeiler seiner Herrschaft, dem Militär, versetzte er einen schweren Schlag, indem er die russischen Uniformen durch preußische ersetzen ließ, das preußische Militärregiment einführte und seinen Onkel zum Oberbefehlshaber der Armee machte. Die schwerwiegendste Fehlentscheidung war der Friedensschluss mit Preußen, das im Jahre 1762 kurz vor dem Zusammenbruch stand. Preußen war ausgeblutet, und die russischen Truppen standen in Berlin. In diesem Augenblick schloss Peter, der seit seiner Jugend ein Freund Preußens war, mit Friedrich dem Großen einen Frieden. Der Preußenkönig stellt später in seinen Memoiren fest, dass der Zar nicht nur seinen Wünschen entgegenkam, sondern noch weit darüber hinausging. Peter III. verzichtete nämlich auf sämtliche Gebietsforderungen und verlangte als Gegenleistung nur die Freundschaft und ein Bündnis mit Preußen. Den abenteuerlichen Plan, russische Truppen auf dem Seeweg nach Dänemark zu bringen, um seine Heimat zurückzuerobern, verhinderte sein Absetzung. Selbst Friedrich der Große hatte ihm dringend abgeraten, sich in dieses militärische Abenteuer einzulassen.

Die vordringlichste Maßnahme war die Aufhebung der kirchenfeindlichen Erlasse, weil Katharina großen Wert darauf legte, als Beschützerin des Glaubens und der Kirche zu erscheinen. So wurde sie auch auf einer Münze als Retterin des Glaubens und des Vaterlandes bezeichnet. Andererseits aber wollte sie auf die willkommene Einnahmequelle nicht verzichten, die dem Staat und ihr selbst durch die Übernahme des Kirchenbesitzes zugefallen war. Sie musste also vorsichtig vorgehen. Erst als ihre Machtposition ungefährdet war, wies sie alle Besitzansprüche der Kirche barsch zurück. Die Kirchenvertreter mussten sich den Vorwurf gefallen lassen, sie würden die Pflichten ihres Amtes verletzen, weil sie nach Reichtümern und Besitz strebten, deren Größe ihnen die gleiche Macht wie den Zaren gäbe. Einen der eifrigsten Wortführer in dieser Frage, den ukrainischen Erzbischof Rostow, ließ sie absetzen und zu lebenslänglicher Kerkerhaft verurteilen.

Katharina war sehr an einer baldigen Krönung gelegen. Erst durch diesen feierlichen Akt würde sie zur wirklichen Zarin werden. Nach dem Glauben der Russen war nicht so sehr das Privileg der Geburt eine Voraussetzung für das Zarenamt, sondern die Salbung in der Kathedrale von Mariä Verkündigung in Moskau. Erst wenn der Zar sich in dieser Kathedrale eigenhändig die Krone aufgesetzt und sich selbst das Abendmahl gereicht hatte, war er Herrscher von Gottes Gnaden und niemand konnte ihm ein Leid zufügen. Deshalb glaubte das russische Volk, Peter III., der sich nicht hatte krönen lassen, trage wegen dieses Versäumnisses selbst die Schuld an seinem tragischen Ende, denn als gesalbter Herrscher wäre er immun gegen alle Mordanschläge gewesen. Die Krönung Katharinas musste mehrfach verschoben werden, weil ihr Sohn schwer erkrankt war. Gerüchte behaupteten, ihm sei ein langsam wirkendes Gift gegeben worden, weil er nach seiner Volljährigkeit ein Anrecht auf den Zarenthron hätte. Nachdem er das Nervenfieber oder die Pocken, die offiziell als Ursache seiner Krankheit angegeben wurden, überstanden hatte, nahm er neben seiner Mutter an dem feierlichen Zeremoniell teil. Über 500 geistliche Würdenträger standen im Halbkreis um Katharina herum, während ihr der Erzbischof von Nowgorod die Krone reichte, die sie sich selbst aufs Haupt setzte. Dann nahm sie das Zepter und den Reichsapfel in ihre Hände. Nach der Krönung zog Katharina im Triumph durch die Stadt. Den Abschluss bildete ein Festmahl im ältesten Saal des Kreml, das sie allein einnahm, während ihre wichtigsten politischen Beamten um sie herum standen.

In den ersten Monaten und Jahren ihrer Regierungszeit kam es immer wieder zu Unruhen, besonders seitens des Militärs. Als sich das Gerücht verbreitete, Katharina wolle ihren Liebhaber Gregori Orlow heiraten, rebellierten Orlows Gardekameraden. Sie führten an, dass sie Katharina durch ihren Putsch nur zur Regentin für ihren Sohn gemacht hätten. Katharina konnte diese Verschwörung einiger Offiziere schnell unter Kontrolle bringen. Besonders durch die milde Bestrafung der Beteiligten versuchte sie, die verlorenen Sympathien bei dieser für den Bestand ihrer Herrschaft so wichtigen Truppengattung wiederzugewinnen.

Die Zarin, die sich in ihren öffentlichen Erklärungen als „angestammte Zarin" bezeichnete, sah die Legitimität ihrer Herrschaft besonders durch einen Staatsgefangenen in der Festung Schlüsselburg gefährdet. Dieser Gefangene, der sich am Rande des Wahnsinns befand, war Iwan VI. Antonowitsch, ein Urenkel Peters des Großen, der schon als Kleinkind auf den Thron erhoben, aber von Elisabeth, der letzten Zarin und Mutter Peters III., abgesetzt worden und seitdem in Gefangenschaft war. Jede Revolte gegen Katharina konnte sich auf diesen Staatsgefangenen berufen und vorgeben, ihn wieder in seine rechtmäßige Stellung einzusetzen.

Ende 1762 bildete sich in Petersburg eine Verschwörergruppe unter Führung des Leutnants Chruschtschow, die Iwan VI. auf den Zarenthron zurückbringen wollte. Die Verschwörung wurde jedoch rechtzeitig ans Licht gebracht. Um den Kreis der Verschwörer möglichst vollständig aufzudecken, wurde der Rädelsführer auf Katharinas Befehl schweren Folterungen unterworfen. Das Gericht verurteilte ihn schließlich zum Tode, aber Katharina wandelte das Urteil in eine lebenslängliche Verbannung nach Sibirien ab.

Zwei Jahre später drang der ukrainische Offizier Mirowitsch in die Schlüsselburg ein, um Iwan zu befreien. Der Versuch misslang und führte zugleich auch den Tod Iwans herbei. Es gab nämlich seit der Regierungszeit Elisabeths eine geheime Anordnung, die sicherlich auch von Katharina erneuert worden war, dass dieser Gefangene im Falle eines Befreiungsversuchs sofort von seinen Wächtern getötet werden sollte. Gnadenlose Härte zeigte Katharina gegen diesen Aufrührer, indem sie ihn öffentlich hinrichten ließ, was es seit der Thronbesteigung der letzten Zarin nicht mehr gegeben hatte.

Aber auch in den unteren Schichten der Bevölkerung war die Stimmung aufgeheizt. Zwar hat es in der russischen Geschichte viele Bauernunruhen gegeben, aber unter Katharina kam es zur größten und für die Zarenherrschaft gefährlichsten Erhebung. Im Jahre 1773 schlossen sich über 200 000 Bauern der Bewegung des Kosaken Pugatschow an, der behauptete, der verstorbene Zar Peter III. zu sein. Diese Aufstandsbewegung richtete sich nicht nur gegen die Zarin, sondern mit gnadenloser Härte auch gegen die adligen Großgrundbesitzer, deren Leibeigene oder „Seelen" die Bauern waren. Pugatschow hatte unter den altgläubigen und den nichtrussischen Steppenvölkern im Uralgebiet viele Anhänger gefunden. Unter der Losung: „Alle Edelleute werden bis zum letzten ausgerottet!" erreichte dieser Aufstand solche Ausmaße, dass die europäische Öffentlichkeit den baldigen Sturz der Zarin Katharina erwartete. Dieser Kosakenführer, der von seinen Anhängern wie ein Erlöser verehrt wurde, brachte eine Streitmacht von 25 000 Mann zusammen. Katharina war deshalb gezwungen, das Militär gegen ihn aufzubieten, um dieser gefährlichen Bedrohung, die sich wie ein Steppenbrand in den östlichen Gebieten ihres gewaltigen Imperiums ausbreitete, Herr zu werden. Die Aufständischen wüteten mit großer Grausamkeit gegen die Machtträger des Zarenregimes. Offiziere und Adlige wurden niedergemacht und in Stücke gerissen, ihr Eigentum verwüstet und angezündet. Der Schaden, den die aufständischen Bauern angerichtet hatten, war unübersehbar geworden. Die Zahl der von ihnen getöteten Personen soll 30 000 betragen haben. Ein Drittel des russischen Ackerlandes konnte wegen der Unruhen nicht bebaut werden. Die Bedeutung dieser Gefahr veranschaulicht die Prämie, die Katharina auf den Kopf des Anführers aussetzte. Zu Beginn der Erhebung betrug die Prämie gerade einmal 200 Rubel, nach zwei Jahren hatte sie sich auf den Betrag von 100 000 Rubeln erhöht. Erst 200 Kilometer vor Moskau gelang es den Regierungstruppen, Pugatschow zu stoppen. Die Gefahr wurde in Regierungskreisen als so groß eingeschätzt, dass man insgeheim den Plan schmiedete, Katharina durch ihren 19-jährigen Sohn Paul zu ersetzen. Erst als man Truppen an der Grenze zur Türkei abgezogen hatte, gelang der Sieg über die Aufständischen. Pugatschow wurde in einem Käfig nach Moskau gebracht, wo man ihn zur Vierteilung bei lebendigem Leib verurteilte. Pugatschow hatte bis zum letzten Augenblick gehofft, die Zarin würde ihn begnadigen, weil er ihr vielleicht nützlich sein könnte. Auch der französische Philosoph Voltaire bat Katharina, Milde walten zu lassen. Sie schrieb ihm: „Wenn mich nur Pugatschow beleidigt hätte, könnte ich ihm vielleicht verzeihen. Aber jetzt geht es nicht um meine Person, sondern um das russische Reich, dessen Gesetze befolgt werden müssen."

Ganz ohne Wirkung war der Ratschlag des Franzosen jedoch nicht. Katharina wandelte das grausame Urteil in eine einfache Todesstrafe um. Aber in allen Gebieten, durch die Pugatschow in seinem Triumphzug marschiert war, wurden

jetzt auf den öffentlichen Plätzen Massenhinrichtungen vollzogen. Die gewöhnlichen Galgen reichten dafür nicht aus.
Man musste regelrechte „Blutgerüste" erfinden.

Selbst nach Pugatschows Hinrichtung übte sein Name noch
eine solche Faszination auf die einfachen Leute aus, dass viele
Nachahmer auftraten, die sich als seine Verwandten ausgaben.
Eine junge Frau in Italien, die sich Fürstin Tarakanowa
nannte, gab vor, die Schwester Pugatschows und zugleich eine
uneheliche Tochter der verstorbenen Zarin Elisabeth zu sein.
Auf Befehl Katharinas sollte der Graf Orlow, der schon an der
Tötung ihres Gatten Peter III. beteiligt gewesen war, die Frau
aus Italien entführen und nach Petersburg bringen. Nachdem
die Frau nach Petersburg gebracht worden war, lebte sie nur
noch kurze Zeit, so dass das Gerücht aufkam, sie sei eines
gewaltsamen Todes gestorben.

Um dem Widerstand und der Rebellion den Boden zu entziehen, ordnete Katharina an, das Recht, persönliche Bittschreiben an die Zarin zu richten, aufzuheben. Wer trotzdem
versuchte, unerlaubte Bittschriften der Zarin zu übergeben,
sollte ausgepeitscht und dann verbannt werden. Die in der
Bevölkerung verhasste politische Polizei, die Katharina bei
ihrem Regierungsantritt abschaffen wollte, existierte unter
einem anderen Namen weiter. Überhaupt verbot sie die Verbreitung von politischen Meinungen und Gedanken als
„unnötige Beunruhigung der Bevölkerung" ausdrücklich. In
einem „Manifest des Schweigens" forderte sie für sich das
Recht, Menschen, die sich politisch äußerten, zunächst zu
ermahnen, wenn dies aber nutzlos sei, diese Menschen ihren
Zorn spüren zu lassen.

Auch gegenüber ihren Bediensteten verhielt sich Katharina
sehr grausam. Als sie einmal nachts in ihrer Sommerresidenz

Peterhof in der Nähe von Petersburg durch das ungeschickte Verhalten eines Dieners aufwachte, verhängte sie über ihn eine Knutenstrafe von 100 Hieben. Falls er diese Strafe überleben sollte, sollte ihm die Nase abgeschnitten und seine Stirn mit einem glühenden Eisen verbrannt werden.

Wie gelang Katharina, geborene Prinzessin von Anhalt-Zerbst die von dem französischen Philosophen Voltaire als der „große Mann mit dem Namen Katharina" bezeichnet wurde, dieser grandiose Aufstieg zu einer der mächtigsten Herrscherinnen Europas, die ihre Zeitgenossen eine Heilige oder eine Teufelin nannten?

Katharina, die bis zu ihrem 15. Lebensjahr Sophia von Anhalt-Zerbst hieß, war die Tochter eines unbedeutenden Fürsten, dessen Herrschaftsgebiet Zerbst nahe Magdeburg so klein war und ihm so wenig Einnahmen verschaffte, dass er als General beim preußischen Militär diente. Ihre Lebenswelt war nicht geprägt von einem fürstlichen Hof, sondern von der Bürgerlichkeit der Ostseestadt Stettin. Sophia, ein aufgewecktes und frühreifes Kind, das nicht durch besondere Begabungen auffiel, war mager und maskulin, besaß ein vornehmes Gesicht und volle braune Haaren. Sie liebte Knabenspiele und galt als völlig unmusikalisch. Ihre Mutter, die aus dem Adelsgeschlecht der Holstein-Gottorp stammte, war mit dem schwedischen und russischen Herrscherhaus verwandt. Aber auch zu anderen Fürstenhäusern hatten die Holstein-Gottorp enge verwandtschaftliche Beziehungen. Als die russische Zarin Elisabeth für ihren Neffen Peter, ein geborener Holstein-Gottorp und ihr designierter Nachfolger, eine Ehefrau suchte, wandte sie sich an Sophias Mutter, die eine Verbindung ihrer Tochter mit ihrem Vetter zweiten Grades als die Erfüllung ihrer kühnsten Träume ansah. 1744 trat die Fürstin von Anhalt-Zerbst mit ihrer Tochter Sophia die Reise nach Moskau an. Zwischenstation war der Königshof in Berlin, wo der Preußenkönig Friedrich die junge Prinzessin kennen lernen wollte, die er der Zarin Elisabeth auf deren Anfrage hin als Gattin für ihren Neffen Peter empfohlen hatte.

Der junge Peter, den Sophia schon einmal als elfjährige in Holstein kennen gelernt hatte, war vor zwei Jahren erst von seiner Tante Elisabeth nach Moskau geholt worden und sprach deshalb nur wenig Russisch. Von seinen Erziehern war der früh verwaiste Knabe, der ständig von Heimweh gequält wurde, wie ein Kadett erzogen worden. Er zeigte schon sehr früh Charakterzüge, die Zweifel weckten, ob er seiner späteren Aufgabe gewachsen sein würde. Seine Umgebung beschrieb ihn als albern, kindisch und für sein Alter sehr unterentwickelt, da trotz seiner 17 Jahre sein Lieblingsspielzeug Puppen waren. Katharina bemühte sich, ihm zu gefallen. Sie hielt ihn sogar, wie sie in ihren Memoiren schreibt, für sympathisch. Aber es fiel ihr auf, dass er seine russische Umgebung nicht liebte und an seinem protestantischen Glauben festhielt. Nachdem sie verlobt worden waren, erkrankte Peter schwer an den Pocken. Sein Gesicht wurde durch die zurückbleibenden Narben derart entstellt und war so aufgedunsen, dass sie ihn bei ihrem ersten Zusammentreffen nach seiner Genesung kaum wiedererkannte.

Die Ehe mit dem Großfürsten Peter wurde für sie zu einer immer stärkeren Belastung, weil sich neun Jahre lang der von der Zarin sehnlichst erwartete Nachwuchs nicht einstellte. In der Hochzeitsnacht machte Katharina, wie sie in ihren Memoiren erzählt, die Entdeckung, dass ihr Mann am ehelichen Verkehr kein Interesse zeigte. Nachdem er reichlich mit seinen Bediensteten gespeist und seine Frau zwei Stunden lang hatte warten lassen, kam er zu ihr ins Ehebett und sagte spöttisch: „Dies würde meinen Diener amüsieren, wenn er uns beide so daliegen sähe!" Dann legte er sich auf die Seite und schlief fest bis zum nächsten Morgen.

Schon bald kam Katharina zu der Einsicht, dass ihr Gemahl sie nicht liebte, und sie gab alle Versuche auf, seine Sympathie und sein Wohlwollen zu gewinnen. Ihr Mann schwärmte offen und in Gegenwart Dritter von anderen Frauen. Schon vierzehn Tage nach der Hochzeit erklärte er Katharina, er sei in eine der Ehrendamen der Zarin verliebt. Seine Gemahlin aber wusste, dass er nur den Maulhelden spielte und gab sich selbst den Rat, ihn nicht zu lieben. „Wenn er hätte geliebt werden wollen", schreibt sie, „so wäre dies nicht schwer für mich gewesen. Ich war von Natur geneigt und gewöhnt, meine Pflichten zu erfüllen, aber ich hätte einen Gemahl haben müssen, der gesunden Menschenverstand besaß, und den hatte leider der Großfürst nicht."

Peters Verhalten, das man heute als seelisch bedingte Impotenz bezeichnet, hatte seine Ursache vor allem in der sexualfeindlichen Erziehung, die ihm seit seiner frühesten Jugend zuteil wurde. Was er über Sexualität wusste, waren mehr oder wenig nur die Zoten seiner Erzieher. Vermutlich hatte seine eheliche Enthaltsamkeit aber auch körperliche Ursachen. Er litt nämlich an einer Verengung der Vorhaut, einer Phimose, die eine Erektion verhindert. Wenn die zeitgenössischen Berichte stimmen, dass Katharina beim Sexualverkehr gern die Reiterhaltung einnahm, so würde sich das Nachwuchsproblem aus diesen Ursachen erklären.

Sie hatte unter diesen Umständen keine andere Wahl, als sich anderweitig Befriedigung zu verschaffen. Ihr erstes Liebesverhältnis hatte die noch jungfräuliche Katharina, wie die meisten Historiker übereinstimmend schreiben, mit einem Kammerdiener. Als dies der Zarin zu Ohren kam, wurde der Kammerdiener entlassen und zu einem weit entfernten Regiment versetzt.

Doch allmählich verlor die Zarin die Geduld und ließ über ihre Anstandsdamen die beiden Eheleute nachdrücklich an ihre ehelichen Pflichten erinnern. Elisabeth, die das junge Paar beobachten ließ und mit größter Ungeduld auf Anzeichen von „ehelichen Vertraulichkeiten" wartete, gab schließlich die Weisung, dass Katharina ein Liebhaber zugeführt werden solle. Die Zarin selbst hatte ein ausschweifendes Leben geführt, was den preußischen Gesandten in Petersburg zu der Feststellung veranlasste, die Wollust sei bei ihr die vorherrschende Leidenschaft. Sie soll über 300 Liebhaber „verbraucht" haben. Katharina wurden zwei junge Adlige, Sergej Saltykow und Lew Naryschkin, zur Auswahl gestellt. Sie entschied sich für den 26-jährigen Saltykow, mit dem sie, wie sie später oft wehmütig bekannte, die schönste Zeit ihres Lebens verbrachte. Sie wurde endlich schwanger, und nach zwei Fehlgeburten brachte sie dann im Jahre 1754 den erwünschten Thronerben Paul zur Welt. Sofort nach der Geburt wurde das Kind auf Befehl der Zarin aus ihrem Zimmer getragen und unter ihrer Aufsicht großgezogen. Als Katharinas Gemahl den Hofklatsch, der hartnäckig Saltykow zum Vater des russischen Thronfolgers machte, nicht mehr ignorieren konnte und in seinem vertrauten Kreis selbst Zweifel an seiner Vaterschaft äußerte, ließ sich Katharina schriftlich von ihm bestätigen, dass er seinen Sohn anerkennt. Die Gerüchte und Zweifel wurden später, wahrscheinlich auf Katharinas Veranlassung, widerlegt, indem man auf die auffallende äußerliche Übereinstimmung zwischen Vater und Sohn verwies. Später tadelte

Katharina ihren Sohn des Öfteren, dass er dieselben charakterlichen Mängel wie ihr Gatte Peter hätte. Möglich ist, dass zur selben Zeit, als Katharina das Verhältnis mit Saltykow hatte, ihr Mann seine Impotenz überwand. Ihm wurde nämlich von seinen Vertrauten eine Frau, die Gattin eines deutschen Malers, zugeführt, die ihn in die Liebe einführen sollte. Seit dieser Zeit soll Peter gelegentlich mit Katharina intime Beziehungen gepflegt haben.

Die Affäre mit Saltykow endete so plötzlich, wie sie begonnen hatte. Saltykow wurde auf eine Auslandsreise geschickt, und nach seiner Rückkehr waren seine Gefühle für Katharina offenbar erloschen. Aber Katharina, die so lange auf das Liebesglück hatte warten müssen, fand jetzt Gefallen an der Liebe und genoss sie in vollen Zügen. Diese Frau, die nach ihrer Hochzeit fast neun Jahre enthaltsam gelebt hatte, suchte sich bis fast zu ihrem Lebensende in immer kürzeren Abständen neue, meist jüngere Liebhaber. Ihr letzter Liebhaber war sogar vierzig Jahre jünger als sie. Man hat oft nach den Gründen für diese Vorliebe für jüngere und unreife Männer gesucht. Offenbar wollte Katharina all ihren Geliebten, an denen sie fast ausschließlich ihre körperlichen Kräfte schätzte, überlegen sein und sie mit ihrem Verstand beherrschen.

Als 1756 der neue englische Botschafter Hanbury-William mit seinem Sekretär, dem Polen Poniatowski nach Petersburg kam, musste Katharina die Erfahrung machen, dass ihre Liebesaffären auch sehr gefährlich für sie werden konnten. Sie verliebte sich nämlich Hals über Kopf in den jungen Polen, der in den Petersburger Hofkreisen als ausgesprochene „männliche Schönheit" galt. Zu spät merkte sie, dass dieser Pole ein vollkommen treuer Diener seines englischen Herrn war und ihr Schlafzimmer dazu dienen sollte, sie für die Ziele der englischen Politik zu gewinnen. Der englische Botschafter, der selbst in Katharina verliebt war, aber aus diplomatischen Gründen und vielleicht auch wegen seines Alters hinter seinem Sekretär zurückstehen musste, unterstützte Katharina großzügig mit Geldzuwendungen, wenn sie finanzielle Probleme hatte. Von der Persönlichkeit Katharinas gibt Poniatowski in seinen Memoiren eine eindrucksvolle Schilderung:

„Obwohl sie sich von der Geburt ihres Sohnes noch nicht ganz erholt hatte, besaß diese 25-jährige Frau eine ungewöhnliche Schönheit. Ihr weißes Gesicht, das von ihren schwarzen Haaren umrahmt war, strahlte eine ungewöhnliche Lüsternheit aus. Sie hatte eine schlanke Gestalt, die sehr gut zu ihrem großen Wuchs passte. Ihr leicht wiegender Gang verlieh ihr höchste Vornehmheit. Bei Gesprächen beeindruckte sie durch ihren Witz und konnte schnell zu anspruchsvollen Themen überwechseln. Sie verstand es, wie sie einen Mann schwach machen konnte."

Der Siebenjährige Krieg beendete abrupt das freundschaftliche Verhältnis zwischen England und Russland, da die Engländer auf die Seite Preußens übergewechselt waren. Die engen Beziehungen, die der Botschafter Hanbury-William zu den führenden Kreisen des russischen Hofes unterhielt, nutzte die englische Diplomatie weidlich aus, um ihrem neuen Verbündeten Preußen geheime Informationen, besonders aus dem russischen Generalstab, zuzuleiten. Im Jahre 1757 errang der russische General Apraxin bei Großjägersdorf einen glänzenden Sieg über die preußischen Truppen und hätte ungehindert nach Königsberg marschieren können, wie der Generalstab von ihm verlangte. Aber er trat mit fadenscheinigen Begründungen den Rückzug an. In Petersburg vermutete man Verrat und ließ den General Apraxin verhaften.

Es kam schließlich zu einer regelrechten Verhaftungswelle unter den englandfreundlichen Beratern der Zarin, der auch der einflussreiche Kanzler Bestushew zum Opfer fiel. Auch Katharina, eine enge Vertraute des Kanzlers, kam ins Gerede und wurde wegen ihrer Herkunft als „preußische Spionin" verdächtigt. Im letzten Moment vernichtete der Kanzler Bestushew den geheimen Briefwechsel mit Katharina, so dass die Ermittler keine Beweise für eine preußenfreundliche Gesinnung der Großfürstin fanden. Trotzdem kühlte sich das nach der Geburt des Thronfolgers freundschaftliche Verhältnis der Zarin zu Katharina merklich ab, und sie wurde am Hof gemieden. In diesen Tagen schwebte Katharina in höchster Lebensgefahr, denn der Kanzler wurde zum Tode verurteilt, dann aber begnadigt und lebenslänglich auf seine Güter verbannt. In dieser gefährlichen Lage blieb Katharina keine andere Wahl, als die Flucht nach vorne anzutreten und die Zarin zu bitten, ihr die Ausreise in ihre Heimat zu gestatten. Doch die ganze Affäre endete damit, dass sich diese beiden starken Frauen weinend in die Arme fielen und sich wieder aussöhnten. Katharinas Liebschaft mit Poniatowski war nicht ohne Folgen geblieben. Sie gebar eine Tochter, die aber schon nach einem Jahr starb. Poniatowski musste auf Befehl Elisabeths Russland verlassen und ließ sich in Polen nieder.

Nach dem erfolgreichen Putsch im Jahre 1762 meldete sich ihr ehemaliger Liebhaber bei Katharina und bat sie leidenschaftlich, ihm die Rückkehr an den Petersburger Hof zu gestatten. Katharina hatte mit ihm aber andere Pläne. Anfänglich plante Katharina, ganz Polen dem russischen Reich einzuverleiben. Aber sie stieß auf den erbitterten Widerstand Friedrichs des Großen und Österreichs. Sie setzte es aber durch, dass ihr Liebhaber Poniatowski unter dem

Schutz der russischen Truppen als Stanislaus II. zum polnischen König gewählt wurde. Die ständige Anwesenheit der russischen Truppen sorgte dafür, dass Polen nicht zur Ruhe kam und ständig innere Unruhen herrschten, die Russland einen Vorwand zum Eingreifen lieferten. Durch die Annektion gewaltiger Gebiete verkleinerte Katharina das Königreich Polen immer mehr und brachte es in ihren Einflussbereich. 1769 verleibte sich Russland ein polnisches Gebiet mit 1,8 Millionen Einwohnern ein, 1773 kam ein Gebiet von 233 000 Quadratkilometern hinzu, und 1795 wurde der polnische Staat vollständig aufgelöst. Stanislaus II., Katharinas ehemaliger Liebhaber, musste abdanken und ging nach Russland ins Exil. Petersburg durfte er aber erst nach dem Tod Katharinas betreten.

1760, noch in der Zeit der Angst und Ungewissheit über ihr weiteres Leben, lernte sie den Mann kennen, der durch seine Tatkraft ihr Schicksal bestimmte. Gregori Orlow, einer von fünf Söhnen eines deutschen Arztes in Petersburg, war über 14 Jahre lang der Geliebte der Zarin Katharina. Das Gerücht, Katharina würde den Mann, der ihr auf den Thron half, auch zu ihrem Gemahl machen, hielt sich in Petersburg lange. Aber sie hatte Bedenken, einen der Orlow-Brüder, denen man nachsagte, ihren Mann ermordet zu haben, zu heiraten. Aus der Verbindung mit Gregori Orlow sollen drei Kinder hervorgegangen sein. Aber mit der Zeit erkaltete auch Katharinas Liebe zu diesem Günstling, den sie in den Adelsstand versetzt und durch große Schenkungen zu einem reichen Mann gemacht hatte. Sie wandte sich von ihm ab, als sie erfuhr, dass er ein intimes Verhältnis mit seiner 13-jährigen Cousine hatte. Um ihn loszuwerden, übertrug sie ihm ein Kommando im Türkenkrieg. Als in den Grenzgebieten zur

Türkei die Pest ausbrach und sich bis nach Moskau ausbreitete, erhielt Gregori Orlow von ihr den Auftrag, diese Seuche mit allen Mitteln einzudämmen. Täglich starben in Moskau bis zu 7 000 Menschen. Gleichsam als ob eine Schlacht geführt werden müsste, nahm er die neue Aufgabe in Angriff. Durch Einfallsreichtum und Improvisationstalent stellt er in Moskau die Ordnung wieder her, wo unter der leidgeprüften Bevölkerung schwere Unruhen ausgebrochen waren. Die Pest hatte in Moskau solche Ausmaße angenommen, dass Kranke getötet wurden und Ordnungskräfte und Ärzte um ihr Leben fürchten mussten. Die militärischen Maßnahmen, die Orlow durchführte, um die Seuche einzudämmen, kostete mindestens 1 000 Menschenleben. Die Gesamtzahl der Opfer wird heute auf über 50 000 geschätzt. Nach seiner Rückkehr nach Petersburg wurde Gregori Orlow mit Auszeichnungen überhäuft, zu denen auch ein Triumphbogen in Moskau mit der Aufschrift „Dem, der Moskau von der Pest befreit hat" gehörte.

Orlow musste die Zarin auch bei diplomatischen Verhandlungen mit den Türken in Fokschani vertreten, wo ein Friedensvertrag ausgehandelt werden sollte. Als er aber erfuhr, dass die Zarin sich einen neuen Liebhaber genommen hatte, tobte er vor Wut und ritt Hals über Kopf zurück nach Petersburg. Doch Katharina hatte alle Türschlösser auswechseln lassen, so dass ihr ehemaliger Geliebter keinen Zugang mehr zu ihren Privatgemächern hatte. Katharina schickte ihn auf sein Schloss Gatschina, das der Architekt Rinaldi 1765 von einem einfachen Landgut zu einem Lustschloss ausgebaut hatte. Hinter einer schmucklosen Fassade verbarg sich eine glanzvolle Innendekoration mit kostbaren Möbelstücken und hocherotischen Wandgemälden. Um ihn zu beruhigen, erlaubte sie ihm, seine junge Cousine zu heiraten, was nach orthodoxem Recht verboten war. Nur sie als Oberhaupt von Staat und Kirche konnte ihm eine Sondererlaubnis geben. Einige Jahre später starb er in geistiger Umnachtung in einer geschlossenen Anstalt.

Sein Nachfolger als Liebhaber der Zarin war der zehn Jahre jüngere Potemkin, der unter all ihren Geliebten eine Sonderstellung einnahm. Selbst als ihre Leidenschaft zu ihm erlosch, blieb er bis zu ihrem Tod ihr engster Berater. Gerüchten zufolge soll sie ihn sogar 1774 heimlich in Petersburg geheiratet haben. Potemkin, der Sohn eines Gutsbesitzers, der über 400 Leibeigene verfügte, wollte ursprünglich Priester werden. Aber schon nach zwei Jahren wurde er wegen Faulheit von der neu gegründeten Universität Moskau gejagt. Er ging zum Militär, wo er eine steile Karriere machte. Bei den Garden in Petersburg lernte der Brüder Orlow kennen, mit denen er sich am Putsch gegen Peter III. beteiligte. Während der Türkenkriege, als Katharina 1774 einen großen Sieg über diesen gefährlichen Gegner an der Südgrenze ihres Reiches errang, stieg Potemkin, der es bis zum General in der russischen Armee brachte, zu ihrem Favoriten auf. Drei Jahre dauerte dieses leidenschaftliche Liebesverhältnis zwischen der regierenden Zarin und ihrem Generaladjudanten. Katharina spürte, dass sie zum ersten Mal einen Menschen gefunden hatte, der ihr völlig ebenbürtig war. Der einfallsreiche, aber skrupellose Potemkin verstand es, sich innerhalb kurzer Zeit bei Katharina so unentbehrlich zu machen, dass sie ihn vor jeder Entscheidung befragte. Beide verband vor allem das Interesse für neue Ideen und Pläne. Aber dieser Mann, den Katharina liebevoll als ihren „kleinmütigen Riesen", „Goldfasan" oder „Täubchen" bezeichnete, war genau so machtbesessen wie seine

Herrin. Katharina, von der man sagte, ihre Liebesgefühle für einen Menschen würden dann enden, wenn man ihre Rolle als gekrönte Herrscherin in Frage stellte, wies alle Ansprüche ihres Liebhabers energisch zurück, die über die Erledigung von Regierungsaufgaben hinausgingen. Sie duldete keinen Mitregenten neben sich. Wie sehr sie ihn auch verwöhnte und mit Ehrentiteln und Geschenken überhäufte, es kam immer häufiger zu unerfreulichen Szenen. Potemkin war wegen seiner Temperamentsausbrüche, von denen selbst die Zarin nicht verschont blieb, in seiner Umgebung gefürchtet.

Schließlich fand Katharina einen Weg, wie sie die ständigen Streitereien und Einmischungen in ihre Entscheidungsgewalt beenden konnte, ohne dass sie diesen von ihr so sehr geliebten Mann verlor. Im Süden ihres Reiches hatte Katharina dem türkischen Sultan riesige Gebiete abgerungen, die das russische Staatsgebiet um eine halbe Million Quadratkilometer vergrößerten. Die Bevölkerungszahl wuchs von 20 auf 36 Millionen Menschen. In einem Friedensvertrag mit den Türken hatte sich Russland die freie Schifffahrt in allen türkischen Gewässern gesichert. Die Tartaren auf der Krim, an der unteren Donau und am Asowschen Meer, die zunächst die Unabhängigkeit erhalten hatten, wurden dem russischen Reich einverleibt. Potemkin, der mit allen Vollmachten ausgestattet wurde und über Millionenbeträge verfügen konnte, erhielt die Verwaltung über diese „neurussischen Gebiete". Bei der Kolonisation dieser riesigen, fast menschenleeren Gebiete konnte Potemkin seine ganzen Fähigkeiten unter Beweis stellen. In kurzer Zeit entstanden Häfen und Städte an Don, Dnjepr und Bug. Zur Sicherung vor feindlichen Angriffen wurden Militärdörfer und Festungen angelegt, die die neu eroberten Gebiete mit einem hundert Kilometer langen Gürtel umgaben. Aber er sah sehr schnell ein, dass diese gewaltigen Gebiete nicht besiedelt werden konnten, wenn man den russischen Adligen große Güter schenkte, damit sie ihre Leibeigenen dorthin schickten. Dieses „Neurussland" konnte auf die halb- und ganzasiatischen Völkerschaften nicht verzichten. Potemkins erfolgreicher Kolonisationspolitik ist es zu verdanken, dass Russland zu einem Vielvölkerreich mit einer starken asiatischen Komponente wurde. Aber die ehrgeizige Zarin war damit noch nicht zufrieden. Sie begeisterte ihren Geliebten für den Plan, die Türken ganz aus Europa zu vertreiben und diese ehemaligen Türkengebiete unter die Herrschaft ihres Enkels Konstantin zu stellen. Während er in Byzanz wie sein berühmter Namensvetter Kaiser Konstantin über die griechischen Gebiete regieren sollte, hatte sie ihren Enkel Alexander dazu auserwählt, das europäische Russland von Petersburg aus, das von ihr mit großen Aufwand zur Metropole Russlands ausgebaut worden war, zu regieren.

Obwohl Potemkin ein gewaltiges Werk vollbracht hatte, wollte er seine Leistungen vor seiner Zarin und vor der europäischen Öffentlichkeit noch imposanter erscheinen lassen. Er organisierte ein riesiges Schauspiel, das als „Potemkinsche Dörfer" in die Geschichte einging. Im Jahre 1787 unternahm die Zarin, begleitet von ausländischen Diplomaten und ihrem Hofstaat von 148 Personen, eine Krimreise, um sich persönlich von der Aufbauarbeit ihres Geliebten zu überzeugen. Für sie war eigens ein Schlitten angefertigt worden, der alle Annehmlichkeiten ihres Palastes im Miniaturformat enthielt. Ihr Gefolge war auf 14 weniger pompös ausgestatteten Schlitten untergebracht. Damit diese Reisegesellschaft unterwegs auf nichts verzichten musste, folgten diesem Zug 40 Gepäckschlitten. An jeder Raststation auf dem 1300 Kilometer langen Weg nach Kiew standen 500 frische Pferde bereit. Als man nach 21 Tagen Kiew erreichte, musste eine Pause eingelegt werden, weil man auf dem zugefrorenen Dnjepr die Reise zur Krim nicht fortsetzen konnte. Um die Zarin und ihre ausländischen Gäste zu täuschen, hatte Potemkin am Ufer des Dnjepr zahllose Trugdörfer anlegen lassen, die von Ukrainern zum Schein bevölkert wurden. Man hatte diese Menschen mit Gewalt von überall herbeigetrieben, wo die Zarin nicht vorbeifuhr, damit sie dieser Reisegesellschaft am Ufer zujubelten. Unterwegs schlossen sich diesem Zug der polnische König Stanislaus II. und der österreichische Kaiser Joseph II. an.

Potemkin hatte aber noch ein anderes Amt inne, das er gelegentlich in Petersburg ausübte. Er war der Kuppler der Zarin, der immer dafür sorgte, dass Katharina sich mit jungen Männern vergnügen konnte. Wenn er einen geeigneten Kandidaten, meist unter den Petersburger Gardesoldaten, gefunden hatte, wurde dieser gründlich vom englischen Leibarzt der Zarin untersucht. Nach bestandener ärztlicher Prüfung musste er seine Talente als Liebhaber bei einer der Hofdamen Katharinas unter Beweis stellen. Es kam auch vor, dass man ihn in einen verdunkelten Raum führte, in dem sich die Kaiserin aufhielt. Ohne zu wissen, wen er vor sich hatte, musste der Auserwählte seine Liebeskunst vorführen. Wenn die Fähigkeiten des Kandidaten Katharina überzeugten, gab sie sich ihm zu erkennen. Andernfalls wurde er wieder aus dem Zimmer hinausgeführt, ohne dass er je erfuhr, welche Dame er beglückt hatte. Der Hofklatsch wusste auch zu berichten, sie würde sich ihre Liebhaber beim Abschreiten ihrer Garderegimenter aussuchen und ließe sich bei ihrer Wahl von der Länge der Nase leiten, die ein untrügliches Zeichen für die Größe seines wichtigsten Körperteils sei.

Die Position, Geliebter der Zarin zu sein, war für gut gebaute Männer aus dem unteren Adel besonders aus finanziellen Gründen sehr verlockend. Ihr Geliebter Rismski Korssakow, der 25 Jahre jünger als sie war, erhielt als Belohnung für seine erotischen Dienstleistungen einige Hunderttausend Rubel, 4 000 Leibeigene und kostbaren Brillantschmuck. Eine zeitgenössische Skandalchronik zählt folgende Personen als ihre offiziellen Liebhaber nach den Affären mit Saltykow, Poniatowski , Orlow und Potemkin auf:

1772: Alexander Wassiltschikow, 28 Jahre alt. Das Alter der Zarin beträgt 43 Jahre.

1776: Peter Sawadowski, 37 Jahre alt.

1777: Semjon Soritch, 32 Jahre alt.

1778: Rimski Korsakow, 24 Jahre alt.

1779: Alexander Lanskoy, 21 Jahre alt.

1781: Alexander Mordwinow, Alter unbekannt.

1785: Alexander Jermolow, 31 Jahre alt.

1786: Alexander Mamonow, 28 Jahre alt.

1789: Plato Subow, 22 Jahre alt. Das Alter der Zarin ist 60 Jahre.

Trotz der erfolgreichen Lösung der Krimkrise, die den europäischen Monarchen Katharinas Macht demonstrieren sollte und ihr den Titel „die Große" einbrachte, stürzte das russische Reich in eine schwere Krise. Die Herrschaft der machtbesessenen Zarin stand im wahrsten Sinn des Wortes auf Messers Schneide. Die Türken griffen mit Unterstützung der Engländer, die befürchteten, dass die russische Flotte den freien Zugang zu den Weltmeeren bekommen würde, die russischen Militärdörfer und Festungen in den neu eroberten Gebieten an. Potemkin war von diesem Angriff so überrascht und derart fassungslos, dass er sich nur nach strenger Ermahnung der Zarin zusammennahm und die erforderlichen Gegenmaßnahmen ergriff. Schließlich musste Katharina ihren Geliebten durch den erfahrenen General Suworow ersetzen, um dieser gefährlichen Bedrohung Herr zu werden. Katharina hatte großes Glück, denn die strategisch wichtige Festung Otschakow konnte erobert werden. Die Türken mussten einen Frieden abschließen, der Russland wiederum erhebliche Gebietsgewinne brachte. Das gesamte Gebiet zwischen Bug und Dnestr wurde russisch, und alle früheren Eroberungen wurden von der Türkei anerkannt. Dem gleichzeitigen Angriff der Schweden, die sogar versuchten, Petersburg mit ihrer Flotte anzugreifen, war kein Erfolg beschieden, weil im schwedischen Heer eine Meuterei ausbrach.

Am Ende ihres Lebens erzielte Katharina ihre größten außenpolitischen Erfolge. Aber auch im Inneren ihres Reiches waren ihre Entscheidungen, Beschlüsse und Maßnahmen so tief greifend, dass in den folgenden hundert Jahren das russische Reich noch davon profitierte. Der österreichische Minister Kaunitz schrieb an Kaiser Joseph II.: „Das politische System der russischen Herrscherin ist in seinem ganzen Umfang ein Meisterstück von Staatsklugheit, in allen Teilen wohl durchdacht und nicht genug zu bewundern." Sie förderte Handel und Industrie, rief ausländische Wissenschaftler, Lehrer und Professoren ins Land, gründete Schulen, Universitäten und eine Akademie der Wissenschaften. Die Prügelstrafe wurde abgeschafft und die schlimmsten Auswüchse der Leibeigenschaft eingedämmt. Gegen das Erzübel des russischen Reiches, die Korruption, erließ sie ein Manifest, baute eine Polizei auf und verstärkte das Heer auf 450 000 Mann. Die Flotte wurde auf die stattliche Zahl von 45 Linienschiffen gebracht. Durch eine Finanzreform und die Verbesserung des Münzwesens steigerte sie die Staatseinkünfte von 30 auf 60 Millionen Rubel im Jahr.

Ihrer Zeit weit voraus war Katharina, als sie 1767 eine Kommission einberief, die ein neues Gesetzbuch abfassen sollte. In dieser Kommission, die von ausländischen Diplomaten als „die freiwillige Übertragung der Rechte eines absoluten Fürsten an das Volk" bezeichnet wurde, saßen Vertreter des Adels, der Städte, der freien Bauern, der Kosaken und anderer Fremdvölker. Die Leibeigenen waren nicht vertreten. Grundlage der Arbeit an der neuen Verfassung war eine Instruktion Katharinas, an der sie schon als Großfürstin gearbeitet hatte. Sie schwärmte für die Philosophen der französischen Aufklärung, von denen sie am meisten Montesquieu und Voltaire fesselten. Das Hauptwerk von Montesquieu, „Der Geist der Gesetze", nannte sie ihr Gebetbuch. Als 15-jährige hatte sie schon eine philosophische Abhandlung mit dem Titel „Porträt einer Philosophin" geschrieben, die aber verloren ging. In dieser Instruktion, die als „Nakas" in die Geschichte einging, war oft die Rede von Freiheit, Menschenwürde und Toleranz. Ihre Berater warnten sie vor den Folgen solcher Gedanken, da sie leicht dazu führen könnten, ihrer eigenen Herrschaft die Grundlage zu entziehen. Schon nach einem Jahr wurden mit stillschweigender Zustimmung der Zarin über die Hälfte der verfassten Artikel zusammengestrichen. Schließlich kam Katharina zu der Überzeugung, dass ein solches Gesetzbuch nicht von einer schlecht vorbereiteten Kommission, sondern von erfahrenen Juristen erarbeitet werden müsse. Der Beginn der Türkenkriege war ihr dann ein willkommener Anlass, die Kommission zu vertagen und dann nicht mehr einzuberufen.

Ihre Kritiker behaupteten aber, dass alles nur Theater gewesen sei, um das Ausland zu täuschen. Es sollte der Eindruck entstehen, dass Russland kein rückständiges Land und von den geistigen Strömungen in den westeuropäischen Ländern abgeschnitten sei. Als diese aufklärerischen Ideen in der Französischen Revolution verwirklicht wurden, wandte sie sich mit Abscheu von Voltaire ab, den sie als junge Frau fast vergöttert hatte.

Ihren letzten Willen, ihren Sohn Paul von der Thronfolge auszuschließen und ihren Enkel Alexander zu ihrem Nachfolger zu bestimmen, verhinderte ihr Tod im Jahre 1796. Aber selbst ihre schärfsten Kritiker müssen dieser machtbesessenen Frau, die hemmungslos ihre Leidenschaften auslebte, zugestehen, dass unter ihrer Herrschaft Russland zu einer Großmacht aufgestiegen war, die ebenbürtig neben den großen westeuropäischen Monarchien stand.

KAPITEL 13

Die grausame Ranavalona I. –
Eine afrikanische Herrscherin

Die Insel Madagaskar im Indischen Ozean, die 400 Kilometer vor dem afrikanischen Kontinent liegt, wurde im 11. Jahrhundert von dem hellhäutigen Volk der Hova in Besitz genommen. Dieses asiatische Volk, das wahrscheinlich malaiischer Abstammung ist, drängte die beiden einheimischen Volksstämme der Vazimba und Sakalaven in die unwirtlichen Randgebiete der Insel. Anfänglich war der Stamm der Hova in kleine Stammesfürstentümer aufgeteilt, die im 18. Jahrhundert Andrianampoinimerina, abgekürzt Nampoina, der Fürst der späteren Königsstadt Tananariva, unter seiner Regierung vereinigte. Als er 1810 starb, folgte ihm sein Sohn Radama nach. Seine Sympathie für die Europäer, besonders für die Engländer, wurde maßlos enttäuscht, weil sie seine Hochachtung vor der europäischen Kultur als Kolonialisten schamlos ausnutzten. Mit Ausnahme von wenigen Stämmen der Urbevölkerung in entlegenen Teilen der Insel war seine Stellung als König der Madegassen unbestritten. Zu seinen Verdiensten gehörten das Verbot des Sklavenhandels und die Abschaffung der Todesstrafe.

Seine erste Frau Ranavalona folgte ihm 1828 auf dem Thron nach. Wenngleich sich ihr Mann in den letzten Jahren seiner Regierung auch Ausschweifungen hingab, so konnte man ihm jedoch nicht die Grausamkeiten vorwerfen, die seine Frau, eine der grausamsten Herrscherinnen Afrikas, beging. Bei ihrem Amtsantritt ließ sie sofort sieben ihrer nächsten Verwandten hinrichten. Im Bericht eines englischen Missionars heißt es sogar, sie habe die ganze Verwandtschaft ihres Mannes beseitigt mitsamt den Adligen, die einen Thronanspruch besitzen, wenn der König keinen Thronfolger hat. Besonders groß war ihr Hass gegen die Engländer, so dass sie sofort alle englischen Bürger und Einheimische englischer Abstammung hinrichten ließ. Den Franzosen nahm sie einen kleinen Landstrich an der Küste von Banatobe wieder ab. Die ausländischen Missionare wurde vertrieben, und jede Werbung für das Christentum war bei Todesstrafe verboten.

Einen genauen Bericht über die Verbrechen dieser grausamen und blutdürstigen Königin gibt die österreichische Reiseschriftstellerin und Forschungsreisende Ida Pfeiffer. Sie besuchte die Insel Madagaskar im Jahre 1857 und wurde Zeugin einer grausamen Verfolgung von Christen, die sie in ihrem 1868 in Wien erschienenen Buch „Reise nach Madagaskar" schildert.

Die Bevölkerung dieser Insel war in elf Kasten eingeteilt. Zu den beiden oberen Kasten gehörten die regierenden Häupter und die Abkömmlinge der königlichen Familie. Der Adel verteilte sich je nach Rang auf die sechste bis vierte Kaste. Das einfache Volk und die Sklaven, die in Weiße und Schwarze unterteilt waren, bildeten die unteren Kasten. Die Grenzen zwischen den oberen Kasten waren durchlässig, aber ein Adliger durfte niemals eine Frau heiraten, die zwei Kasten unter ihm stand. In noch früheren Zeiten war sogar ein Liebesverhältnis zu einer Sklavin streng verboten. Wenn eine solche Beziehung entdeckt wurde, musste dieser Adlige mit der Todesstrafe rechnen. Er konnte sein Leben nur retten, wenn er der Sklavin die Freiheit schenkte. Jeder Mann konnte sich so viele Frauen nehmen, wie er wollte. Bei den Adligen hatte eine gewisse Anzahl von Frauen einen Anspruch auf einen Titel. Nur dem König war eine Grenze von zwölf Gattinnen gesetzt, die alle aus den höchsten Familien stammen mussten. Wenn eine Königin an der Macht war, konnte sie, sooft es ihr gefiel, ihren Ehemann fortschicken und sich einen neuen auswählen.

Die Sklaven, deren Lage von Ida Pfeiffer als nicht ungünstig beschrieben wird, konnten jederzeit mit einem Stock gezüchtigt oder zum Tod verurteilt werden. Die Landesgesetze verboten aber, dass der Stock mit Eisen beschlagen war. Das Land war fast ausschließlich im Besitz der Königin oder des Adels, die den Bauern die Erlaubnis gaben, ein Stück Land zu bebauen, wenn sie einen Zentner Reis an die Besitzer ablieferten. Drückend waren aber die Frondienste, die den größten Teil der Arbeitskraft in Anspruch nahmen, so dass kaum Zeit blieb, ein Stück herrenloses Land zu bebauen. Eingeborene, die an den Straßen lebten, mussten damit rechen, dass sie kostenlose Transportdienste verrichten mussten. Wer sich diesen Frondiensten durch Flucht in abgelegene Gebiete entzog, musste mit der Todesstrafe rechnen. Auch die Häuser für die Königin und ihre Vertrauten mussten die Untertanen ohne Lohn und Kost errichten. Bei diesen Arbeiten mussten sie singen und guter Laune sein, um der Königin zu beweisen, dass sie mit ihrem Schicksal zufrieden seien. Bei solchen Arbeiten wurden oft mehr als 1500 Männer eingesetzt.

Aber die Madegassen wurden nicht nur genötigt, kostenlose Arbeiten für die Königin zu verrichten, sondern mussten auch das Geld für besondere Staatsausgaben aufbringen. Als die Königin 1845 30 000 Gewehre aus Frankreich für 435 000 Mark gekauft hatte, musste die Bevölkerung das Geld dafür aufbringen. Die reichsten Bürger hatten 1 500 Mark zu entrichten, aber auch die Ärmsten mussten beisteuern, ja selbst die Sklaven waren nicht ausgenommen. Außer durch Frondienste wurde die Freiheit der einfachen Bevölkerung durch das Zwangsrekrutierungssystem der Königin erheblich eingeschränkt. Es genügt nur ein Wort der Königin und schon hatte sie Tausende von Soldaten, für die sie keinen Sold bezahlte, weil sie sich selbst ernähren mussten. Den Soldaten wurde von ihren Offizieren erlaubt, sich in benachbarten Dörfern als Arbeiter zu verdingen.

Alle Madegassen, auch die Angehörigen des herrschenden Stammes der Hovas standen unter der blutigen und eisernen Hand der Königin Ranavalona. Dass ihre Devise lautete: „Blut und immer Blut", das beweisen die folgenden von Ida Pfeiffer berichteten Vorfälle.

Als die Königin im Jahre 1832 große Teile der östlichen Provinzen eroberte, in denen das unterworfene Volk der Sakalaven wohnte, erteilte sie den Befehl, dass sich alle Männer an einem bestimmten Ort einfinden sollten, um ihr zu huldigen. Es versammelten sich 25 000 Männer, die alle ihre Waffen ablegen und sich auf einem von der Armee umstellten Platz aufstellen mussten. Nachdem sie sich niedergekniet hatten, wurden sie niedergemetzelt. Ihre Frauen und Kinder wurden als Sklaven verkauft. Fünf Jahre später beunruhigten die Königin Berichte ihrer Beamten, dass sich unter ihrem Volk viele Zauberer, Diebe, Grabschänder und andere Verbrecher befänden. Ranavalona erließ eine Anordnung, nach der sie jedem Madegassen das Leben schenkte, der freiwillig ein solches Verbrechen bekennen würde. Wer dies unterließe, müsse mit der Todesstrafe rechnen. 1500 Personen stellten sich freiwillig, während 96 den Behörden verraten wurden. Von diesen wurden 14 verbrannt und die übrigen von einem Felsen herabgestoßen, in eine Grube geworfen und mit heißem Wasser übergossen, mit einer Lanze durchstoßen, vergiftet, geköpft, ihnen wurden die Glieder der Reihe nach abgeschnitten oder sie wurden in eine Matte eingenäht, so dass sie bei lebendigem Leib verfaulten. Aber auch die geständigen Täter, die einer Hinrichtung entgangen waren, wurden grausam bestraft. Die Königin ließ ihnen ein schweres Eisen um den Hals und um die Handgelenke legen. Je vier oder fünf von ihnen wurden durch dicke Stangen aneinander geschmiedet. Wenn einer von ihnen starb, musste ihm der Kopf abgeschnitten werden, um seinen Körper von dem Halseisen zu befreien. Die anderen Eisenstücke mussten die Überlebenden noch zusätzlich mit sich schleppen, so dass sie schon durch das große Gewicht bald jämmerlich starben.

Eine der häufigsten Hinrichtungsarten war die Vergiftung, die Madegassen aller Kasten treffen konnte. Diese Strafe konnte schon auf eine bloße Beschuldigung hin verhängt werden. Bedingung war nur, dass der Ankläger einen gewissen Geldbetrag hinterlegte. Ohne dem Beschuldigten die Möglichkeit zur Verteidigung zu geben, musste er sich einer Giftprobe unterziehen. Wenn er überlebte, bekam er ein Drittel des hinterlegten Geldes, das zweite Drittel die Königin und das dritte Drittel erhielt der Ankläger zurück. Im Falle des Todes des Beschuldigten erhielt dieser den ganzen Betrag zurück, weil sich seine Anschuldigung bewahrheitet hatte.

Als der Königin einmal berichtet wurde, in der Provinz Bonizonga gäbe es Leute, die die Hand eines Diebes unbeweglich machen könnten, mussten sich über 200 Personen der Giftprobe unterziehen, um herauszufinden, wer diejenigen seien, die diese Kunst beherrschten. 180 von ihnen starben nach der Einnahme des Giftes, was als Beweis dafür angesehen wurde, dass sie Zauberer seien.

Die Gifteinnahme erfolgte nach einem genauen Ritual. Der Angeklagte durfte schon zwei Tage vor dem festgesetzten Tag nur sehr wenig essen und einen Tag davor überhaupt nichts mehr. Er wurde von seinen Verwandten zum Giftmischer begleitet und musste dann entkleidet den Schwur ablegen, nicht durch Zauberei versucht zu haben, dem Gift die Wirkung zu nehmen. Der Giftmischer schabte dann vom Kern einer Frucht, die auf dem Baum Tanquinia veneniflori wächst, etwas Pulver ab, wickelte es in drei Hautstücke eines Huhns und fragte den Angeklagten, ob er vor der Einnahme seine Tat noch gestehen wolle. Allen Personen, die nicht von der Königin angeklagt wurden, war es erlaubt, nach der Gifteinnahme große Mengen zu trinken, um das in die Hautstücke gewickelte Gift wieder zu erbrechen. Wenn der Angeklagte alle drei Stücke erbrach, wurde er als unschuldig erklärt. Fehlte aber nur eines, dann galt er als überführt und wurde auf der Stelle mit einer Lanze erstochen.

Eine weitere Strafe, mit der die Königin ihre Untertanen drangsalierte, war die Versklavung. Als die Gold- und Silberschmiede des Landes einmal für sie Schüsseln anfertigen mussten, war sie mit der Arbeit nicht zufrieden. Die Angehörigen dieser Zunft taten ihr Bestes, und tatsächlich fanden die Arbeiten nach einem zweiten Versuch das Gefallen der Königin. Als Belohnung befahl sie, alle Schmiede, auch jene, die daran nicht beteiligt waren, in die Sklaverei zu verkaufen.

Auch Adlige konnten auf Befehl der Königin ihre Freiheit verlieren, wie der folgende Fall zeigt. Wenn ein Adliger starb, hatte die untere Kaste des Adels die Pflicht, ihm das Sterbetuch überzuwerfen, bevor er ins Grab versenkt wurde. Als einmal ein vornehmer Adliger starb, der bei der Königin in Missgunst gefallen war, weigerten sich die Angehörigen der unteren Adelskaste, ihm diese Ehre zu erweisen, weil sie fürchteten, den Zorn der Königin zu erregen. Kaum hatte Ranavalona dies erfahren, da erteilte sie den Befehl, 126 Personen dieser Kaste als Sklaven zu verkaufen.

Dieses Schicksal teilte oft auch die ganze Einwohnerschaft von Dörfern. Wurde nämlich ein Ochse aus dem Besitz der Königin gestohlen und verzehrt, so wurde der Dieb mit dem Tode bestraft und alle Personen, die davon gegessen hatten, verloren ihre Freiheit und wurden zu Sklaven. Da es aber nicht möglich war, genau festzustellen, wer von dem Tier gegessen hatte, erlitten alle Bewohner des Dorfes, in dem der Ochse verkauft oder geschlachtet wurde, dieses Schicksal. Nur Säuglinge waren davon ausgenommen, weil man voraussetzte, dass sie kein Fleisch äßen. Auch wenn ein Dorfbewohner großen Reichtum besaß, konnte das zur Versklavung führen. Die Königin Ranavalona erteilte ihm dann einen Auftrag, den er unmöglich erfüllen konnte. Dafür wurde er dann zu einer hohen Geldstrafe verurteilt, die er nur durch den Verlust seiner Freiheit bezahlen konnte.

Eine andere Methode, sich den Besitz ihrer Untertanen anzueignen, bestand darin, einen Richter, der den Titel Tsitialenga trug, „einer der nicht lügt", in das Haus des ausgewählten Opfers zu schicken, diesem dann seine Lanze in den Boden stecken und das Opfer Verbrechen besonders gegen die Königin bezichtigen zu lassen. Meist verlor der Beschuldigte seinen ganzen Besitz oder den größten Teil davon, auch wenn es ihm gelang, den korrupten Richter zu bestechen.

Die Reisen der Königin in ihre Provinzen endeten meist mit einer Hungersnot unter der Bevölkerung. So starben 1845 in der Provinz Manerinerina 10 000 Menschen, als sich die Königin mit einem Gefolge von 50 000 Begleitern dorthin begab, um Büffel zu jagen. Sie hatte die Adligen und alle Offiziere aus der Umgebung der Königsstadt Tananariva dazu eingeladen, die jedoch verpflichtet waren, alle Diener und Sklaven mitzunehmen. Über 1 200 Mann marschierten immer eine Tagesreise voraus, um die Straßen auszubessern, Rastplätze anzulegen und die Bewohner der Dörfer, an denen der Zug der Königin vorbeikam, zur Mitarbeit heranzuziehen. Ein Teil der Dorfbewohner musste nach dem Abmarsch der Königin dem Zug folgen. Da sich jeder Teilnehmer dieses Marschs selbst versorgen musste, trat bald eine große Hungersnot auf.

Um die ihr verhassten Europäer, besonders aber die Missionare von Madagaskar fernzuhalten, erörterte sie mit ihren Ministern die irrwitzigsten Pläne. So sollte die ganze Insel mit einer Mauer umgeben werden, oder große Scheren sollten an den Zufahrtsstraßen zur Königsstadt aufgestellt werden, die jeden missliebigen Gast in zwei Teile zerschnitten.

Ida Pfeiffer war Zeuge, wie der Sohn der Königin, Prinz Rakoto, mit einem Franzosen, der bei der Königin in hohem Ansehen stand, eine Verschwörung plante, um die Königin zu stürzen. Prinz Rakoto, der erst mehrere Jahre nach dem Tod seines Vaters Ramada geboren worden war, galt trotzdem als sein rechtmäßiger Sohn. Diese Verschwörung scheiterte, weil sie an den Adoptivsohn der Königin, Ramboasalama, verraten wurde. Dieser Rivale des leiblichen Sohnes Rakoto war von der Königin adoptiert worden, weil sie jede Hoffnung auf Nachkommen verloren hatte. Als sie wider Erwarten schwanger wurde und ihren Sohn gebar, konnte sie zwar die Adoption nicht mehr rückgängig machen, aber sie nahm Ramboasalama die Rechte eines Thronfolgers. Beim Volk war der Prinz Rakoto sehr beliebt, weil er sich bemühte, die grausamen Strafen und Hinrichtungen zu verhindern. Immer war er bereit, die Verwandten der Verurteilten anzuhören. Selbst in der Nacht weckte man ihn, damit er eine am nächsten Tag angesetzte Hinrichtung noch von seiner Mutter aussetzen ließ. Wenn ihm dies nicht gelang, ging er zum Richtplatz und schnitt unauffällig dem Opfer die Fesseln durch und forderte es auf zu fliehen. Obwohl man seiner Mutter dies sofort berichtete, unternahm sie nichts gegen ihren Lieblingssohn, sondern erteilte nur die Anweisung, dass in Zukunft Todesurteile und deren Vollstreckung unter strenger Geheimhaltung stattfinden müssten.

Nach der Aufdeckung der Verschwörung ihres Sohnes ließ sich die Königin nichts anmerken. Aber ihre Wut und ihren Zorn beruhigte sie, indem sie furchtbare Rache an den Christen nahm. Dem Volk wurde in den frühen Morgenstunden verkündet, dass es sich zu einer Versammlung auf dem Marktplatz einzufinden habe. Die Eingänge der Stadt wurden von den Soldaten besetzt, damit niemand fliehen konnte. Ein königlicher Beamter verkündete den versammelten Untertanen, die Königin habe Hinweise, dass sich sehr viele Christen in der Königsstadt aufhielten, obwohl diese Religion streng verboten sei. Die Untersuchungen würden sich auf einen Zeitraum von 15 Tagen erstrecken. Wer sich selbst stellte, sollte mit dem Leben davonkommen. Alle anderen Personen, die als Christen überführt würden, müssten mit einer besonders grausamen Hinrichtung rechnen. Unter den Christen in der Stadt gab es einen Verräter, der ein vollständiges Verzeichnis aller Glaubensmitglieder angefertigt hatte, das er der Königin übergeben wollte, um ihr Wohlwollen zu gewinnen. Glücklicherweise war es der Prinzen Rakoto, den er bat, dieses Dokument der Königin zu übergeben. Der Prinz zerriss es und drohte dem Denunzianten, er würde ihn sofort hinrichten lassen, wenn er eine Zweitschrift anfertigen sollte. Die Christen waren gewarnt, so dass ein großer Teil fliehen konnte. Aber im Besitz der Königin befanden sich Briefe, die ein englischer Missionar auf Schleichwegen an die christliche Gemeinde in Tananariva geschickt hatte. Als sie bei Razzien gefunden wurden, waren der königlichen Regierung mit einem Schlag zahlreiche Namen von Christen, die in den Schreiben erwähnt wurden, bekannt. Sie wurden verhaftet und schweren Foltern unterworfen. So waren schon in den ersten Tagen der öffentlichen Untersuchung über 200 Christen in die Hände der Regierung gefallen. An der Jagd auf die Christen waren über 800 Soldaten beteiligt, die ihre Razzien auf einen Umkreis von 140 Kilometern ausdehnten. Doch der Erfolg dieser Maßnahmen war so gering, dass die Königin sehr aufgebracht war und eine neue Versammlung auf dem Marktplatz einberief. Den Untertanen wurde bei Todesstrafe verboten, Christen bei der Flucht zu helfen. Wer aber einen Christen anzeigte oder ihn an der Flucht hinderte, konnte mit einer Belohnung rechnen. Kaum hatte sie den Hinweis erhalten, dass sich an der Ostküste im Gebiet des unterdrückten Volkes der Sakalaven fünf katholische Missionare aufhielten, da entsandte sie eine Einheit von 1500 Mann mit dem Auftrag, diese Missionare gefangen zu nehmen und hinzurichten. Die Königin Ranavalona wusste sehr genau, dass die Sakalaven die Missionare aus Angst vor einer militärischen Strafexpedition sofort ausliefern würden. Aber die Truppe der Königin traf die gesuchten Missionare nicht mehr an, weil der Prinz Rakoto sie durch einen Boten hatte warnen lassen.

Nach den Schilderungen von Ida Pfeiffer mussten die verhafteten Christen unermessliche Qualen erleiden, bevor sie getötet wurden. Eine Tötungsart bestand darin, ihnen das Rückgrat durchzusägen. Entdeckte man in einem Dorf Christen, so wurden sie zusammen mit allen Dorfbewohnern gefesselt und in die Stadt geschleppt. Auf dem Weg bis zum Marktplatz stießen die Soldaten mit ihren Lanzen nach ihnen. Dann hieb man ihnen die Köpfe ab, die anschließend auf den Lanzen zur Schau gestellt wurden.

Dieses Schreckensregiment fand 1861 mit dem Tod der Königin Ranavalona I. ein Ende. Den Thron bestieg ihr Sohn Rakoto unter dem Namen Radama II., der Madagaskar für die Europäer öffnete. Die Missionare kehrten zurück und setzten ihr Werk fort. Frankreich schloss mit ihm einen Vertrag, in dem es ihn als „König von Madagaskar" anerkannte.

NACHWORT

Diese Sammlung von Biografien ungewöhnlicher Herrscherinnen spannt den Bogen von der dunklen, nur durch archäologische Quellen bezeugten Frühzeit über die orientalischen Hochkulturen, das chinesische Kaiserreich, die Antike, das europäische Mittelalter, die frühe Neuzeit bis zum 19. Jahrhundert. Es wurden nur solche Biografien aufgenommen, die nach dem heutigen Forschungsstand gut durch Quellen dokumentiert sind. Natürlich gibt es auch im 20. Jahrhundert Frauen an der Seite mächtiger Diktatoren wie beispielsweise Maos vierte Frau Tschiang Tsching in China oder Elena Ceauşescu, die mächtigste Frau im kommunistischen Rumänien, die im Schatten ihrer Männer wie Tyranninnen regiert haben sollen. Die darüber vorliegenden Quellen sind aber so dürftig, dass man letztlich nur auf Zeitungsberichte zurückgreifen könnte, deren Wahrheitsgehalt nicht überprüfbar ist. Sehr leicht würde man sich im Bereich von Vermutungen und Spekulationen bewegen. Viele Berichte über die Taten von Maos Ehefrau, besonders wenn sie sich auf die Zeit vor der berüchtigten Kulturrevolution beziehen, beruhen nachweislich auf sowjetischen Quellen, die für sich keine Objektivität beanspruchen können und Teil der politischen Auseinandersetzung zwischen China und der ehemaligen Sowjetunion sind.

Unsere Galerie der ungewöhnlichen Frauengestalten enthält nicht nur „starke Frauen", die den regierenden Männern ihrer Zeit das Fürchten lehrten, sondern sie waren ausgesprochen grausame und blutrünstige Tyranninnen, deren ausgeprägte Sexualität weit über das normale Maß hinausging. Solche grausamen Herrscherinnen bilden sicherlich in einer von Männern dominierten Welt eine Minderheit und sind nur ein Ausnahmefall unter der Vielzahl der Despoten und Tyrannen. Der Regelfall war eben, dass der Thron an einen Mann vererbt wurde. Aber dieses Bild ändert sich sofort, wenn man davon ausgeht, dass ein Herrscher wie seine Untertanen verheiratet ist. Starke Frauen mit einem ausgeprägten Machtwillen können über ihre erotische Macht einen schwachen und willenlosen Herrscher nachhaltig beeinflussen. Durch ein solches „Bettgeflüster" können Entscheidungen über Leben und Tod unzähliger Menschen gefällt werden. Eine andere Möglichkeit machtbewusster Frauen, auf die Staatsgeschäfte Einfluss zu nehmen, ist die vorübergehende Regentschaft für einen unmündigen Thronfolger. Eine willensstarke und dominante Mutter kann sich den kommenden Herrscher so formen, dass er zeitlebens unter ihrem Einfluss steht. Seltener ist der Fall, dass eine Frau als Selbstherrscherin die Macht ausübt. Diese Entwicklung ist durch die weit reichende Machtbefugnis der Herrscherinnen in Byzanz vorgebildet. Sie waren nicht nur Ehefrauen der regierenden Kaiser, die wie ihre römischen Vorbilder meist nur aus dem Hintergrund die Staatsgeschäfte beeinflussen konnten, sondern waren aktiv an der Machtausübung beteiligt.

Die ersten Selbstherrscherinnen im europäischen Raum treten im frühen 16. Jahrhundert auf. Die bekanntesten Namen sind Isabella von Spanien (regierte ab 1474), Magarethe von

Beaufort (ab 1509), Katharina Sforza (ab 1509) und Anna von Frankreich (ab 1483). Aber bei genauer Betrachtung der Quellen hatte deren Regentschaft eigentlich das Ziel, den Thron für den Sohn oder den Bruder zu bewahren. Die erste tatsächliche Selbstherrscherin ist die berüchtigte „Maria die Blutige", die 1553 in England den Thron bestieg. Ihre Zeitgenossen reagierten auf ihre Thronbesteigung mit Entsetzen über diese „Weiberherrschaft". Zahllose Pamphlete versuchten nachzuweisen, dass die Königsherrschaft einer Frau unnatürlich und ungesetzlich sei und vor allem gegen die Bibel verstoße. Aber diese Entwicklung war nicht aufzuhalten, weil die Herrscherhäuser die Macht nicht aus ihren Händen geben wollten, wenn kein männlicher Thronfolger zur Verfügung stand. Das 18. Jahrhundert kann man geradezu als das Jahrhundert der regierenden Frauen bezeichnen, unter denen Katharina II. das oft zitierte Beispiel einer Tyrannin ist. Nur in Frankreich kamen für die Thronfolge ausschließlich Männer in Frage.

Da die Geschichte in der Vergangenheit von Männern geschrieben wurde, die nur dann eine Frau für erwähnenswert hielten, wenn sie etwas Außergewöhnliches, sei es etwas Gutes oder etwas Schlechtes, getan hatten, war die Zahl der weiblichen Despotinnen und Tyranninnen im Vergleich zu den grausamen Herrschern auffällig gering. Die Engländerin Sharon Jansen nennt in ihrer Studie über Herrscherinnen der frühen Neuzeit über 250 Namen solcher herrschenden Frauen. Von der überwiegenden Mehrheit müssten die Quellen erst noch ausgewertet werden, um eine Biografie schreiben zu können.

Für das vorliegende Buch wurde erstmals eine Auswertung der Quellen über die frühmittelalterliche Königin Fredegunde unternommen. Ihre Biografie in dieser Sammlung ist die erste umfassende Darstellung ihrer Taten und vor allem ihrer Verbrechen.

LITERATURVERZEICHNIS

Anderson, Bonnie S. u. a., *A History of Their Own: Woman in Europe from Prehistory to the Present*, London 1988

Archenholtz, C., *Historische Merkwürdigkeiten der Königin Christine von Schweden*, 4 Bde., Leipzig 1751–1760

Babelon, Jean, *Imperatrices Syriennes*, Paris 1957

Bachofen, Jakob, *Das Mutterrecht*, Stuttgart 1861

Barth, Reinhard, *Frauen, die Geschichte machten*, Darmstadt 2004

Beard, Mary R., *Woman as Force in History*, New York 1976

Birlinger, Johannes, *Das grausame Weib*, Wien 1928

Birt, Theodor, *Frauen der Antike*, Marburg 1932

Bridenthal, Renate u. a., *Becoming Visible: Woman in European History*, Boston 1987

Brückner, A., *Katharina die Zweite*, o. O. 1883

Castera, J. H., *Geheime Lebens- und Regierungsgeschichte Katharinas der Zweiten*, Altenburg 1798

Cronin, Vincent, *Katharina die Große*, München 1998

Dechamps, Hubert, *Histoire de Madagascar*, Paris 1960

Dettenhofer, H., *Reine Männersache?*, München 1994

Duggan, Anne J., *Queens and Queenship in Medieval Europe*, Suffolk 1997

Erickson, Carolly, *Katharina die Große*, München 1995
Erler, Mary, *Woman and Power in the Middle Ages*, Athen 1988

Farin, Michael, *Heroine des Grauens – Elisabeth Bathory*, München 1990
Ferrero, G., *Die Frauen der Cäsaren*, Stuttgart 1914
Fößel, Amalie, *Die Königin im mittelalterlichen Reich*, Darmstadt 2000
Francke, O., *Geschichte des chinesischen Reiches*, 5 Bde., Berlin 1930
Frey, Linda u. a., *Women in Western European History*, Westport 1982
Fussenegger, Gertrud, *Herrscherinnen*, Stuttgart 1991

Gernet, Jacques, *Die chinesische Welt*, Frankfurt 1988
Gibson, Peter, *The Concise Guide to Kings and Queens – A Thousand Years of European Monarchy*, New York 1985
Galahand, Sir, *Mütter und Amazonen*, München 1932
Goldsmith, M., *Christina of Sweden. A Psychological Biography*, New York 1933
Größling, Sigrid Maria, *Starke Frauen – Schwache Männer*, Wien 1995
Große Frauen der Weltgeschichte, München o. J.
Guyon, Cl. M., *Geschichte der Amazonen*, Leipzig 1763

Hammes, Manfred, *Die Amazonen*, Frankfurt am Main 1981
Hausen, G., *Frauen suchen ihre Geschichte*, München 1983
Hopkins, Lisa, *Women Who Would Be Kings*, London 1991

Jackson, Guida M., *Women Who Ruled*, Oxford 1990

Jansen, Sharon L., *The Monstrous Regiment of Woman*, New York 2002

Jessen, Hans, *Katharina II. von Russland*, Düsseldorf 1970

Katharina II: Memoiren von ihr selbst geschrieben, hg. von A. Herzen, Hannover 1859

Kornemann, E., *Große Frauen des Altertums*, Leipzig 1942

Kuhn, A. u. Schneider, G., *Frauen in der Geschichte*, Düsseldorf 1979

Lehmann-Haupt, C. F., *Die historische Semiramis und ihre Zeit*, Berlin 1910

ders., *Semiramis*, in: Klio Heft I, 1901 u. Klio Heft XV, 1918

Lenschau, Thomas, *Semiramis*, RE Suppl.-Bd. VII, Stuttgart 1940

Lewandowski, Herbert, *Römische Sittengeschichte*, Stuttgart 1964

Masson, Georgina, *Christina, Königin von Schweden*, Tübingen 1968

Mehnert, Klaus, *China nach dem Sturm*, Stuttgart 1972

Meurer, Fritz, *Die Frau hinter Mao*, Bergisch-Gladbach 1974

Müller, Wilhelm, *Historische Frauen*, Berlin 1876

Muhlstein, Anka, *Königinnen auf Zeit*, Frankfurt am Main 2003

Nowell, Irene, *Evas starke Töchter*, Darmstadt 2003

Ogden, Daniel, *Polygamy, Prostitutes and Death*, London 1999

Parsenow, Johann, *Cäsarenwahn und Blutrausch*, Leipzig o. J.

Parsons, John C., *Medieval Queenship*, o. O., o. J.

Pfeiffer, Ida, *Reise nach Madagaskar*, Wien 1861

Popp, Georg, *Große Frauen der Weltgeschichte*, Würzburg 1994

Prescott, H. F. M., *Maria Tudor, die Blutige*, Stuttgart 1966

Ratie, Suzanne, *Hatschepsut*, Wiesbaden 1974

Rimscha, Hans von, *Katharina II.*, Göttingen 1961

Schaake, Erich, *Die Frauen der Diktatoren*, München 2003

Schlichtegroll, Felix von, *Die Bestie im Weib*, 2 Bde., Dresden 1903

Schuller, Wolfgang, *Frauen in der griechisch-römischen Geschichte*, Konstanz 1995

Stadelmann, Heinrich, *Messalina*, Dresden 1924

Stahr, A., *Römische Kaiserfrauen*, Leipzig 1865

Stone, Merlin, *Als Gott eine Frau war*, München 1988

Tours, Gregor von, *Fränkische Geschichte*, 3 Bde., o. O. 1851, Neudruck Essen 1988

Utrio, Kaari, *Evas Töchter*, Hamburg 1987

Wagner-Hasl, Beate, *Matriarchatstheorien der Altertumswissenschaft*, Darmstadt 1992

Watson, Francis, *Katharina von Medici und das Zeitalter der Bartholomäusnacht*, Stuttgart 1936

Werlhof, Claudia von, *Die Diskriminierung der Matriarchatsforschung*, Bern 2003

Wesel, U., *Der Mythos vom Matriarchat*, Frankfurt am Main 1980

Wilde, Webster Lyn, *Amazonen*, Hamburg 1999
Witke, Roxane, *Genossin Tschiang Tsching*, Berlin 1977

Zinser, H., *Der Mythos des Mutterrechts*, Berlin 1981

PERSONENINDEX

Graf Ulfield 238

Graf Warwick, Herzog von
    Northumberland 192

Gregor von Tours 142, 151

Grey, Jane 192 f., 195

Guise, Louis 181

Guntram 142, 151 ff., 156 ff.

Gustav Adolf von Schweden 231

Hanbury-William 263 f.

Hatschepsut 47, 53 ff., 296

Hattuschili III. 53

Heinrich (Henri) I. de Lorraine,
    Herzog von Guise 167, 174,
    178 ff.

Heinrich II. 161, 13

Heinrich III. 163 ff., 166, 171 ff.,
    176 ff.

Heinrich IV. von Navarra 167,
    172 f., 176, 178, 180, 182

Heinrich VIII. 183 ff., 196 f.,
    200

Helena (Dienerin der Gräfin Bar-
    thory) 215, 222, 228 f.

Herakleides Pontikos 11 f.

Herakles 9, 30, 37, 41, 44

Herodot 10 f., 15, 28, 30, 36, 41

Herzogin von Anjou 165

Hippokrates 31, 36

Homer 26

Horus 40, 58

Howard, Katharina 190

Hsien-feng 84 f.

Hsueh-Huai-i 81

Hung Hsiu-ch'uan 84

Hypolyte 30

Isabella I. 290

Isis 16, 21

Iti 59

Iwan VI. Antonowitsch 255 f.

Jansen, Sharon 291

Jermolow, Alexander 272

Joseph II. 271, 273

Julia 102, 107 ff., 112, 122

Kang Ju-wee 94 f.

Kanzler Bestushew 265

Kao-tsung 79 f.

Kardinal Pole 196

Karl Gustav von Pfalz-Zwei-
    brücken 235 ff., 240 f., 246

Karl IX. 162 f., 164 ff., 170 ff.,
    175 f.

Karl V. 184 f., 194

Katharina II. (Sophia von
    Anhalt-Zerbst) 249 ff., 254
    ff., 271 ff., 293, 294, 295

Katharina von Aragon 184 ff.,
    188, 200

Katharina von Medici 161 ff.,
    174 ff., 296

Kaunitz, Wenzel Anton 273

Kieh 69, 71 f.

Kleopatra 9, 54, 104

Konstantin 270

Konstantin der Große 270

Korsakow, Rimski 272

Kwang-hsi 93 f.

La Reynie, Gabriel Nicolas de
    205, 208

Lanskoy, Alexander 272

Leudovald 159

Leutnant Chruschtschow 255

Leuvigild 145, 154

Leyran, Gaston 174

Li 87, 89, 90, 92 f., 95, 97